新课程音乐教育丛书

新课程音乐教学法
音乐课堂教学方法与实践

XINKECHENG YINYUE
JIAOXUEFA

杨丽苏 主编　　刘启平 副主编

西南大学出版社
国家一级出版社　全国百佳图书出版单位

新课程音乐教育丛书

编 委 会

总主编：王世康

编　委：李　宏、陈　鹃、杨丽苏、薛世民（以姓氏笔画为序）

序

《基础教育课程改革纲要》（试行）的颁布，标志着我国基础教育进入了一个崭新的时代——课程改革时代。这是一场深刻的教育革命，不仅仅意味着教学内容的更新、完善与平衡，更为重要的是意味着理想的学校文化的创造。《音乐新课程标准》虽然针对的是音乐基础教育教学改革，但是被触动的却不应该只有一线音乐教师，还包括师范类院校音乐教育专业的教师和学生。新课程改革是一场深刻的教育改革，作为一线音乐教师，应当认真学习新课标，积极进行自我充电，重新认识自己、他人以及环境，正确应对各种应激，顺利完成角色转变，创造性地进行教学；作为音乐师范类院校的学生，应当努力学习新理念、勇于创新，成长为合格、优秀的音乐教师。

由于种种主客观原因，导致这场鼓舞人心的改革从一开始就注定会非常艰难和深刻。我们目睹音乐教师队伍的现实状况：一些具有合格学历的音乐教师，缺乏新课标所要求的音乐教育新理念和新的教学方式方法，尤其是普遍需要掌握适于少年儿童音乐教育的新理念、新的教学方式方法和音乐专业知识能力；许多学校甚至没有专职音乐教师，而由欠缺音乐专业知识技能的兼课教师任音乐课教学，与音乐课标要求差距甚远。他们都迫切需要一套具有切实适用效应的音乐专业书籍——属于他们自己的书。

我们再检视一番即将加入音乐教师队伍的师范类院校音乐教育专业学生的现实状况：由于基础音乐教育课程的改革，导致现行的高师教学中许多课程都出现与基础音乐教育课程改革不匹配甚至教学滞后的问题，其中，没有合适的教材也是一个重要的原因。长此下去，学生对音乐新课程知之甚少，这对于实施新课程所带来的负面影响可想而知，对学生本身的工作发展也必将阻碍重重。

"新课程音乐教育丛书"就是一套专为中小学音乐教师（现在时与将来时）撰定的，真正实用、适用的系列丛书。它以"为教师说话、说教师的话、让教师说话"为指导原则，紧密结合音乐学科的特点，根据实施美育的需求而撰写。既有一定的理论高度，又有切实的适用效应；既有利于教师系统学习、进修提高，更有利于教师实际操作，提高教学艺术水平。我们从首批出版的《新课程音乐教学法》、《轻松制作音乐教学课件》、《儿童嗓音训练》、《钢（风）琴即兴伴奏·自弹自唱教程》、《少儿合唱指挥训练教程》、《音乐欣赏》等分册中即可了解其概貌。

　　这套丛书的作者由我们这样一群人组成：有特级教师、高级教师，也有教授、研究员，但更重要的是，我们都非常热爱音乐基础教育，并致力于中小学音乐教育教学研究多年，具有较高的学术修养和丰富的教育教学经验。可以说，这套丛书是我们长期研究工作及实践经验的总结和结晶。我们同样秉承这样的认识：中小学音乐教育工作是基础教育的重要组成部分，中小学音乐教师是音乐的传播者。传播音乐就是传播美，让世界多一些美，传播美就是传播爱，让人类更多一点爱。

　　我们由衷地期望着这套丛书能引起广大读者的兴趣和肯定，能成为中小学音乐教师教学和自我素养提高的助推器，能为音乐教育专业学生的学习和教学能力的培养引导一条职业之路，从而将人类所崇尚的美与爱更好更快地传播开来。我们也希望广大读者对本丛书提出宝贵建议和意见，让这套丛书在大家的关注和爱护下更加完善，更好地为音乐基础教育服务。

前言

随着音乐教育课程改革的不断深入，广大中小学音乐教师在新课程理念指导下，教学行为方式发生了巨大的转变，音乐课堂教学呈现出前所未有的生机与活力。音乐教师实践音乐新课程理念的愿望与热情空前高涨，创造潜能得到充分释放。"以人为本，以学生为核心"的课程观在广大中小学音乐教师中已逐步形成共识。在新课程改革实践中，音乐教师对新课程音乐课堂教学艺术的提升，对自我教学研究能力提高的需求日趋迫切。如何提高音乐课堂教学的实效性；如何在教学实施过程中实现音乐课程价值和目标；如何将音乐课程基本理念渗透在教学实践中；怎样通过教学实践来解读音乐新课程，这是音乐教师十分关注和迫切需要帮助的问题。

本书针对音乐教师的实际需要，以音乐课堂教学实践为切入点，从课堂教学的备课、说课、上课、评价等基本常规入手设计，以问题为中心，努力从音乐课程教学理论与实践相结合的角度，将音乐课程理念贯穿在具体教学策略与典型案例分析中，为广大音乐教师提供教学理论与实践方法指导。

本书努力体现以下几个原则：

1. 时代性，突显"新课程"

本书在选题、组织材料到具体方法指导上都紧扣音乐课程改革，突出新课程教学理念，行为方式、教材运用、评价方法等特点，体现以人为本，尊重学生，注重学习方法变革，注重能力塑造。

2. 实用性

本书以音乐教师教学实际需要为出发点，从教学基本要求入手，以问题为核心组织内容。通过提出问题、解答问题的形式，有针对性地帮助音乐教师解决在教学实践中所关心的热点、难点及困惑的问题，为音乐教师提高课堂教学有效性提供方法指导。

3.操作性

本书注意理论与实践相结合，为音乐教师提供一些可操作性的意见与建议。并尽量通过一些典型、有代表性的案例分析，说明某一教育理念及其教学策略。

本书是集体智慧的结晶，由杨丽苏任主编，刘启平任副主编。编写具体分工为：概述篇、备课篇、说课篇、上课篇由杨丽苏、杨雪莲、谢彬艺、许晓华、练光杰、刘丽、庹永泽、张妍、龚丽琳、刘俐、曾蒂、黄文兰、陈娜、陈洁、周伟编写。评价篇由刘启平、潘永明、余朝宏、黄燕、凌玲、谢小琴、胡晓渝、刘绍平、曾燕、吴艳华编写。统稿、修改：杨丽苏、刘启平。

本书参阅了大量近年来国内外许多专家学者的研究成果和全国一线音乐教师的优秀案例，在此谨向专家同行表示衷心感谢与敬意。由于我们能力水平及时间有限，对新课程精髓的把握和理解未见全面、深刻，在编写中难免有疏漏之处，敬请专家、学者及同行批评指正。

目 录

概述篇 ……………………………………………………………… (1)
  1. 音乐教育的性质是什么 …………………………………………… (1)
  2. 音乐课程的价值主要体现在哪些方面 …………………………… (2)
  3. 怎样理解音乐课程的基本理念 …………………………………… (5)
  4. 音乐教育的功能有哪些 …………………………………………… (8)
  5. 音乐教育有哪些基本特征 ………………………………………… (10)

备课篇 ……………………………………………………………… (12)
  6. 为什么要进行音乐教学设计 ……………………………………… (12)
  7. 音乐教师备课的基本环节及要求有哪些 ………………………… (13)
  8. 怎样确立音乐教学目标 …………………………………………… (17)
  9. 如何进行音乐教学内容分析 ……………………………………… (21)
  10. 怎样设计音乐教学过程 ………………………………………… (25)
  11. 如何选择有效的音乐教学方法 ………………………………… (28)
  12. 如何理解音乐课堂教学中的预设与生成 ……………………… (31)
  13. 音乐教学中如何处理好教与学的关系 ………………………… (34)
  14. 如何创造性地使用教材 ………………………………………… (37)
  15. 音乐常规课与优质课有什么区别 ……………………………… (39)
  16. 教案范例4篇 …………………………………………………… (42)

说课篇 ...... (57)

17. 什么是说课 ...... (57)
18. 说课的主要内容有哪些 ...... (58)
19. 怎样说课 ...... (59)
20. 在说课中怎样正确运用教学语言与独白语言 ...... (62)
21. 说案范例3篇 ...... (65)

上课篇 ...... (75)

22. 在教学中怎样实践"以审美为核心"的基本理念 ...... (75)
23. 在音乐教学中如何培养和提高学生学习兴趣 ...... (78)
24. 怎样理解音乐教学中的学科综合 ...... (81)
25. 音乐教学中如何引导学生自主学习 ...... (85)
26. 在音乐教学中如何发挥学生主体作用 ...... (88)
27. 怎样提高音乐课堂教学的有效性 ...... (92)
28. 在音乐教学中怎样引导学生进行探究性（式）学习 ...... (96)
29. 在音乐教学中如何创设情景 ...... (101)
30. 如何提高音乐课小组合作学习的实效性 ...... (105)
31. 在音乐课堂教学中如何进行有效提问 ...... (108)
32. 如何使音乐课堂教学语言更美 ...... (112)
33. 如何上音乐起始课 ...... (115)
34. 怎样进行音乐课堂导入 ...... (117)
35. 音乐课怎样结束 ...... (120)
36. 怎样进行双基教学 ...... (122)
37. 怎样开展视唱教学 ...... (127)
38. 怎样开展合唱教学 ...... (132)
39. 在欣赏教学中怎样培养学生主动欣赏音乐 ...... (135)
40. 如何引导学生体验、品味不同风格的音乐作品 ...... (140)

41. 在音乐教学中如何开展创编表演活动 …………………………(143)
42. 在音乐教学中如何进行节奏训练 ………………………………(148)
43. 音乐课堂教学中运用讨论法应注意什么 ………………………(152)
44. 音乐教师如何唱好歌曲的范唱 …………………………………(154)
45. 怎样为音乐教材歌曲配伴奏 ……………………………………(156)
46. 如何把握多媒体课件制作的音乐性 ……………………………(159)
47. 音乐教学中多媒体运用应注意哪些问题 ………………………(160)
48. 如何写音乐教学反思 ……………………………………………(162)

评价篇 ……………………………………………………………………(165)

49. 什么是音乐教学评价 ……………………………………………(165)
50. 传统的音乐教学评价的弊病在哪里 ……………………………(165)
51. 什么是发展性评价 ………………………………………………(166)
52. 发展性评价的基本理念有哪些 …………………………………(166)
53. 音乐课堂教学评价的方式有哪些 ………………………………(167)
54. 音乐课堂教学评价应关注的主要内容有哪些 …………………(170)
55. 怎样设计音乐课堂教学的评价量表 ……………………………(172)
56. 怎样评课 …………………………………………………………(176)
57. 学生音乐学习评价的主要方式有哪些 …………………………(180)
58. 新课程背景下学生音乐学习评价应该关注哪些主要内容 ……(189)
59. 怎样在学生的音乐学习评价中实施教师评价 …………………(190)
60. 怎样指导学生进行音乐学习的自我评价 ………………………(193)
61. 怎样综合考评学生的音乐学习水平 ……………………………(195)

参考书目 …………………………………………………………………(199)

概述篇

1. 音乐教育的性质是什么

音乐教育从本质上讲是一项塑造"人"的工程。音乐教育课程的性质是"音乐与人"的问题。它具有唤醒、联系、整合人格的能力。音乐教育通过对人审美能力的发掘和培养,构建人的审美心理结构,使人的心灵得以陶冶、人格得以塑造,使人与人、人与社会、人与自然和谐相处。

美国著名的音乐教育哲学家贝内特·雷默认为:音乐教育首先应该是对音乐艺术的研究,对音乐区别于其他人文艺术学科的特殊性的内在本质的研究,正如在他的《音乐教育的哲学》的著作里,第一章就开宗明义地摆出了其基本立场:音乐教育的基本性质和价值是由音乐艺术的本质和价值决定的。那么,这个性质和价值究竟是什么呢?他认为:"当艺术被看做是艺术,而不是社会或政治评说,不是一桩买卖,不是为了任何非艺术的目的时,那么它就首先是作为一种审美特征的承受者而存在的。虽然艺术也为非艺术的目的服务,但审美教育首先关心的应该是艺术的审美作用。"因此,"音乐教育是审美教育"就成为雷默的音乐教育观的核心观点,集中体现。在西方音乐哲学史上也出现过自律论和他律论两种不同的观点。自律论认为:音乐教育的性质应在音响价值中去理解,从音乐的自身去把握音乐。而他律论认为:音乐教育的性质在音乐之外,音乐本身体现着某种外在于纯粹音响之外的某种东西。我国古代对音乐教育也有多种不同的观点。主心说者认为:"凡音之起人心生也";主教说者认为:"可以善民心","正其乐而天下顺";主性说者则认为:"乐行而志清,耳目聪明,血气和平"。多种不同的观点主要是从音乐本体或音乐非本体出发,所站的角度不同而已。因此,音乐教育不仅要强调音乐自身的艺术美即审美性,目的在于让学生从音乐中体验轻松、愉悦,从而获得精神上和身体上的满足,能够感受美、体验美、表现美、创作美。还要强调音乐自身以外的东西,如培养学生的道德品质、提高学生的认知水平、培养完善的人格品质等。而审美性是音乐教育的本质特征,音乐教育最深刻的价值"是通过丰富人的感觉体验来丰富他们的生活质量"。音乐教育从本质上说就是审美教育。

中小学音乐教育作为广义的音乐教育的基础部分,更有其特定的含义和界定。《全日制义务教育音乐课程标准》明确提出,音乐课程性质重要体现为"人文性、审美性和实践性"三个方面。指出"音乐是文化的重要组成部分,是人类宝贵的精神文化遗产和智慧结晶。"在姿彩万千的艺术天地中,音乐是一条永无止息的河,它源自人类的心灵,经由生活的沉淀,幻化出精美的华章。音乐课程以浓厚的人文内涵,引导学生理解、继承、热爱和弘扬中华民族优秀音乐文化及世界经典音乐文化传统。通过丰富的课程内容,生动的教学方式,以及多姿多彩的音乐实践活动,丰富学生的情感世界与精神追求,把音乐教育过程当做学生精神成长,灵魂与人格塑造的过程。因为音乐教育的根本目标是"育人"。而这种育人方式是与音乐自身独特、珍贵的禀赋分不开的,是一种浸润式潜移默化地影响、启迪、激励、唤醒、感染和净化的作用,并通过美育方式来实现的,只有把审美教育作为音乐教育的核心,才能实现音乐教育不可替代的"育人"目的。同时必须指出,"音乐艺术的审美体验与文化认知,应是在生动、多样的音乐实践活动中,通过学生亲身参与生成和实现的。"因此在音乐教学实践中,教师首先要明确自己的职责和音乐教育的本质任务,坚定不移地把"育人"放在首位,通过提高学生的审美能力和审美意识,使之积极地、创造性地参与审美实践活动,获得更丰富的审美体验,形成审美情操,完善人格塑造,从而促进学生全面和谐发展。

同时,作为"育人"的音乐教育,它必须面向全体学生,任何一个学生,无论他的音乐天赋如何,不管他是否五音不全,都有接受音乐教育的权利和义务。音乐教育必须坚持素质教育的"全动员",把施教对象对准所有学生,使每一个学生的音乐潜能都能得到开发,并使他们从中受益,这是音乐教师的责任与义务。

2. 音乐课程的价值主要体现在哪些方面

纵观音乐教育史,其审美价值和育人价值取向可谓百家争鸣,百花齐放。从美学立场,有自律论和他律论;从意义观点,有本体论和非本体论;从目的倾向角度,有主知、主美、主情、主德、主意等。自美国音乐教育家雷默的教育思想在我国音乐教育界传播以来,强调音乐教育的本体价值的审美教育思想开始成为导向,一切"非音乐"思想被摒弃。但从音乐教育的角度,音乐教育的社会功能性还须引起重视。它对于民族优秀文化的传承、世界先进音乐文化的传播有着不可替代的作用,对于青少年的健康成长、教育的和谐发展起着"根基"的作用。所以音乐教育不仅是审美教育,它还是知识教育、智慧教育、人生教育。我国制定了新的《全日制义务教育音乐课程标准》,重新定位了音乐课程的四个价值,即审美体验价值、创造性发展价值、社会交往价值和文化传承价值。《全日制义务教育音乐课程标准》科学地审视了音乐教育在学校教育中的地位,特别是将音乐教育的核心确定为音乐审美教育,正视了音乐的本质特征,指出音乐不仅是一门知识,而且是一种内心体验,一种音乐审美情感体验。

音乐教育在教学中的四个价值取向:

(1) 审美价值——音乐教育的核心

新的《全日制义务教育音乐课程标准》指出:"音乐教育以审美为核心,主要作用于人的情感世界。音乐课的基本价值在于通过以聆听音乐、表现音乐和音乐创造活动为主的审美活动,使学生充分体验蕴涵于音乐音响形式中的美和丰富的情感,为音乐所表达的真善美理想境界所吸引、所陶醉,并与之产生强烈的情感共鸣,使音乐艺术净化心灵、陶冶情操、启迪智慧、情智互补的作用和功能得到有效地发挥,以利于学生养成健康、高尚的审美情趣和积极乐观的生活态度,为其终身热爱音乐、热爱艺术、热爱生活打下良好的基础。"标准将音乐的审美体验价值置于音乐教育价值的首位,真正地从音乐的本体出发,还音乐教育本质特性,符合音乐艺术基本规律的科学定位。音乐是人类最古老、最具普遍性和感染力的艺术形式之一,是人类通过特定的音响结构实现思想和感情表现与交流的必不可少的主要形式,是人类精神生活的有机组成部分。音乐最本质的表征即它是一种情感的表达和流露。著名音乐美学家汉斯立克曾说:"音乐比任何艺术美更快更强烈地影响我们的心情。音乐的影响不仅更快,而且更直接、更强烈,其他艺术说服我们,音乐突然袭击我们。""钢琴之王"李斯特说:"音乐能同时既表达了感情的内容又表达了感情强度……音乐是不假任何外力,直接沁人心脾的最好的感情火焰。"显然音乐是一种情感,较其他艺术有着更强烈的感染力。在音乐教育中应该从音乐的本体出发强化音乐的情感属性,音乐是一种特殊的语言,是情感最完美的表达方式。而作为音乐审美教育的主体——学生,其在音乐审美实践中是审美主体。审美主体有着明显的个体差异性,这种差异性表现在受人生的阅历、文化的背景、音乐基本知识和技能的积累等因素的制约。而音乐丰富的情感内容为不同的审美主体提供了形态各异的审美客体对象,从而使音乐审美主体的主观想象力得以充分的发挥,进而在音乐的天地里发现美、表现美、创造美,实现音乐教育的审美体验价值。

(2) 创造发展——培养学生创新意识

现代艺术教育论指出:美育本质上是一种创造性教育,美育的根本优势在于发展人的形象思维。因为审美过程具有形象思维的特点,审美过程需要想象和创造,想象和创造是审美思维过程的最基本品质。黑格尔说:"最杰出的艺术本领就是想象。"无穷的想象会给人们带来无穷的智慧和创造力。"真正的创造就是艺术想象的活动。"音乐作为实施美育的主要途径,能给人的想象插上高飞的翅膀,把人的思维注入形象的因子,使人的创造性充满活力。音乐"不确定"性的特点,使得人们在音乐活动中能充分发挥自身的主观能动性和创造性去想象、联想,去感受、体验。不同的表演者、欣赏者对同一部音乐作品情感体验是不同的,与创作者的体验也不可能完全同一。这是个体主体性、创造性得到充分发挥的结果。国际音乐教育学会在审视音乐课程价值时指出：音乐课程能有效开发个体潜能的创造冲动，升华精神境界，提高生活质量。《全日制义务教育音乐课程标准》明确指出：创造是艺术教育功能和价值的重要体现。创造性思维是理解音乐，表现音乐，创造音乐的重要载体，音乐教育离开了它，将失去艺术的魅力和灵魂，在音乐教学中，教师要通过各种音乐实践活动，充分激活学生的表现欲望和创造冲动，在主动参与中展现他们的个性和创造才能，使他们的想象力和创造性思维得到充分发挥。

(3) 社会交往——提高学生的沟通能力，促进与人和谐相处

音乐促进人际交往，使人与人之间能够和谐相处。音乐作为一种审美典型形态的世界通用语言，可以跨越时空，让生活在地球各个角落的人心灵相通。从古至今，艺术作品的一个永恒主题与功能，是使人类彼此沟通，理解与相爱。一切优秀的音乐作品，都是对人与人之间沟通与理解的呼唤。作曲家、演唱家、演奏家的创作和表演，都是一种与欣赏者的对话与交流。音乐教育是人类社会的意识活动，它必然会与音乐本体以外的东西产生联系。音乐教育是一种教育，只不过是以音乐为桥梁或载体对学生进行人格、意志的培养和文化传播，使学生能够参与社会活动并最终为社会服务。学生需要通过各种活动的成功经历发展自信，音乐教育中要求学生能够"当众、自信、有表情地歌唱"是这种价值的具体体现。中小学音乐教育常常是以集体的方式进行的，它需要学生牢牢树立群体的和谐意识，虽然在音乐活动中也注重个性的发展，然而大量音乐活动都在小组内产生，成就都靠集体力量获得。同时这种相互配合的群体音乐活动，也是一种以音乐为纽带进行的人际交往，需要相互理解、相互尊重。它有助于学生集体主义精神的培养，有助于提高人的社会交往能力，促进人与人和谐相处。这种社会交往价值的体现在人的发展中是至关重要的。同时音乐教育发展人的情感表达与理解能力，也就是培养爱的能力，有了爱，个体内心最个性化的审美体验便与他人个性化体验产生共鸣，而只有个体意识到自己的快乐与他人的快乐沟通协调时，才能产生真正意义上的人生快乐。

(4) 文化传承——音乐为载体

音乐是人类文化传承的重要载体，是人类宝贵的文化遗产和智慧结晶。学生通过学习中国民族音乐，将会了解和热爱祖国的音乐文化，华夏民族音乐传播所产生的强大凝聚力，有助于培养学生的爱国主义情怀；学生通过学习世界上其他国家和民族的音乐文化，将会拓宽他们的审美视野，认识世界各民族音乐文化的丰富性和多样性，增进对不同文化的理解、尊重和热爱。音乐课程的文化传承价值不仅仅体现在音乐文化方面，而且也体现在音乐之外的其他方面。人类音乐发展的历史表明，音乐是人类文化的浓缩与人类文明的结晶，音乐作为一种艺术形式，它所承载的内容远远不止局限

于音乐本身,它具有十分广阔的文化内涵,其中包括一般文化和姊妹艺术文化。学校音乐教育不仅承担着继承传统音乐文化的责任,而且也肩负着创新音乐文化的责任,因为音乐文化传承不仅仅是一个继承的问题,而且还是一个创新和发展的问题,学校音乐教育首先应以民族音乐文化传承为基础,同时也不能排斥外来优秀音乐文化学习,在学习继承的过程中发展创新。让我们的学生不仅成为音乐文化传承的受益者,同时也是音乐文化传承的推动者、促进者。

3. 怎样理解音乐课程的基本理念

音乐课程理念是对音乐课程实践的理性认识和价值认同,是指导音乐课程实施的理论基础,具有相对稳定性和指向性,它隶属于教育思想范畴,源于特定社会的音乐教育实践,对于改变音乐教学方式和音乐学习方式具有重要意义。

《全日制义务教育音乐课程标准》提出了实施音乐课程的基本理念,怎样理解这些基本理念呢?

(1) 以审美为核心,以兴趣爱好为动力

将"以审美为核心"放到基本理念的首要位置,是基于音乐课程本质特征所决定的,就是告诉大家,音乐课程作为美育的重要阵地和途径,具有其他学科不可替代的作用,其特点就是情感审美,这种特点决定了中小学音乐教育的基本方式是以情感人,以美育人。音乐课程要注重音乐审美情感的培养,要给学生充分的情感体验途径和机会。

在实施音乐课程的过程中,我们始终要抓住音乐审美这条主线,贯穿整个教学始终,充分挖掘和利用一切审美因素(包括教学内容美、教学方法美、教学环境美、教师行为美、教学过程美等),并以美感的发生和发展为根本内容来影响学生的情感和意向,形成审美情操,从而完善人格发展。

在教学中,首先我们要给学生提供精美的、优秀的、有代表性的以及贴近学生生活、最能激发和打动学生心灵的优秀音乐作品,并通过对音乐作品审美因素的分析、处理和引导,激发学生对美的情感共鸣。其次,要引导学生"参与"音乐、体验音乐,通过各种音乐审美活动,形成强烈的审美动力和审美渴望,让学生在具有美感特征的教学氛围中,有美的情感体验、美的表现欲望、美的创作冲动、美的欣赏能力。

《全日制义务教育音乐课程标准》明确指出:兴趣是学习音乐的基本动力,是学生与音乐保持密切联系、享受音乐、用音乐美化人生的前提。现代教育理论强调"终身学习",音乐教育不但要使学生"学会音乐",更要使学生"会学音乐"。只有把学习兴趣还给学习者,让学生把握音乐学习的主动权,学生才会热爱音乐,才会主动去探究并掌握学习音乐的方法。

在保护和激发学生音乐兴趣上,应当采用生动有趣、贴近学生生活的音乐教材,运用灵活多样、易于学生参与的教学方法,创设能感召美的音乐教学环境,使用鼓励性、发展性的评价方式,让学生充分感受和体验快乐。

(2) 面向全体学生,注重个性发展

素质教育的第一大要义是"面向全体学生"。作为基础教育的音乐教育,是素质教育不可或缺的部分。音乐教育首先是全民教育,是普及教育,而不是培养音乐家的教育;音乐教育要培养的是音乐的爱好者和欣赏者。

在这个指导思想下,音乐教育是要创造一种适合学生的教育,不"选择"学生,更不"淘汰"学生,要尽量使每一个学生都获得自己音乐学习的成功。音乐教师要树立平等对待学生的思想,把课堂关注投向每一个学生,给尽可能多的孩子尽可能多的机会,让他们感到自己是平等的、受关注的、有机会的。

自然界物种丰富,形成了千姿百态的繁荣景象;人类社会众生芸芸,推动了历史的不断进步。传统的教育注重共性,在一定程度上压制了学生的个性发展,缺乏个性就缺乏创造力,个人和社会的发展都需要个性。音乐是体验性学科,学生要主动参与和自主体验才能感受学习的快乐,积累学习的成果。音乐课堂的理想境界是让每一个学生都能有所选择,善于表现,个性和特长得到充分发挥。要达到这个理想境界,教师必须立足于学生,以培养学生可持续发展为前提,坚持说孩子们的话,为孩子们说话,让孩子们说话,以平等民主的心态来开展教育,尊重学生对音乐的不同体验与独立思考,顾及学生的感受,学会倾听,学会商量,学会宽容,学会理解,学会赏识,促进每一位学生音乐潜能得到开发,并终身热爱、享受音乐。

(3) 强调音乐实践,鼓励音乐创造

实践是检验真理的唯一标准,是学习的重要途径,直接经验比间接经验更能使人记忆深刻。音乐是实践性和操作性很强的学科,《全日制义务教育音乐课程标准》指出:音乐课的教学过程就是音乐艺术的实践过程。

从音乐教学领域来看,感受与欣赏、表现、创造、音乐与相关文化的实现都建立在音乐实践的基础上。比如歌唱、演奏、创作、音乐与舞蹈等,都离不开具体的操作,都需要练习才能达到和完成;比如欣赏乐曲,学生也应对乐曲做出语言、动作、歌唱等反应,而不是听若未闻。

从音乐课程目标的三个维度来看,情感态度价值观、过程与方法、知识与技能,也都需要以实践的方式达成。比如通过各种有效的途径和方式引导学生走进音乐,在亲身参与音乐活动的过程中喜爱音乐;比如对音乐的体验、模仿、探究、合作;比如以自

由、即兴的创作方式表达自己的情感等。

音乐是意象性的,具有强烈而清晰的个性魅力,音乐学习的本质是创造。音乐创造是指在中小学音乐教学中的即兴创造和运用音乐材料来创作音乐的活动。教师要主动促成师生之间的和谐沟通和理解,不是诠释音乐,不是传授和灌输,而是为学生提供宽松的环境,激发他们的表现欲和创造冲动,启发学生创造性地进行艺术表现,不要用"标准答案"去束缚学生。同一个练习,可能有多种答案;同一首歌曲,可能有多种处理方法;同一首乐曲,可能有多种理解。

(4)突出音乐特点,关注学科综合

音乐是听觉艺术,一切音乐学习必须是以听觉体验为基础。培养学生良好的"音乐耳朵",则为学生感受、表现音乐,发挥其想象力、创造力,提供了广阔而自由的空间。因此,在音乐教学中,音乐听觉应贯穿于整个教学的全部活动。同时要引导学生"参与"音乐,在"参与"中体验音乐,表现音乐。学科综合,是现代教育的一种发展趋势。音乐教学的综合目的在于拓展学生艺术视野,深化学生对音乐艺术的理解,促进学生艺术审美能力的形成,加强音乐教学的文化意蕴。音乐教学中综合的原则是以音乐为本。音乐教学的综合通过以下三个途径来体现:音乐教学不同领域之间的综合;音乐与舞蹈、戏剧、影视、美术等姊妹艺术的综合;音乐与艺术之外的其他学科的综合。

学科综合作为音乐教学的基本理念,首先教师要强化意识,并将这种意识渗透音乐教学全过程。在进行学科综合时,教师要摆正音乐的位置,处理好音乐的本位性,突出音乐艺术特点,在音乐中进行综合,在综合中理解音乐。借助综合,增加学生音乐知识的积累,创设学生个性发展的空间,体现音乐课程作为人文学科的性质与特点。

(5)弘扬民族音乐,理解音乐文化多样性

"弘扬民族音乐"和"理解多元文化"并不矛盾,它们是辩证的统一关系。21世纪简史告诉我们:世界是平的,扁平化的世界带给我们多元文化的冲击。音乐课程具有文化传承价值,任何文化都是属于民族的,民族音乐是音乐文化中的"母语",这种文化传承包括本民族的,也包括世界的。

学习中华各民族优秀的传统音乐,了解并热爱祖国的音乐文化,感受民族音乐强大的凝聚力,"勿忘历史,憧憬未来",对民族音乐的弘扬,将激起学生对祖国的无限热爱。学习世界上其他国家和民族的音乐文化,将会拓宽学生的审美视野,认识世界各民族音乐文化的丰富性和多样性,增进对不同文化的理解、尊重和热爱,"海纳百川,有容乃大",对多元文化的理解,将使我们"站在巨人的肩上"前行。

4. 音乐教育的功能有哪些

音乐教育历史源远流长,音乐教育的功能逐步被人们所认识,音乐教育也逐步为人们所重视。音乐教育的功能有哪些呢?

(1)音乐教育具有美育功能,也就是陶冶情操的功能

《全日制义务教育音乐课程标准》指出:音乐教育是实施美育的主要途径之一。音乐作为一种最富于情感表达和最具有情感力量的艺术形式,蕴涵着巨大的美感能量,音乐教育从本质上来说是一种情感教育和审美教育,是美育的主要组成部分。

在实施音乐教育的过程中,学生聆听动人心弦的音乐旋律,感受美好的音乐形象,陶冶美的心灵、美的情操,受到美的熏陶和教育。可以说,音乐教育在培养人的高尚情感及审美趣味方面自然起着别的教育不可替代的作用。如《摇篮曲》歌曲教学,学生会被和平安宁的气氛所吸引,体会到伟大崇高的母爱。又如欣赏《渔歌》,学生会感受到乐曲描绘的旭日东升的情景,渔民们开始一天的辛勤劳动,大丰收后他们载歌载舞,最后在梦境中回想,能体会到日出的壮美和劳动的喜悦。这些健康向上的音乐作品用不同的旋律、节奏、调式、主题、结构,表达人们对社会、对人生、对自然的不同感悟,表达人们对特定人物、事件和现象的不同情感。音乐的立意美、情景美、音韵美、曲调美、配器美、伴奏美等等,都触及学生的心灵深处,让他们懂得何为美、为何美。"春风化雨,润物无声",持之以恒的美的熏陶陶冶着学生的情操。

(2)音乐教育具有辅德功能,也就是育化道德的功能

19世纪德国作曲家舒曼认为:"道德的规律也是艺术(音乐)的规律",我国古代著名教育家孔子有一句名言:"兴于诗,立于礼或乐。"可见,音乐教育具有德育功能。音乐教育在学校的德育教育中具有强大的"净化"作用,这种熏陶和感染,胜在通过一种能使人直接感受到的形式来反映人的思想情感,而不是枯燥的理论说教和灌输,并能引发学生的积极投入和参与。如欣赏管弦乐曲《红旗颂》,学生能感受到歌唱式旋律的光辉、热烈和庄重,也能感受到进行式旋律的坚定和雄壮,浓浓的爱国情油然而生。又如歌曲《摘草莓》,以小姑娘采摘草莓送给军属老奶奶的故事为题材,歌曲旋律起伏跳跃,情绪轻松活泼,通过音乐语言描述了小姑娘想吃草莓而又舍不得吃的心情,从而教育学生养成尊老爱老的优秀品质。

所谓"以美育人",音乐教育中德育与美育相互联系、相互补充,依靠审美主体对它的想象和联想来达到辅德的目的,通过生动、优美、直观的音乐形象吸引人、感染人,使受教育者得到潜移默化的道德育化。最初聆听歌曲《游击队歌》时,学生是被歌曲轻快

活泼的曲调所吸引,被歌曲富于弹性的小军鼓般的节奏所感染,并没有明显地意识到它的爱国主义主题;当听清歌曲内容,感受到在极其艰苦的抗战环境中,在敌强我弱的形势下,游击战士们高昂的斗志、必胜的信念和革命乐观主义的精神,怎能不为之倾倒、为之向往?音乐教育正是这样用音乐美来进行品德的培育,起到育化道德的作用。

(3)音乐教育具有智育功能,也就是启迪智慧的功能

古今中外大量的事实说明,音乐教育对儿童的智力发展确实有着积极的促进作用,如孔子、爱因斯坦、雨果、列宁等,他们都酷爱音乐。爱因斯坦说过这样一句话:"如果我早年没有接受音乐教育的话,那么,在事业上我都将一事无成。"音乐教育能帮助学生形象地认识客观世界,扩大知识面,学生在音乐课堂中开展感受、表现、探究、合作、综合的过程中,手、脑、眼、耳的并用使他们的注意力、记忆力、想象力都得到发展,思维变得活跃,创造力得到激发和培养。

学生的想象力和理解力是智育的重要内容。在"舒曼与《梦幻曲》"的欣赏教学中,教师选用两个在形式和内容上有着"同形同构"的作品——儿童文学家冰波的散文《梨子小提琴》与德国音乐家舒曼的《梦幻曲》为主要教学内容,从音乐欣赏切入,利用文学培养学生的丰富情感,带着文学的情感经验对音乐的情感产生联想、想象和移情,进而感受、理解和表现音乐作品的旋律和节奏,为学生提供了丰富的教学内容和多样的活动形式,使他们为音乐所表达的真善美理想境界所吸引、所陶醉,获得美的熏陶,同时提高了对文学和音乐的欣赏能力与理解能力。

(4)音乐教育具有愉悦身心、强健体质的功能

健康包括心理的健康和身体的健康两个层面,而音乐教育恰好就能做到。从心理学的角度说,情绪抑郁是人们致病的重要原因之一,人的情绪需要宣泄和释放,以求得心理平衡,音乐教育有利于人的情绪宣泄和释放:紧张时,聆听《神秘园》;失眠时,拜访古典音乐……

从生理学的角度说,音乐能够引起人的生理变化。如,唱歌能锻炼呼吸器官的功能、增加肺活量;舞蹈能提高身体的协调度和柔韧性……

音乐教育强健体质的功能还在健美操、艺术体操、广播体操等体育活动项目中有所体现。校园里,学生在或优美或激昂的旋律伴奏下,锻炼了身心,健康了体魄。音乐和体育相结合,促进身心健康发展。

音乐教育家柯达伊说:"音乐是不能被其他东西所代替的精神食粮,得不到它的人只能生活在精神的贫血症中,没有音乐就没有健全的精神生活。"音乐是心灵之声,人们学说话、学唱歌、学走路的时间大致相近,和谐的人生一定有音乐艺术自然相依相

9

随。古人云："乐者乐也"，通过音乐获得快乐是人们的共同愿望。音乐是人们追求快乐的艺术形式，音乐能使人愉悦；音乐教育本身就是一种娱乐活动，音乐教育的目的之一就是给学生带来快乐，寓教于乐。

5. 音乐教育有哪些基本特征

新颁布的《全日制义务教育音乐课程标准》根据音乐的特性，确立了新世纪新的音乐教育观。它不再以传授音乐知识、音乐技能为主要目的，代之以情感教育、审美教育为核心，在音乐创作、表演、欣赏等教学活动中，培养学生的创新精神和实践能力，学会与人合作与共处，在音乐教学过程中享受创造的过程，体验成功的快乐。从教学目标、教学内容、教学方式上与专业音乐教育相区别。在教育由应试教育向素质教育转轨的大前景下，结合音乐学科的教学规律，"还"音乐教育之"本"，使得音乐教育工作者必须重新审视音乐教育的特征。

学校音乐教育的主要特征大致为：

第一，基础性。传统意义上的基础知识和基本技能将不再是中小学音乐教育基础性的全部或主要内涵，单一的教唱歌、民间艺人师傅式的教授法、学生被动状态等缺乏艺术课个性的学习方式，完全谈不上培养对音乐的兴趣与爱好，更不可能去欣赏音乐、感受其美。其次把基础音乐教育当成专业音乐教学，强化识谱、乐理等知识技术训练，并通过淘汰大多数来选择少数音乐人才，使多数学生丧失音乐学习自信心，影响学生对音乐的兴趣和爱好。《全日制义务教育音乐课程标准》提出的小学音乐教育是培养学生热爱音乐，对音乐产生浓厚的兴趣，并奠定学生在音乐方面的可持续性发展的基础，这是音乐教育的要义所在。音乐教育要面向全体学生，一切音乐教学内容及活动都以发展学生对音乐的感知、审美愉悦、音乐欣赏力和表现力，奠定终身学习音乐、喜爱音乐为出发点，维护学生在音乐方面的自尊心与自信心，让每一个学生都能体验到学习音乐的成功与快乐。

第二，情感审美性。美育是音乐教育的基本属性，这是与其他学科的显著区别。其特征是情感审美，情与美的这种不解之缘，决定了音乐教育的根本方式是以情感人、以美育人。情感是音乐审美过程中最活跃的心理因素，是音乐教育优化审美功能的主要标志，师生双方都是教学美的参与者与感受者，讲一堂好课，无异于品一杯香茗；听一堂好课，更是一种美的享受。一堂成功的课能深深地打动学生，使学生几年甚至几十年不能忘记，不仅影响着他们审美观念的形成，甚至对其品德的培养、未来人生的发展都有不可估量的影响。

第三，创造性。创造性是一切艺术的生命源泉。黑格尔说："最杰出的艺术本领是想象"。无穷的想象会给人们带来无穷智慧与创造力。音乐的非语义性与不确定性为人们的想象与联想提供了广阔的空间,为创造性音乐思维活动奠定了基础。音乐教育创造性特征决定了教师教学必须充满创造性,墨守成规是绝对行不通的,学生创造精神的培养,首先需要一种创造性音乐学习,而创新音乐教育方式,才能更好地培养和发展学生的创造力。在音乐教学中,音乐教育内容、方法创新应从学生学习兴趣、能力及需要出发,结合学生生活经验,遵循学生心理及审美认知规律进行。教学中营造一种民主、和谐、生动、活泼、师生共融的学习氛围,尊重学生对音乐的不同体验与独立思考,引导、启发学生不断探求新知,在宽松、融洽的环境中,发展学生思维,培养学生创新意识与能力。

第四,实践性。音乐教育是实践性非常鲜明的艺术教育,整个教学过程与教学实践紧密相连,不可分割。音乐教学内容无论哪一项都离不开实践活动,一切纸上谈兵都与教学无缘。《全日制义务教育音乐课程标准》指出:"音乐课程的教学过程就是音乐的艺术实践过程,因此,在所有的音乐教学活动中,都应重视艺术实践,将其作为学生获得音乐审美体验和学习音乐知识与技能的基本途径。"让学生最大限度积极主动地参与音乐实践活动,在活动中体验、表现、创造音乐,让音乐伴随学生快乐成长。

备课篇

6. 为什么要进行音乐教学设计

音乐教学设计是教师在实施课堂教学之前,依据《全日制义务教育音乐课程标准》的教育理念,有针对性地根据具体教学内容要求和教学对象的实际情况,确立并达成相关教学目标;精心安排和组织各种学习资源,落实并完成课堂教学任务所进行的整体性策划与具体活动安排。

音乐教育设计过程是一个综合性的理性思维过程。音乐教学设计首先要遵循音乐学科特点,依据音乐课程内容要求及学生需求,通过确立教学目标,选择分析教学内容,研究分析学生情况,制定教学策略方法,解决教师"教什么"、学生"学什么"的问题。其次是以计划和布局安排的形式,对怎样才能达成教学目标,进行创造性的决策,解决"怎样教"与"怎样学"的问题。音乐教学设计是以系统方法为指导,着眼于激发、促进、提高学生音乐学习能力和素养、实现教学最优化的一种重要措施,是整个课堂教学的基础,是实现音乐教学目标、完成教学任务的根本保证,在整个音乐课堂教学中发挥着决定性和不可或缺的重要作用。

实践证明,成功的课堂教学很重要的一点在于成功的教学设计。在今天这个融信息化、知识化、科技化为一体的新时代,知识更新的速度越来越快,要求人们在学校掌握的知识越来越多,人们对音乐审美需求越来越高。作为音乐教师,在音乐教学中选择哪些课程资源,如何组织教学,运用何种有效的教学方式和策略都必须经过精心、完整的设计。通过教学设计,我们可以减少课堂教学中的盲目性,增进课堂教学的有效性。尤其是青年教师认真进行音乐教学设计,不仅是上好课的根本保证,同时也是青年教师专业发展快速成长的有效途径。

音乐教学设计在形式上可分为个人音乐教学设计和集体音乐教学设计。

个人音乐教学设计是音乐教师个人在深入分析、研究教学内容、吃透课标精神、把握学生需求的基础上,独立进行的教学设计。它体现了教师自身的教学思想、态度、能力及水平、知识结构和个性品质。

集体音乐教学设计是集体智慧的结晶,是通过集体的智慧共同研究、资源共享、思维碰撞、相互启迪、取长补短。它体现了一种共研、共享、共进的校本研究,团队协作精神,是一种行之有效的研究活动。

7. 音乐教师备课的基本环节及要求有哪些

备课是上好课的先决条件,认真备课是提高教学质量的关键。谈到音乐教学的备课,我们首先要明确:音乐教师以什么观念来备课?其次,音乐教师应该怎样备课?那么,在新课程理念指导下,真正有质量的备课应该有哪些基本环节呢?

(1)用尽可能多的时间去赏析你要和学生共同分享的教学内容

俗话说"台上一分钟,台下十年功"。音乐教师备课的第一步就是吃透教材,怎样做到吃透教材呢?一是要"钻"进去,二是要"钻"出来。

所谓"钻"进去,就是钻研教材。首先是要熟悉教材,反复聆听或演唱作品,深入分析教材的特点、结构、情感因素及知识分布情况等。例如:在进行欣赏教学时,很多从教初始的年轻教师会在交流中说到"我们先做张幻灯片,收集一些资料,最后让学生怎么样怎么样"等等之类的经验,其实大家在交流这些经验的时候是否想过:你对自己要教学的欣赏曲听了多少遍?对这首欣赏曲是否十分了解、熟悉?是否能熟唱音乐主题?其实嗓子好不好都不重要,但能不能完整地有情感地演唱、记住欣赏曲的主题才是关键,因为音乐的特点就是情感艺术,如果音乐记不住,就没有情感,只有熟悉的东西才能产生情感。作为音乐老师就应该有感情地歌唱、范唱。一位专家在一次讲座中举了一个例子:曾经有个美国教师的教案写到"当我要上一节欣赏课时,我起码用一个小时的时间反复听这首乐曲,然后我在上课之前、任何情况下,如:在吃饭、午休、浴室里……都在反复地播放音乐,当把音乐听得滚瓜烂熟的时候,我才开始备课"。这犹如通俗音乐之所以能被人们记住一样,那是通过无数次的播放,这就是音乐弥漫性的特点。

所谓"钻"出来,就是创造性地使用教材。教师结合本地区、本校和本人的实际情况,特别是联系学生生活实际和学习实际对教材内容进行灵活处理,整合利用好各种课程资源,及时调整教学活动,让音乐的本质特征及育人功能在教学实践中得以充分体现。

(2)在了解和分析学生学习状况上做文章

学生是教学工作的落脚点,是备课活动的最终服务对象。我们音乐教师应从以往的"只见教材不见学生"的教学方式中转变过来,既要分析教材,更要花时间去分析学生。因此,我们在"备学生"的过程中应突出地思考以下两个方面的问题:

①尊重学生。备课时要心中有学生,要充分了解学生,坚持以学生为本,尊重学生,欣赏学生。

②了解学生。首先要思考什么样的学习目标适合他们?什么样的方法能帮助他

们最快最有效地达到学习目标？再具体点,不同年级学生的情感、兴趣需要是什么？需要学生掌握的知识点又是什么？他们已有的知识基础、生活常识如何？聆听乐曲时,他们真正感到困惑和难于解决的关键点在哪里？最后"分层要求、尊重差异、据学而教、以学定教"。

(3)确定音乐教学目标

音乐教学目标是音乐课堂教学的方向,也是进行音乐教学设计的依据,只有目标明确,教学设计才能有的放矢。因此,确定音乐教学目标是音乐教学设计的核心。在确立教学目标时,老师应明确:

①确定音乐教学目标的行为主体必须是学生而不是教师,因为判断教学有没有效益的直接依据是学生有没有获得进步,而不是教师有没有完成教学任务。

②确定音乐教学目标的行为是可测量、可评价、具体而明确的。

③确定音乐教学目标的行为是指影响学生产生学习结果的特定的限制或范围,为评价提供参照的依据。

④确定音乐教学目标的表现程度是指学生学习之后预期达到的最低表现水平,用以评量学习表现或学习结果所达到的程度。

⑤确定音乐教学目标时一定要以《全日制义务教育音乐课程标准》为导向,始终以音乐为本。

(4)准确定位教学重难点

音乐课中的重难点大体集中在节拍、节奏、音准、歌词处理、歌曲表现等方面。一堂好的音乐课不光取决于教学内容生动、有代表性,教学目标科学、合理、有可操作性,在很大程度上还取决于老师对重难点的准确定位。如果老师主次不分、平铺直叙,"胡子眉毛一把抓",教学重点抓不住,教学难点突不破,那教学就不可能达到预期的目标。

(5)选择恰当的教学方法

选择恰当的教学方法,这是音乐教学成功的途径之一。选择教学方法应该与教学目标、教学内容相适应,因为任何教学方法都是为教学目标和教学内容服务的。常用的音乐教学方法可以分为四大类:

①体验性音乐教学方法——以音乐感受情感为主,激发学生兴趣,感受、欣赏音乐美,培养学生音乐审美情趣和审美能力。(常见的如欣赏法、演示法、参观法)

②实践性音乐教学方法——以音乐实践活动为主,在教师的指导下,学生亲身参与各种音乐活动,形成表现音乐的技能技巧,提高音乐的表现能力。(常见的如练习法、律动教学法、创造教学法、游戏教学法)

③语言性音乐教学方法——以语言传递为主,通过教师和学生口头语言活动为主的音乐教学方法。(常见的如讲授法、谈话法、讨论法、读书指导法)

④探讨性音乐教学方法——以探究、发现为主,通过创设情境激发学生学习动机,观察、分析、综合、比较,引导学生从多角度分析得出结论。(常见的如比较法、发现法)

当然,在实际教学中,几种教学方法不是截然分开,而是根据教学目标与教学内容,往往是多种教学方法结合运用。

(6)精心设计教学过程

教学过程包括:如何导入激活学生的已有经验、如何巩固学生已学的知识和技能、新授教学内容的呈现方式和步骤、学习的反馈和评价时机等等。

①创设情境、合理导入

要求:创设情景,引入新课,同时明确提出本节课的目标与任务。情境的创设要考虑课堂教学内容,考虑学生的接受程度。

❖ **案例一**

在教学一年级唱歌课《小袋鼠》一歌时,老师用描述性的语言导入:"在一个美丽的小山坡上,住着一只又可爱、又勤劳的小袋鼠,为了过冬他跑到山上去摘果子,你们听,他还在唱歌呢!……"这样使学生动心动情,学生急于想听到小袋鼠是怎样唱歌的,唱的什么歌,这样一来学生的学习兴趣就提高了,待他们学完之后,老师将黑板变成了一片美丽的"果园",用剪纸将"节奏果子"贴在黑板上,请学生扮成小袋鼠的样子,边唱歌边"上山摘果子",比比谁唱得好摘得多。通过歌表演,不仅提高了学生学习音乐的兴趣,轻松地把握了歌曲的风格和情绪,掌握了相关节奏,也使学生理解了歌曲想要表现的意境。

②技能训练、有机渗透

要求:不是抛弃传统音乐知识技能的学习和训练,而是改变了它们的呈现方式。要求将知识技能的学习和训练有机渗透运用到音乐教学中,通过音乐的多种实践活动,帮助学生更直观地理解其意义。

❖ **案例二**

在合唱教学《田野在召唤》一课时,教师将"发声练习"这一环节,以趣味练声的形式呈现给学生,让学生自然掌握发声技能。

师:乘着歌声的翅膀,我们一起用心去聆听、去感受田野的宁静与宽广,老师相信田野上有了你们的身影,将会更加充满活力。

师:来,我们深深呼吸一下大自然带来的新鲜空气好吗?(气息练习)(用手势提示同学们起立)

师:好舒服,每一次呼吸都表现出大家对大自然的喜爱。

师：那就让我们再次与大自然对话，迈着轻快的脚步出发吧！（老师范唱两小节）
师：我们一起来感受一下。（用轻快的声音跟琴练唱）
师：不觉间，层层梯田现了出来。

1 0 5 0 1 0 5 0	7 0 5 0 7 0 5 0	1 0 5 0 1 0 0
啦 啦 啦 啦	啦 啦 啦 啦	啦 啦 啦

师：来，一起感受感受。请大家仔细观察梯田的层层错落。（用手势提醒孩子们唱歌的姿势）
师：你们的观察真仔细。富有弹性的脚步声引来了春风。
案例点评：让学生深深呼吸大自然带来的新鲜空气，达到简单的气息练习。让学生感受轻快的脚步声和柔和的风声，为后面学习歌曲的第一部分做好铺垫并解决难点。

③唱歌欣赏、互动体验
要求：加强师生互动、生生互动，增强学生对音乐的情感体验。

❖ 案例三
四年级欣赏《单簧管波尔卡》时，教师先不说曲名，学生听音乐，让欢乐的情绪感染到他们，教师此时再板书题目，并在对作品作了简单分析后，要求学生随着音乐节奏用动作来表现音乐中的人们在干什么。音乐再次响起，早已跃跃欲试的学生立即随音乐欢快的"动起来"，学生们有的在拍手、有的在跺脚、有的在点头、有的在模仿吹奏单簧管、有的在指挥，更有甚者离开座位舞了起来……孩子们高兴的用各种方式表达自己欢乐的心情，一个个像参加联欢会一样兴奋地参与到音乐之中，他们用自己欢快的动作，亲身感受到波尔卡舞曲快速流动的特点……看着孩子们随着音乐挥舞时那陶醉的神态，教师知道他们不仅仅对乐曲有了理解，更多的是从参与中得到了愉悦和美感。

④依据不同的学习内容从多角度设计学习的问题
要求：教学中每个环节就是一个一个问题的连接，每一个问题就是我们要学习的内容和我们要达到的目标，而且问题可以从多角度去设计，如创作的角度、审美的角度、表现的角度；也可以从相关文化的角度来设计问题。但是，问题是起点，问题是主线，问题是过程与方法。新课程的实施，是让学生在解决问题当中学会解决问题的方法，所以问题过于简单，问题不具有探讨性，提出的问题对学生所学知识技能不具有挑战性，这样的问题设计就没意义。

⑤再现新知、灵活结尾
要求：一首优美的乐曲既要有激动人心的开头，也要有耐人寻味的尾声。音乐课的结尾可以是师生共同简短的知识总结，也可以是老师一句满怀希望的寄语，可以在师生共歌共舞中结尾，也可以在静听乐曲中结束。

(7)在"备全自己"上下工夫

①体现自我

发挥自身优势,使音乐教师个体独具的专业基本功、个性魅力能在教学过程中得以张扬,努力形成较成熟、稳定的教学风格。

②注重反思

音乐备课教学反思贵在及时,贵在坚持,一有所得,及时记录,有话则长,无话则短,可以将平时星星点点的启发和顿悟、有特色的教学经验和典型问题记录下来,既要记成功之举,即音乐教学过程中实现教学重点、难点、兴奋点目标效应的做法,音乐课堂教学中灵活驾驭知识的生成过程以及把握课堂双边活动兴奋度的举措,直观显眼的板书设计,教学模式成功应用的过程等,也要记"败笔之处";既要记学生的见解,也要记教学过程中教师的随机应变,更要记下改进教学的具体措施。以写促思,以思促教。在不断自我审察与完善教学设计的过程中,走向备课的自我超越。

总之,音乐教学的备课是一种创造性的劳动,任何一节成功的音乐课都需要教师在课前做好精心的准备。同时,对每一位音乐教师的素质要求很高,除了要学习新的理念,研究教材,研究学生,还要不断地掌握可行的教学策略,把课程标准、教学用书以及学生一起研究,把课本、备课本甚至于小纸条一起重视,让我们的音乐备课真正产生"润物无声"的效果。

8. 怎样确立音乐教学目标

教学目标是音乐教学活动的灵魂。它对于教师来讲是要通过教而达到的一种目的,它对于学生来讲是通过学而达到的一项要求。教学目标是教学活动的出发点和归宿点。教学目标与教学内容、教学方法相互制约、相互影响,有了鲜明而切实可行的教学目标,才能真正上好一堂课。教学目标是对学习者通过教学后应该表现出来的可见行为的具体明确的表述。教学目标也称为行为目标,是为了强调教育结果的可见性和可测量性。音乐教学目标是教师在熟悉教学内容,了解学生的实际情况后,为进一步提高学生的能力和水平而制定的学生应该达到而且能够达到的标准和境界。它的正确制定和达成是衡量一节音乐课好坏的主要尺度。

音乐教学目标的作用是:①导向:明确音乐教学方向,主导音乐教学过程,提示音乐教学方法,决定音乐教学结果;②规划:明示音乐教学计划,界定音乐教学范围,规范音乐教学进度,提出音乐教学要点;③调控:调节音乐教学过程,制约音乐教学方式,变化音乐教学方法,调控音乐教学操作;④评价:检测与评价音乐教学过程和效果。

同一个教材,不同教师在备课时所预设的教学目标是千变万化的。说到教学目标对每一位教师来说并不陌生,但是每一节课的教学目标制定得是否恰当,关系到这节课的实效与有效,也就是学生是否真正有所收获。在日常教学与听课中,我们发现了这样的一些现象与问题:

(1)对教学目标的确立没有思考,定位不准

一位教师执教小学三年级欣赏课《川江号子》,开课即以川江号子音乐跟老师律动进教室。然后自问自答式解释了川江号子的由来。第二部分就开始分段欣赏合唱曲《川江号子》,每一段老师都分析得很细,什么上滩号子、平滩号子、下滩号子,什么心情、力度、速度等,老师在那里讲得热闹,学生听得茫然。第三部分在歌曲的背景音乐下用动作做拉船划船表演,师生一起充分动了起来。最后进行拓展,在不同的活动中加上号子来做。且不说三年级的学生是否具有这样的音乐认知与审美能力,听完后让人不禁要问整堂课究竟要完成怎样的教学目标,教学的重点在哪儿,难点在哪儿。

(2)教学目标叙写中追求大而全,对三维目标存在误区

有的教师为达到所定的三维目标,教学的每一个环节都是"蜻蜓点水""走马观花"式匆匆走过,一节课知识量大、容量也大,看似什么都完成了,又似什么都还未完成好。曾听过一节三年级上册歌唱课《黄丝蚂蚂》(西师版),老师在课中讲了蚂蚁的知识,整首歌曲有节奏练习、学唱歌曲、创编活动游戏表演,最后是歌曲与地方文化的拓展。内容看似丰富、全面,既有知识技能目标,又有音乐与相关文化拓展,但最后目标却难以达成。

(3)偏离音乐课的本色

新课改强调学科综合,让学生从多方位、多角度来接受音乐教育,于是美术、语文、科学、历史等纷纷挤进了音乐课堂。我听过一位中学音乐教师上《忆红岩》这堂课,老师一来就侃侃而谈,介绍重庆的革命纪念地,介绍"11·27"事件,介绍江姐革命生涯,黑板被两首革命诗词写满,教师范读,学生分组分段朗读。然后又引导学生分组朗读《囚歌》,简单听唱两遍歌词。最后欣赏《绣红旗》,在老师讲解歌曲情感与内涵后结束全课。这堂课,感觉就是一堂语文课,音乐教学目标不明确。

(4)把教学内容与进度作为教学目标,把单元目标作为课时目标

比如二年级上册《文明语言真好听》(西师版),有些教师的教学目标是这样的:通过学唱歌曲《对不起》、《没关系》和《How are you》,让学生感受到文明语言的美,培养学生从小养成使用文明语言的好习惯。显然在一节课中完成两首歌曲的学习与演唱,在教学中是无法实现的,这样便是把单元目标简单写成了课时教学目标。

教学活动包括教学目标、教学过程和教学评价三大支柱。教学目标占据着首要位置,课堂教学紧紧围绕教学目标进行,能最大限度地减少随意性、盲目性和模糊性,提高教学的方向性、针对性和有效性。如何才能确立出鲜明而切实可行的教学目标呢?

①深刻认识并理解新课程的理念,带着《全日制义务教育音乐课程标准》上路

目标定位——来源于课程标准。为了教学目标的准确定位,我们常常研读教材、翻阅教参,而忽略了最不应该被忘记的课程标准。如果你认真研读过《全日制义务教育音乐课程标准》,你就会知道它的基本理念。华东师范大学崔允漷教授曾指出,新课程背景下的有效教学首先应该是基于课程标准的教学,因此,教学目标的准确定位必须来源于课程标准。

②具体明确,有针对性、实效性、可操作性

知识与能力、过程与方法、情感态度价值观三个维度,是建构课程总体目标的宏观思维框架,三维是从不同视角对整体目标的描述,不能简单理解为互不关联的三个部分,更不能以具体的教学环节机械对应某一维度的目标。课程总目标即长期目标,中期目标则指不同学段的目标,短期目标则是本年级、本册、本课教学目标的细化。课时目标无疑是音乐教学是否有效、高效的关键。如果我们错把课程总目标当成了短期的课时目标,势必造成教学课时目标的空泛化与不落实。因此我们不必强求每节课都必须完成课程总目标的每一个方面,但可以让学生每节课都有所收获,实现整体目标中的一部分。与其讲究所谓的面面俱到,不如一课一得,以点带面。比如三年级上册教学歌曲《出海》(西师版)有的教学目标是这样拟定的:a. 学习用优美的声音演唱歌曲,并能正确理解歌曲意境。b. 通过演唱,让学生了解意大利歌曲的特点。这样的目标无论在歌曲教学的一课时还是二课时,都感觉大而空。如果把第一课时的教学目标这样预设:a. 初步模仿声断气连的演唱方法。b. 在聆听与学唱中,能正确完整有感情地演唱歌曲。虽然只有两个目标,但能在第一课时实现以上目标已非易事。同时这也是完成后面的情感目标的基础。在此基础上第二课时的教学目标可预设为:a. 感受意大利民歌的特色,学习用愉快、舒展的声音演唱歌曲。b. 体验3/4强弱规律,会自编简单的节奏为歌曲伴奏。c. 通过演唱体验歌曲的意境,激发学生对大自然对生活的热爱。最终通过两课时完成我们的三维目标。因此,我们在设定教学目标时应抓住最主要的部分,突出重点,将目标具体实效化,以点带面。通过这样预设的教学目标上出来的课,学生的收获会更大。

③系统有序,符合儿童音乐认知的一般规律

我们知道儿童对音乐认识有其认知规律,有其心理与年龄的特征与规律,在小学生中,这样的差异尤为明显。教材在编写选材时,我们也看到了这样的规律:一、二年级以唱游、律动、歌表演为主,歌曲简单短小。听赏以感受歌曲为主;三、四年级加入了音乐基础知识的学习,歌曲相对复杂,有了一定的演唱技能的要求。听赏的乐曲逐渐

增多,引导学生从音乐表现要素等方面去进行审美,从而获得情感体验;五、六年级在中段的基础之上,有了更深入更高的要求,加入大量的合唱歌曲,音乐的表现力更强。欣赏乐曲的结构难度加大,中学阶段则要求学生在感性的体验与实践中,能从理性上去分析认识理解作品,并进行创造。教材由浅入深,由简单到复杂,由形象到抽象,由感性到理性,循序渐进,系统有序。作为音乐教师在备课写教学目标时,要明确每一学段学生的心理年龄特征,明白本学段的学段目标,从而在学期初对本册教材进行全面的设计,确立好哪几节课完成什么教学目标,是侧重于情感目标还是技能目标、兴趣与音乐习惯的养成等等,在一学期的完成技能目标的课时中是怎样做到循序渐进,由浅入深的?这样,我们确立的教学目标才更具体、细化,具有一定的系统性和可实施性。这样长期积累,孩子们的音乐素养才能得到有效的提高。

④体现音乐学科的特点

作为一名音乐教师,必须具有强烈的"音乐"意识,必须在教学中注重音乐审美要素的挖掘,注重在实践中感受、体验音乐,显现出音乐的本质特征来。《全日制义务教育音乐课程标准》告诉我们:音乐课的基本价值在于通过以聆听音乐、表现音乐和音乐创造活动为主的审美活动,使学生充分体验蕴涵于音乐形式中的美和情感,为音乐所表达的真善美理想境界所吸引、所陶醉,与之产生强烈的情感共鸣,使音乐艺术净化心灵、陶冶情操、启迪智慧、情智互补的作用和功能得到有效的发挥,以利于学生养成健康、高尚的审美情趣和积极乐观的生活态度,为其终身热爱音乐、热爱艺术、热爱生活打下良好的基础。

⑤教学评价与目标紧密联系

教学目标体现着我们的美好愿望,但是学生究竟是否到达"目的地",到达的程度有多少,则是我们必须时刻关注的。因此,检视目标达成情况的评价方案设计是有效教学的关键,并应先于教学设计而展开。规范的教学目标正是一把可供评价的尺子,它提供的计划标准能够衡量学生达成目标的情况,所以,无论过程评价还是结果评价,都应该与教学目标保持高度紧密的联系,并与教学目标共同发挥促进学生学习的作用。同时在课堂教学的过程中,运用评价(学生互评,教师评等),不但可以及时反馈目标达成的效果,还可提高学生学习的积极性、学习的成就感与学习的信心。

综上所述,有了明确有效的音乐教学目标,就犹如指明了方向,把音乐教学目标置于新课程有效教学的核心,基于《全日制义务教育音乐课程标准》来准确定位音乐教学目标,以目标为依据设计评价方案,实施目标导引教学,做到音乐教学目标的切实有效并具可操作性。在这样的课堂之中,我们学生的音乐素养、音乐能力何愁不能提高,何愁不会有更好的发展。

9. 如何进行音乐教学内容分析

准确地把握音乐教材,在把握教材上进行教学设计,对音乐教学内容分析是十分重要的。

为什么要对音乐内容进行分析处理呢?

一是为目标体系的确立提供依据("学什么")。二是确定学习内容的范围和深度,这也是揭示音乐各部分之间的联系的一种过程,实现总的教学目标("怎么做")。三是可以帮助确定学生学习的知识重点、难点的内容,为音乐教学策略制定提供依据("如何学")。

音乐教学内容的分析包括教学资料的收集、教学目标及重难点的确定、对音乐教学内容的整合、针对教学内容选择教学方法等。

(1)教学资料的收集

收集资料是上好音乐课的一项必不可少的环节。上课前根据初步确定这节音乐课的内容来进行资料收集,在收集资料中深化教学内容,教学内容确定以后,要围绕教学内容来收集、筛选典型的音响、音像,以及实物等教学资料,能直接、深刻地让学生认识与了解本课的教学内容,有效地调动起学生的学习兴趣与参与意识。故收集与教学内容有关的资料十分重要。

❖ 案例一

一位中学教师在执教《走进音乐之都——维也纳》(西师版)一课时,首先根据教材提供的教学内容,反复聆听,分析每首作品之间的内在联系及需要掌握的知识点,同时收集教材外维也纳音乐家有代表的作品并进行筛选,从中寻找出最具特点的音乐作品为切入点。收集音乐之都——维也纳的音乐文化背景知识,在收集筛选资料过程中,加深了对本次教学的理解,丰富、拓展了本次教学内容,使教学收到了良好的效果。

(2)教学目标及重难点的确定

教材分析处理解决"学什么"。音乐教材是音乐课最重要的基础资源,具有较系统的知识体系,每个知识点都有它的用意,我们不可能将它随意删除。教材分析要对教材内容的教育性、艺术性及内容之间的内在联系进行分析,并结合教学对象的情况确定教学的重点和难点。《全日制义务教育音乐课程标准》提倡创造性使用教材,根据学生学习的需求整合教材内容。教师在使用教材时要分析研究教材体系,明确每一单元、每一课的教学目标,确立教学重点、难点。

❖ 案例二

二年级下册的《小蜜蜂》(西师版)中,《小蜜蜂真勤快》这一课,首先分析这节课的教学内容与整个单元的联系,主要情感因素音乐技能有哪些,以及学生在这节课中应该得到怎样的收获。

根据分析,确立本节课教学目标和教学重点、难点。

教学目标:

(1)用活泼、欢快的情绪演唱歌曲《小蜜蜂真勤快》,初步感受×·×在歌曲中的作用。

(2)通过聆听,用律动初步感受音乐力度变化,发展学生对音乐的感知力、表演力。

(3)即兴创编动作,在活动中发挥想象力,增强自信心,学习小蜜蜂勤劳、团结、友爱的精神。

教学重点: 能用活泼欢快的情绪演唱歌曲。

教学难点: 根据音乐节奏创编动作边唱边表演。

(3)对音乐教学内容的整合,确定学习的广度深度

①将不同体裁、形式、风格等的音乐作品进行整合

传统的音乐教学一般都是按部就班地教教材,内容比较狭窄和单一。其实,教学内容既是一个完整系统,又可分可合,分开是一个构件、一个单元,合起来是一个整体、一个系统。在教学过程中将不同体裁、形式、风格、表现手法和人文背景的音乐作品进行整合,或是将题材相同而体裁不同、体裁相同而形式不同、形式相同而风格不同等等的音乐作品进行整合,以利于学生形成对音乐的深刻印象。整合并不是简单、机械的堆砌、累加、排列过程,而是科学地、有机地整理组合,取长补短,充分发挥各组成部分的积极作用,并力图产生新的积极因素。运用整合的手段,不仅能有效地提高学生的音乐兴趣和审美注意力,还有利于学生音乐思维的发展,更有利于学生分析与评价音乐能力的提高。

②将同一内容不同形式的音乐作品进行整合

我们都知道,任何音乐作品都是作者潜心创作的(称为一度创作),它是创作者对自然和社会内在情感体验的精神产品。音乐属于表现艺术,词曲作者创作完成的音乐作品要传达给听众,需要表演者的二度创作。例如《二泉映月》,本是首典型的二胡独奏曲,目前有改编为钢琴独奏曲的,也有改编为小提琴独奏曲的,还有独唱曲以及大型交响乐等等。虽然改编的作品众多,但它们的主旋律和结构等都是基本相同的。学生通过逐步聆听原曲与改编曲,就能自然而然地加深相同部分的印象,对此曲也会产生特殊的感情,记忆与体会就会更深刻,理解也会更透彻。学生在逐曲聆听时,诸多乐器的不同音色特征、表现技巧、演奏方式,在整合过程中得以鲜明体现,更会吸引学生产生兴趣,从而产生更深刻的印象和感情。

③将同一主题不同音乐教学内容的音乐作品进行整合

《全日制义务教育音乐课程标准》中明确提到:"同一首音乐作品可以用唱、听、动

等不同的教学形式。"例如在《do、re、mi》一课时,教师可以从美国电影《音乐之声》中去搜集资料,把与这首歌曲相关的内容进行整合,再进行乐器演奏或进行表演,以及用色彩、线条、绘画等形式来表现这部音乐作品。这种音乐内容和教学形式上的整合,也就是音乐学科与姊妹艺术之间进行的一些初步的、大胆的、有益的探索和尝试,有利于激发学生的兴趣。

④将相同体裁不同风格的音乐作品进行整合

在上欣赏课时,我们不妨进行同类整合,以某一种体裁的各种不同乐曲进行互比。如上"进行曲"时以《运动员进行曲》《玩具兵进行曲》等等相同体裁的乐曲进行教学整合,这不但能开阔视听领域,而且能让学生在某一种体裁的教学整合中,接触不同乐曲,提高欣赏兴趣。我们也可以进行异类整合,如认识"进行曲"时,不妨把圆舞曲引进教学。不同的体裁会有不同的节奏、速度、节拍等特点。这样鲜明的对比,会使学生思路更清晰,对音乐体裁认识更深刻。

(4)针对教学内容,选择教学方法

通过教学方法的选择,促进学生对音乐教学内容的理解、掌握、创新。在音乐教学中,启发学生联系已有的生活经验和知识背景,运用多种充满生活气息的教学手法进行教学,通过师生之间的平等互动与交流,把生活经验音乐化,音乐问题生活化,在生活与音乐之间架起一座兴趣之桥,以此来激发学生学习音乐的兴趣,培养学生的想象力和创造性,逐步获得感受与欣赏、表现、创造等多方面的艺术能力和素养,实现让音乐课堂教学充满生命活力的目标,以至提高学生的音乐素质,培养高尚的审美情趣,最终达到育人的目的。

①常用的教学方法

A. 视唱法是教师指导学生独立运用视觉、听觉、感觉进行积极思维活动,进行识谱唱曲的方法。

B. 模仿法是在音乐教学过程中,学生根据教师或同伴做出的演唱、演奏以及表演动作等方面的示范,进行模仿尝试练习的教学方法。

C. 示范法是教师在教学中通过实际音响,或向学生正确示范,或展示直观教具说明或印证所传授的知识的教学方法。

D. 讲授法是教师运用口头语言向学生传授知识的一种方法。

E. 欣赏法是教师在欣赏教学过程中,根据教学内容创设相应的情境,学生通过以情感为主的体验来感悟音乐,从而培养审美感、道德感等情感的教学方法。

F. 讨论法是在教师的指导下,以师生全体或小组为单位,就教学中的某一问题各抒己见、相互启发、探讨问题的教学方法。

G. 合作学习法指学生为了完成共同的任务,在教师的指导下有明确的责任分工

的互助性学习。合作学习是鼓励学生为集体的利益或个人的利益而一起工作,在完成共同任务的过程中实现自己的理想。

H. 探究学习法或称探究性学习是指学生通过独立自主地发现问题、实验、操作、调查、收集与处理信息、表达与交流等探索活动,获得知识,培养能力,发展情感与态度,特别是发展探索精神与创新能力。它倡导学生的主动参与,其特点体现在自主性、实践性、综合性、开放性上。

每一种方法的选用都要根据教学对象和教学内容需要而定,实践证明在日常教学中往往是多种教学方法综合运用。

②更好活跃课堂

课堂气氛是指在课堂教学中,学生群体表现出来的情绪体验,包括心境、情绪波动、人际关系以及对环境的态度等。如何能在课堂上,让孩子在轻松的状态下充分完全地掌握知识,提高教与学的质量是实施素质教育所面临的一项具有现实意义的重要课题。研究表明,人的心理状态既能提高人的各种心理机能,也能降低各种心理机能,活动效率对心理状态的依赖程度的变动幅度高达±70%。在不同的课堂气氛中,学生的学习积极性、学习兴趣、学习情感体验、学习注意力是有很大差异的,在良好的课堂下,学生课堂提问较多,质量较高,有创见;而在不良的课堂气氛下,提问较少,发言次数率低,质量均较差,无创见。积极健康良好的课堂气氛,有助于提高学习效率;相反,则降效率。那么如何活跃课堂气氛?

A. 音乐游戏

游戏是孩子表现生活,学习生活的重要方式之一。因为音乐游戏能提供直观感性的材料,符合中小学生的认知心理,缩短学生与知识之间的距离;音乐游戏能创设教学情景,增加教学情趣,激发学生积极地进行思考。体验这样的游戏内容,要更多地从生活中去寻找。苏霍姆林斯基说:"到艺术语言发源地去寻找,即到大自然,到美的世界中去寻找……"

音乐是一门感性艺术,它源于自然、劳动、生活。我们时时处处都能从中感受到诸多的音乐素材。细心的老师会发现,学生平时喜欢玩的游戏中蕴涵着丰富的节奏、音乐知识技能等,若能成为让学生学习音乐的材料,相信学生会乐学易记,必能收到事半功倍的效果。如"石头、剪子、布"的游戏,它的节奏型是石头 | 剪子 | 哗啦 啦啦 | 布 - (×× | ×× | ×× ×× | × -)。游戏中的节奏有四分音符、八分音符和二分音符,正是最基本的三种音符。在课堂上,学生边玩游戏边念节奏,在游戏中感受三种音符的不同时值,学习的劲头特别高。再把节奏运用到歌曲中,做按节奏读歌词的练习,学生掌握得也很快。我们还可以增加难度,变换节奏,如增加附点可变成石·头 | 剪·子 | 哗啦 啦啦 | 布—(×·× | ×·× | ×× ×× | × -);加快速度就变成石头 剪子 | 哗啦啦啦 布 | (×× ×× | ×××× ×|),出现了十六分音符。从

学生生活中取材,能提高了学生的学习兴趣,顺利达成教学目标。

　　B. 恰当适时运用多媒体辅助教学

　　根据中小学生的心理和思维特点,恰当地运用多媒体教学,创设教学情景,营造良好氛围,不仅能激发学生的学习兴趣,调动学生欣赏音乐的积极性,而且能以趣激思、提高教学的效果。音乐教学应该是师生共同体验、发现、创造、表现和享受音乐美的过程。而现代信息技术的交互作用,可以形成以学生为中心的多维信息空间,学生在此过程中感受到知识的真实、形象、有趣、实用,激发了学生学习音乐的兴趣,调动学生学习的主动性,活跃了学生思维,有助于学生音乐审美能力的提高,有助于引导学生感受音乐的美。如在上《小雨沙沙》一课时,先播放一段雨声沙沙的录音,学生听声音画画面,接着播放这首歌的旋律,在欢乐的音乐声中,教师再用动画展示出一颗颗种子发芽、生根、长出绿油油的叶子,这样,新歌的意境全部展现在学生的眼前,学生通过听音乐——画画面——听音乐,深刻地理解和掌握了词意,同时也培养了视觉和听觉的感受力。学会了唱这首歌曲,再引导学生通过自己的肢体动作表现种子的发芽、生根、长叶。这一教学设计,不仅培养了学生对音乐主题、旋律、节奏的感受力、欣赏力和表现力,实现了音乐与其他学科综合,更重要的是培养了学生艺术创新的能力。当然,多媒体运用要精当,不能滥用,更不能替代或干扰学生对音乐的体验与认识。

　　总之,音乐教师要在新理念指导下认真分析教学内容,根据学生需求及学科特点挖掘整合教材内涵,才能设计出合理、可行、有效的教学过程与策略,为实现教学目标提供可靠保证。

10. 怎样设计音乐教学过程

　　所谓教学过程是指要达到既定目标而必须经历的活动程序,是学生在教师有目的、有计划的指导下,积极主动地学习基础知识和基本技能,发展能力,并形成一定的思想品德的过程。因此,教学过程不单单是传授与学习知识的过程,同时也是促进学生全面发展的过程。音乐教学过程特指达到音乐教学目标所必须经历的各项活动程序,使学生在音乐教师的指导下,有目的、有计划的主动参与多种认知、体验、表现、感受等音乐活动,以期达到教学目标的总的活动安排过程。音乐新课程的教学过程同传统音乐课程的教学过程有着内在的区别。音乐新课程的教学过程观首先体现在音乐教学过程的价值观方面,也就是说,音乐教学过程具有重要的教育价值,应在音乐教学中给予高度的重视。对于音乐教学来说,其目标和过程应是统一的,也就是说目标即在过程中,或者说过程即是目标之一,有了一个良好的音乐教学过程,也就实现了音乐教学目标。因此,音乐新课程倡导的音乐教学过程,应该具有发展性、生成性、开放性的特点。

　　怎样设计音乐教学过程,许多教师都有自己独特的创意和做法,但无论怎样设计,都应以学生发展为目的,紧紧围绕教学目标达成进行。以教学内容为中心,形式为内容服务。音乐教学过程设计大致可以从以下几个方面考虑:

(1)导入部分

导入部分的主要任务是组织教学、诱发兴趣、导入新课。心理学研究表明,人对事物感知的印象是先入为主,强化首次认识对后续学习至关重要。导入新课是课堂教学过程中的第一个环节,巧妙导入,把握细节,有利于激发学生的兴趣,有利于师生之间的情感互动。

❖ **案例一**

一位教师在教授三年级《白桦林好地方》时,大胆创设了一个情景:带学生去参加美国的乡村舞会。教师戴上宽边帽,背着吉他,扮演乡村歌手,和学生围成圈,席地而坐,轻松愉快的学习氛围一下激发了学生的学习兴趣,自然而然地进入教学情境,为后面的学习起到了很好的铺垫和引导作用。

❖ **案例二**

一位教师在教授《音乐之都维也纳》时,首先用多媒体展示一张精美的请柬,在同学们急切的盼望中,老师打开请柬,是一封邀请中国少年朋友参加维也纳新年音乐会的邀请函。教师从邀请函入手,巧妙自然地把学生引入教学情境,激发学生对维也纳音乐、文化了解的热情,为教学深入进行做了很好的预设。教师有效的课堂导入,会在很短的时间内,使学生迅速地集中注意力,紧紧地拴住学生的心,激发其求知欲和思维活动,引起其学习新知识的兴趣,使其怀着新的期待全身心地投入到学习新内容中,为上好课打下了基础。一堂课如果导入得当,就会为整节课起到良好的铺垫作用。

(2)主体部分

这一部分是整个课堂教学的核心,是主要教学实施阶段,包含展开、形成和拓展几个方面。

①展开

展开部分通常由若干个教学活动组成,由浅入深、由点到面,一步一个脚印、一步一个台阶地以递进的方式将教学内容铺展开来。展开意味着学生开始发现探究,开始实践操作,开始体验,开始情感投入。音乐教学过程的展开部分贯穿在活动中,学生在活动中积极参与、主动投入、认真思考、尽情表现、大胆创造。在活动中激活已有的生活常识,并从同学那里获得新的知识积累。教师参与活动,提出建设性意见,引导学生探究,获得新的知识。

❖ **案例三**

一位教师在进行小学一年级《调皮的小闹钟》的欣赏教学中,通过师生互动,层层深入展开。第一步,先让学生带着问题聆听乐曲主题:"音乐让你想到了一样什么东西?"第二步,用自己创编的一个动作来表现这种有规律的行走声音。第三步,寻找小闹钟的铃声,一共是出现了几次?可用动作或画线条的方式来表现。第四步,聆听音乐尾声,用你设计的一个动作来展示调皮的小闹钟,师生比赛,看谁的动作最棒。于是,在音乐停止时,小朋友们保持不动,一个个生动有趣的造型诠释了学生对"调皮"的深刻理解。师生共同参与,让学生的表演欲、创造欲得到充分发挥与展示,同时加深了对音乐的理解和感受。

新课程改革进一步明确了教师和学生在教学中应该扮演的角色,学生永远是课堂学习的主体,教师只是一个组织者、参与者,起到的应该是助推器的作用,一个引导的作用。音乐教学有其独特的优势,不论感受、表现、还是创造活动,只要引导得好,每一个孩子都能积极、主动地参与到教学活动中。关注每一个学生,关注学生之间的个体差异,在师生、生生的互动交流中展开教与学,显得尤为重要。课堂中预设各种活动,引导学生掌握知识,在一种轻松的气氛中激发学生强烈的求知欲,促使他们不断地思考与探索,让他们觉得自己要学习,自己要懂得,自己要掌握。

一位教师在《龟兔赛跑》一课中,根据剧中情节,师生共同创设林中场景,师生分别扮演乌龟、兔子、小白兔、狮子、小猴等角色,在倾听音乐的同时,表现乌龟坚持不懈,认真、踏实,最后取得了胜利。学生在亲身参与和反复练习中,对音乐产生了浓厚兴趣,并获得更多的审美感受。

②形成

形成是指学生经过体验、探究等活动,初步形成教学结果,并通过某种交流方式,呈现结果的阶段。在这一环节中,教师应设计多种形式的展示活动进行成果展示,为学生提供展示平台与机会,在交流活动中相互启发、碰撞、激励。每个学生在学习中都有自己独特的想法。例如小组的合作学习,就是他们交流想法、开展互评的最好时机。这种学习方式让学生有发表自己见解的机会,发挥学生的互补作用,做到培优帮差,同时又培养了学生的合作意识,使学生在团结、协作的学习气氛中得到发展。

在教学过程中,教师事先准备的教法只能是预案。走进课堂,面对一个个鲜活的个体,常常会激发出许多意想不到的精彩。教师要正视学生所呈现出来的信息,灵活调整教法,教师只有灵活应变、适时调控,才能有最佳的教学效果。

③拓展

拓展是对教学的延伸与深化,培养和发展学生的创造能力以及对音乐的进一步感悟、思考与探究,培养学生终身热爱音乐、享受音乐的兴趣与意识。当然,拓展要根据本课教学内容需要而进行,同时必须是在前面环节进行得扎实,学生充分掌握、理解的基础上进行,不能为了拓展而拓展。

(3)结束部分

一堂课有良好的开端、成功的过程,结果却是草率收场,就会导致功亏一篑。课堂教学结尾,是必不可少的一个环节,也是衡量一个教师艺术水平高低的标志之一,而且直接影响到教学效果。一堂课的结尾部分同样灵活多变,精彩的结尾能使学生以高涨的热情投入到下一个新的学习任务中去。例如在音乐新课程的实施中,很多的教师摒弃了以概括教学内容、总结学生学习情况的结束方式,而采用了让学生说收获、体验等新型结束设计,凸显了学生主体,强调了自主学习,体现了《全日制义务教育音乐课程标准》的理念。在结束部分中启导预习、迁移知识、巧设期盼、启迪未来等,都是精彩的结束。总之,一堂课的结尾就如一首乐曲的尾声,设计得好,就会有声有色、余音绕梁、回味无穷。教师要尽量做到周密安排、精心设计,简洁明快、灵活多变,使学生真正感受"课已尽而意无穷"。

11. 如何选择有效的音乐教学方法

教学方法是教师和学生为了实现共同的教学目标,完成共同的教学任务,在教学过程中运用的方式、途径以及手段。它既包括了教师"教"的方法,也包括了学生"学"的方法。由于课堂教学方法作为教学方法的主要部分,直接关系到课堂教学质量和学生的个性发展,因此在音乐教学中不能把教学方法作为华丽的外壳,装点门面的"花架子"。老师要切实选择有效的教学方法,根据音乐教学的不同需要,合理使用,使其真正发挥作用,提高教学效果。那么,如何选择有效的课堂教学方法呢?

(1)抓住关键——教学方法要符合教学内容的特点

以律动教学为例。律动是以有韵律的身体动作或姿态表达对音乐的感受。它是培养学生感受音乐、理解音乐和创造性地表现音乐的良好途径。律动这种肢体语言,会使学生一开始接触音乐就习惯于同时从身心两方面去体验音乐,从而提高学生体验音乐和表现音乐的能力。因此,在教学中教师应该根据教学内容的需要将律动穿插在一节音乐课的各个环节里。如放在上课开始,可以调动学生的快乐情绪,集中注意力;放在课中,可以活跃课堂气氛,并使学生的身心得到片刻的放松休息;放在课尾,可以把教学推向高潮,使学生余兴未尽。

(2)把握规律——教学方法要符合学生的特点

以音乐唱歌教学为例,它是我国音乐课程一项长期训练的项目,是培养学生音乐审美能力的有效途径,其教学目标在于使学生用自己的声音去体验、用自己的心灵去感悟,从而获得认知。如何来实现这一教学目标,我们要结合不同年龄段学生心理特点,选择"趣、实、深"的教学方法。

①小学低年级唱歌教学以兴趣为主导

在过去唱歌教学主要采取"听唱法"教学,即学生通过反复听录音,听教师范唱,听器乐演奏歌曲旋律来学习歌唱。可是这样的教学方式对低年级的学生就显得枯燥,低年级学生注意力容易分散,思维不容易长时间集中,在唱歌教学的过程中,应以一个"趣"字为突破口。

❖ **案例一**

针对低年级学生喜爱小动物的心理特点,通过故事运用动物的叫声为学习歌曲作铺垫,也能较好地激发学生的学习兴趣。如在教学一年级下册的《数蛤蟆》一课时,教师可以这样导入:

一天,在大树林里有一群小动物正在开音乐会呢!它们的歌声多动听呀!听,一号选手小狗正在得意洋洋地唱歌呢!(用狗叫声唱出第一句旋律 5 3 5 3 | 5 1 2)谁愿意跟它唱歌呢?现在二号选手小猫正从容地站在台上演唱呢!(用猫叫声唱出第二句旋律 5 3 5 3 | 1 2 3 2 1)小鸭子听见它们在唱不服气地也唱起来了,你们听!(用鸭叫声唱第三句旋律 6 1 6 1 2 | 1 1 6 5)水边的小青蛙听见了说:"你们谁有我唱得好听!"(用青蛙叫声唱出第四句旋律 3 5 2 3 5 | 3 1 2)

教师边说边唱并在不同的乐句上分别贴出四种小动物的图谱,然后请学生分别代表四队来进行学唱和演唱的比赛。孩子们都想争第一,学起来就带劲了。

❖ **案例二**

针对低年级学生好动的特点来适当运用律动或舞蹈进行唱歌教学。比如教学《乃哟乃》一课时,可以这样进行设计:同学们,今天我想请一位少数民族的老师来教我们跳一段舞蹈,不过请大家先闭上眼睛,老师喊一、二、三,你们才能睁开。此时,教师可迅速地换好事先准备的服装。然后随着《乃哟乃》的音乐载歌载舞,有趣的服装和动作往往能一下子吸引住孩子们的目光,在载歌载舞中,歌曲教学的任务不知不觉完成了。

❖ **案例三**

低年级学生好模仿,在模仿中学习的乐趣远胜于单一枯燥的模唱。例如,在教学《理发师》一课时,可以在学生初步完整地感受歌曲旋律之后,让学生再次欣赏歌曲,同时用肢体语言来模仿理发、剪发、梳发、喷水的动作和节奏。之前,先请同学将这四种动作的四种节奏读熟。如:

剪刀 $\frac{2}{4}$　　咔嚓　咔嚓 | 咔嚓　咔嚓 |

梳子 $\frac{2}{4}$　　唰　　唰　 | 唰　　唰　 |

吹风机 $\frac{2}{4}$ 呜 — | 呜 — |

喷水 $\frac{2}{4}$ 沙 沙沙 | 沙 沙沙 |

学生在听赏、模唱的过程中可以自由选择自己喜欢的节奏加上动作模仿。对于节奏感强和有较好合作能力的班级来说，教师还可以有意将四条节奏分别请四小组逐一加入进行拍奏，形成多声部的节奏练习。这样练习的目的是通过多种游戏手段，让学生参与音乐活动并贯穿于课堂的唱教教学之中。同时通过特有的节奏进行伴奏，起到了训练学生节奏感和提高协调合作能力的作用。

对于低年级还可以运用画画、朗诵、游戏等多种趣味化的教学方法来进行唱歌教学以避免单一模唱所带来的枯燥。

②小学中年级的唱歌教学要体现一个"实"字

这个阶段不再单纯追求主要作用于感官的感觉上的需要，这时的学生开始需要比从前更进一步地得到知觉上的满足。因此，在中年级唱歌教学中可以多发挥学生的主动性，提高学习积极性。

❖ **案例四**

在教学《我的家在日喀则》一课时，通过初步的学唱可以首先让学生找一找最容易和最难唱的各是哪一句，并请他唱一唱。对唱得好的同学当众表扬，对唱得不够好的同学也鼓励他"你非常努力！""你很勇敢！"再进一步提出要求，容易唱的要唱出西藏歌曲的韵味，难唱的要力争唱准。接着再请学生用自制的鼓为歌曲设计伴奏（节奏型可以在歌曲中找，也可以自己创编）。一般学生都会找出较有特色的节奏×××××来伴奏。最后再请学生回忆学过的演唱形式，请他们为歌曲设计至少两种演唱形式并分小组来试着唱一唱。通过这样的练习，学生们对这首歌的演唱要求及风格都会有进一步的理解。

③小学高年级和中学生的唱歌教学要做到深而有情

小学高年级和中学生由于年龄增长和身体发育，学生在心理上有了较大的变化。就认识过程而言，有意注意逐渐上升到主导方面，使抽象思维有了发展的可能性。因此，小学高年级和中学生的唱歌教学无论从演唱形式还是演唱方法、学习内容都加深难度，在原来的基础上又上了一个台阶。这一阶段的唱歌教学，不仅要引导学生唱会歌曲，更重要的是"会"唱歌曲。培养学生对歌曲情感的准确把握和表现能力。帮助引导学生用心去感受与体验不同节奏速度、不同力度、不同音色对歌曲的不同作用。通过欣赏法、比较法、分析引导法、实践演绎法等，激发、调动学生的歌唱情绪，运用恰当的歌唱技巧及音乐表现手段，如强弱力度变化、速度变化、音色对比、声音连、跳唱法的处理等，准确地把握和表现歌曲的情感及意境、风格和特点，让学生在动听的歌声中得到美的享受，在优美的音乐中情感得到升华。

(3)变"静"为"动"——教学方法应让每一个学生都能参与,让学生在音乐活动中学有所获

以欣赏教学为例。欣赏是音乐教学的重要组成部分,是培养学生音乐兴趣,扩大音乐视野,提高音乐感受、理解、欣赏能力及发展想象力、丰富情感、陶冶情操的重要途径与手段。如何采取更好的教学方法教会学生欣赏音乐,如何在课堂中使更多的学生参与到课堂教学中,这是每一位音乐教师都想解决的问题。有时我们会把自己对音乐作品的理解灌注给学生,学生欣赏音乐的过程只是教师经验的重复。教师放什么音乐,学生听什么音乐;教师讲什么知识,学生就学什么知识。学生仍然是被动学习。这种现状极大束缚了学生的自主性和参与性,有的时候教师对不同差异的学生重视不足,课堂成为优秀学生表演、亮相的舞台,不是人人参与教学活动,一部分学生的积极性被调动起来了,充满了自信,但多数学生还只是观众,欣赏能力并不能得到提高。

❖ **案例五**

在欣赏《狮王进行曲》时,根据学生不同的情况,不可能每位学生都能安静地欣赏,为此,教师可以制作各种小动物的头饰,当音乐进行时,教师就利用头饰随着音乐表演,学生的注意力很快就被音乐吸引了。教师还可以先创设情境:"大家看到过狮子吗?我们来听一段音乐。然后请你给音乐编个故事,并且讲给你的同学听。"听完音乐,经过学生之间相互交流、讨论、补充,一个个优美的情节便形成了:狮王散步、游戏、觅食……在音乐课中,既体现了学生们相互合作,又通过音乐,彼此间的互动体验得到了交流,让每一个学生都能参与,让学生在音乐活动中学有所获。

学生的动觉参与应该是自发自觉的,形式上也应不拘一格,是内心体验的真实写照,而不是为做动作而动作。同时,一味追求学生表面上的动觉参与也是不可取的,动不仅是身体的动,心灵的参与、思维的碰撞、内心的联想也是动,尤其是高年级学生更倾向于心灵的参与、内心的体验。因此,在教学中要动觉参与和心灵参与相结合,做到动静交替,有张有弛。

(4)符合需要——教学方法要考虑教师本身的可能性,符合教师在教学方面的个人特点

教师综合运用各种教学方法的能力和经验、教学特长、教学风格和习惯等都会对教学方法的选择产生影响。口头表达能力强的,运用语言法效果较好;思维敏捷、组织能力强的,运用谈话法、讨论法效果较好。在选择教学方法时,教师要注意扬长避短。逐步全面地提高自己的教学水平。

12. 如何理解音乐课堂教学中的预设与生成

传统的音乐课堂是静态的、封闭的,教学任务是否完成往往是以能否完成预设的教案为依据,于是课堂教学就是教教案,教师关注的重点不是学生而是教案,学生被限制在教案既定的框架或轨道上,课堂沉闷,缺乏激情与活力。

苏霍姆林斯基说,教育的技巧并不在于能预见到课堂的所有细节,而是在于根据当时的具体情况,巧妙地在学生不知不觉中作出相应的变动。一堂符合《全日制义务教育音乐课程标准》的音乐课,不应是预设教案的机械执行,而是在课堂上不断生成、不断组织的过程,是学生个性得以张扬、发展、提升的过程;课堂是动态的、开放的,它以音乐课程预先设计和音乐课堂动态生成的辩证统一为最高境界。音乐课堂学情灵活多样、变化莫测,教师唯有从容迎变、应变,师生之间、生生之间相互沟通、相互启发,形成高效互动,才能生成音乐课堂的精彩,使音乐课堂焕发出生命的活力。

音乐课堂教学中的预设,就是根据音乐教学目标和学生的音乐兴趣、音乐学习需要以及已有的音乐知识经验,以多种形式有目的、有计划地设计音乐教育活动。音乐课堂教学中的生成,是指教师依据学生的音乐兴趣经验和需要,在与环境交互作用中进行有效的动态的调整,以引导学生活泼、主动地进行音乐新知识的探究活动。

音乐课堂教学中的预设与生成既相互矛盾,又相互统一。"预则立,不预则废",精心预设是音乐课程实施的起点和基本要求,如果没有教师事先对音乐教学文本的解读以及对学生学习后将要达成的临时性共识的预期,那么课堂教学将难以操作。预设是教学的基本要求,是课堂教学的蓝图,是课堂精彩生成的基石。生成则是相对预设而言的,即审时度势,根据课堂的变化而变化。

❖ **案例一**

欣赏课《野蜂飞舞》中,教师问学生:听到乐曲你联想到了什么?有学生回答说:想到了苍蝇。教师马上避而不谈,直到得到"蜜蜂"的答案才露出了满意的笑容。

评析:显然,这个学生的回答和教师的预设发生了偏差,学生说联想到苍蝇,可能是因为苍蝇与蜜蜂有着类似的体积和相同的技能——飞行,在音乐表达上有一定的共通之处,也表明了学生在感受音乐。教师不应置之不理,而应抓住问题,追问下去,从音乐要素方面对学生进行引领,帮助学生准确地理解音乐形象。

应对:教师让学生再听音乐片段,引导感受音乐给人带来的尖锐感和"成群结队、铺天盖地"的意象,学生会从音乐的半音进行、密集的节奏、快速的演奏中体会到野蜂飞舞、穷追不舍、疯狂螯刺的形象,从而提升音乐赏析能力。

❖ **案例二**

老师说:同学们,今天我们来学唱一首歌曲《小小的船》。学生说:老师,我在幼儿园就学会了,我能背着唱出来。老师愣了一下,说:你会唱了,很不错,请坐下,我们继续学唱这首歌。

评析:在这里,学生的"会唱"显然不在老师的预设之内,实际上给了老师当头一棒,"我都会了,你还教什么呀?"最初精心设计的各个教学环节和巧妙的提问,又怎么办呢?

教师一带而过,按准备好的教案继续组织教学,按部就班地完成了教学任务。其实,教师可以及时调整教学目标和教学环节,提高学生对歌曲的演唱技巧和表现能力。

应对:教师请这位学生甚至全体会唱这首歌的学生来演唱《小小的船》,再从学生的演唱入手,在学生会唱的基础上,引导学生唱好歌曲,表达好情感,用自己独有的音乐方式表现歌曲等。

预设应给学生留以空间。知识与技能并重,智商与情商共举,接受与探索同襄,划一与个性齐显是备课的基本指导思想,而教师的预设性备课,不仅仅是备教材、备教师,更重要的是备学生,学生是课堂中最大的变数;教师的预设性备课,应当对教学内容和学生掌握程度有一个预想,根据预想来设计教学,这种以教材、学生为出发点的备课与传统意义上的备课有本质的区别;教师的预设性备课,应当考虑到学生可能会展开的音乐联想,可能会提出的问题,可能会遇到的音乐知识技能困难,可能会闪现的灵感等等。把这些都通过假设蕴涵于教案中,随时把握学情,顺应学生的学习需要,课堂教学才会呈现"神来之笔",音乐新课堂也需要这样的"神来之笔"。

同时,预设性备课不应把课堂时间占得满满的,如果这样,教师难免会为了完成教学任务而赶时间,对学生的关注不够,对学生的反应忽视,对学生的情况无法作出及时有效的应对,使课堂教学程序化,影响学生的学习主动性;从另一个侧面说,没有喘息余地的课堂迫使教师不得不放弃课堂的主体——学生。

❖ **案例三**

教师在设计欣赏竹笛独奏曲《帕米尔的春天》一课时,考虑到了乐曲的演奏乐器、乐曲的塔吉克音乐风格(装饰音、变化音、特色伴奏乐器等)、欢快的舞曲情绪,从观看图片了解帕米尔到由认识乐器竹笛,由完整欣赏乐曲到表述对乐曲的感受,由聆听主题音乐到分析塔吉克音乐特点,由介绍塔吉克音乐伴奏乐器到模仿节奏,由分段聆听到比较音乐要素对音乐的表现作用等等,可以说对音乐要素的挖掘层层深入。

评析:由于太面面俱到,教师没有给自己留下沉着冷静思考和倾听的空间,没有给学生留下适当观察、想象、分析、交流的空间,没有给课堂留下生成新教学内容和步骤的空间,也就不存在课堂的"生成"。音乐是最具感染力的艺术形式之一,而这节课学生在教师的"领"之下,完成了预定的教学目标,课堂却缺乏了应有的生机和活力。应如同国画中"留白"一般,给予课堂更多的"激情时刻"。

应对:教师抓准乐曲的两个突出特点,有针对性、有重点地开展教学活动,着重调动学生的参与积极性,给学生的思维活动和实践活动给予引导和留以空间。如:以节奏为切入点,展开以节奏为主的分析欣赏及对乐曲的创造性再现(引领学生利用身体音响、身边的音源,从节奏入手,创造性地表达对乐曲的感受);以塔吉克舞蹈为切入点,展开以舞蹈为表现方式的分析欣赏及对乐曲的创造性再现等。

中国教育家叶澜说:课堂应是向未知方向挺进的旅程,随时都有可能发现意外的通道和美丽的图景,而不是一切都必须遵循固定线路而没有激情的行程。在音乐课堂教学过程中,引发预设之外音乐教学情况的因素多种多样,应对的策略也是仁者见仁、智者见智,不会灵活应变并合理应用这种生成的教学资源时,学生或力不从心,或不感兴趣,课堂缺乏张力。教师能根据预设并结合课堂实际情况,对教学思路进行及时调整,迅速寻找应变对策,而不一味按照既定思路去继续教学,处乱不惊,用自己的情绪感染学生,甚或从这种偶然中激发出一簇创新的火花,将之巧妙地纳入音乐教学中,调动学生的积极性和探索心等等,音乐课堂将在生成中精彩。

13. 音乐教学中如何处理好教与学的关系

《全日制义务教育音乐课程标准》指出:"音乐课的全部教学活动应以学生为主体,师生互动,将学生对音乐的感受和音乐活动的参与放在重要的位置",即音乐教学是学生与教师、学生与环境、学生与教材、学生与学生之间的一种充满生命活力的交互过程。如何在音乐教学中正确处理教师主导与学生主体的关系,使二者和谐统一是非常重要的。教师的主导作用应紧紧围绕"导什么?如何导?"进行,并据此充分发挥学生的主体作用。这样,教与学的关系才能和谐,音乐课的素质教育才能顺利进行。

(1) 主导作用的发挥

教师的主导作用表现在:教师是教学任务的领导者,教学目标的制定者,教学过程的组织者,文化科学知识的传递者,学生求知的启发者。音乐课堂教学中教师应重点围绕哪些方面来引导呢?

①制定目标

素质教育是以遵循人的身心发展规律为前提,实施学生全面发展的教育。在教学中确立每一课教学目标,既要有微观的眼光,更需宏观的观点。学生的学习是一个由认知能力、学习情趣、思维方法、学习方法、学习习惯等多种因素构成的动态系统。那么,教师的"导",与思维训练、创造训练、心理品质等都有密切的关系。因此在教学中必须将素质教育的要求,全面地渗透、贯穿到音乐教学目标中去,包括认知、学科能力、兴趣、态度、情感等各个领域的教学目标中。

教师制定目标要立足当前,着眼未来,既要以审美为核心,又要发展学生智能,学会学习,提高学习能力,还要发展创造性,培养其良好的品德与健全的人格。从德、智、体、美、劳全面培养,由单一型向多元型转化,使学生知识和能力协调发展,认知和情感和谐发展。

②指导学法

学会学习是素质教育的重要目标之一。"学会学习"是"学会生存"的前提,教师的教法取决于学生的学法,教师的教要符合学生学的规律,主导作用要为促进学生主体

作用服务。每课都应讲究学习方法的传授,传授学法的方法大致有三类:

A. 内容定学法

教师在教学时,可根据教学内容,适时传授学习方法。如西师版八年级《三峡情》的单元重点是《三峡儿女情》,以《三峡,我的家乡》这首歌曲为例:传统的教学,由老师的介绍导入,范唱为主,整个教学过程全由教师担纲到底。一节课下来,老师只顾欣慰自己如期完成了教学任务,即使有学生表现的时候,也是按照事先设好的"圈"让学生顺着老师的意思往里钻。重教轻学,不给学生发散思维空间,即兴发挥的机会几乎没有,整个课堂强调共性而忽略了个性的体现。新型的教学中,可以让学生先听这首乐曲,学生则以自由谈的形式来告诉大家,这首歌中用音乐描绘了三峡哪些特色,自己喜欢这首乐曲中哪些方面。并用现代化教学手段,引导学生议论"新""旧"三峡的感受,进而引导学生思考"我"的含义,这时学生会积极发言,思维也开阔,思考也渐渐深入。通过畅所欲言,学生对歌曲内容演唱的基本情绪就已经有了自己的理解和表现方式,无须老师做过多的阐释。

B. 学法定教法

◆ 案例一

《川江船夫号子》一曲描绘了川江中的船夫在酷暑、严寒中踏着体力劳动的特有节奏而进行劳动的形象。学法指导内容:带感情听音乐——哼唱歌曲、看画面——感觉船夫的性格、品音乐——体会情感、感悟音乐——找出音乐与劳动的关系、有感情地演唱歌曲。根据这些步骤,设计本课重点:听音乐找出劳动号子的音乐特点。

C. 教法导学法

仍以《川江船夫号子》为例,在传统的课堂教学中,老师大多在理论上口头给学生讲些艺术处理,设好框框按部就班,没有学生自由的想象空间,没有学生自由表现机会,只是很被动地跟着老师的意志转。在新型教学中,有了开头的畅谈作铺垫,准确找出了劳动号子音乐的特点,让学生自己用不同的力度、速度、情绪、演唱方式来演唱此歌曲,比较怎样的演唱形式才能把劳动者的情感表达出来。通过比较和学生之间的互评达成共识,形成本课的教法导学法。

③挖掘情感

从现代心理学看,教师与学生在教学过程中主要有两大心理要素:情感要素和认知要素。我们不能只重视后者而忽略前者。教师要发掘教材内容的情感因素,努力挖掘情感教育点。教学《川江船夫号子》时,适度运用多媒体配上悲壮、苍凉的川江船夫劳动的视频将更增强音乐情感的表达。

在教学中教师还应重视自身的情感表现,要用自己十分投入的情感、亲切的教态、富有感染的语言感染学生,引发学生对音乐美与情的感知和体验。创设一种民主、和谐的气氛,有利于学生主体作用的发挥。

素质教育是一种重视个性发展的教育。重视每个学生的兴趣、爱好和特长。个性的核心是创造性。要培养学生的独立意识,有自己的创见,就要因材施教,一把钥匙开一把锁。教学方法的选择,课堂"设疑"要依据教学内容、学生的实际而定。教学中,要保护学生创造性火花,珍惜学生的独立见解,鼓励学生质疑问难。

(2)主体作用的体现

学生是音乐学习的主人,学生是学习和发展的主体,应让学生更多地拥有自主学习、自主创造的权利和机会。如何发挥学生的主体作用呢?

①引发"思考"

教学过程从某种意义上说是学生的思考过程,只有引发学生思考的活动才能称为教学。苏霍姆林斯基说过:"一个人到学校来上学,不仅是为了取得一份知识的行囊,主要的还是为了变得更聪明。真正的课堂应该是一个积极思考的王国。"课堂要充分显现学生思维全过程。

启发引导学生主动地探讨、索取知识。

❖ 案例二 《月光曲》(西师版)

师:大家听听开头的这一连串音的两种奏法,哪一种更能表现月亮的色彩?(教师先在钢琴上用和弦演示《月光曲》主题一,然后又用单音弹奏这个主题)学生们开始小声地议论,这时教师不给结论,而是反复地对比弹奏主题,学生们由小声议论逐渐变成大声争论。教师这时提醒学生,是哪一种弹奏"最适合表现月亮的色彩"?为什么?你从哪些方面得到这样的感受?通过对比聆听,讨论交流,学生对音乐的感悟理解得到进一步的提高。

②激发"参与"

学生是学习的主人。要给全体学生足够的思维和练习时间,学生才真正有可能成为教学活动的主体。课堂上,要运用多种形式激发学生参与,抓好课堂的个体学习,按学生已有的生活经验与认知水平去"听、思、唱、议、演"多种音乐实践活动。抓好小组讨论,在和谐民主的参与中获得直接的音乐经验。让学生享受参与音乐活动的乐趣,享受探求知识的乐趣。

③加强对音乐感悟

加强感悟音乐的训练,是提高学生音乐素质的重要环节之一。音乐教学的着眼点应是培养学生的审美能力。而这种能力只有通过反复的感悟音乐才会形成。

A.感悟音乐的科学性。必须按学生学习音乐的客观规律来进行。如学生学习音乐需经历感知、理解、实践等几个阶段。对音乐感悟能力的培养,要通过音乐的比较、理解、品味、哼唱、思考、演唱等逐步养成。

B.感悟音乐的层次性。学生的认识过程、思维过程经历了由浅入深、由易到难、由形象到抽象的阶段。要有感悟的层次性，如感知性、理解性、运用性、熟记性等层次性练习。感悟音乐要体现"扶→放→创"的过程。

C.感悟音乐的全面性。根据《全日制义务教育音乐课程标准》要求、教材特点，学生对音乐要进行旋律、节奏、力度、速度、音色、和声、音乐结构等音乐要素的感悟。对学生要进行听、说、唱、思、创等能力的培养。不仅在音乐内容上进行全面性感悟，在学生参与的环节上也要注重全面性。

教学实践表明：任何一个教学目标的实现既离不开学生也离不开教师，师生双方都是教学活动的主体，两者缺一不可。正确把握两者间的关系，才能更有力地推动音乐素质教育的发展。正确处理好音乐教学中的教与学，是教育教学改革的关键。在实践中教师将会感到学生越来越聪明可爱，对音乐的兴趣爱好也将日渐浓厚。在愉快平等的教学中教师也会从中得到频频的欣喜和乐趣

14. 如何创造性地使用教材

如何理解教材的"创造性使用"？首先要转变教材观，教材不是圣经，不是法规，它是师生教学活动的材料，是为教学提供的一种资源，是师生对话的一个话题。师生进行教学活动的目的，不是为了记住"话题"本身，而是以话题为中介进行交往与发展。作为课程主体之一的教师不再是课程与教材的被动执行者，而是一个主动决策者、开发者。新课程的教材观，为师生的教学提供了广阔的思维创造空间。

那么，教师在教学中，如何创造性地使用教材进行教学，可从以下几个方面入手：

(1)教师必须熟悉和了解教材,深入领会教材的意图

新教材是依据《全日制义务教育音乐课程标准》基本要求编写的，它是与《全日制义务教育音乐课程标准》的理念相符合的。同时为教师的创新发展提供了一个广阔的平台。因此，音乐教师必须钻研教材，领会教材编写的意图，挖掘隐含在教材中的知识点，音乐表现手段，相关音乐文化等内容，以音乐为主线将这些内容贯穿起来，才能符合《全日制义务教育音乐课程标准》和新教材的要求。

教材的每个单元由四个方面的教学内容组成：感受与欣赏、音乐表现、音乐创作、相关音乐文化。有的内容是显性的，有的内容是隐性的。如：教材人教版第二册第一单元"红灯停，绿灯行"一课里，教材显示有三个层面的教学内容。一是歌曲学唱；二是大声唱歌与内心默唱，音符与休止符；三是道德行为规范。本单元教学侧重点各有不同，但都综合贯彻音乐感受，音乐表现，社会行为规范三方面的内容。隐含的音乐内容有感受音乐和培养学生内心稳定节奏感，创造性地处理歌曲，自由选择打击乐器为歌曲伴奏等。教师如果不把教材"吃"透，很难把课中的教学意图搞清楚。因此，教师必须把教材"吃"透，才能彰显自己的教学水平，把教材用"活"。

(2)反复感受和体验教材找准上课的切入点

将教材内容融入内心体验,找到师生情感体验的兴奋点作为教学设计的切入点,可以是教学内容的情景创设、置疑激趣,也可以是音乐体裁听辨的比较,同一首音乐作品不同的表现形式等都可以是教学设计的切入点。但是教师如果抓不住重点,学生就会不得要领,教学目标就难以实现。因此必须对教材反复琢磨,找到学生感兴趣的地方,或教师认为重要的一个关键点,或教学中迫切需要解决的一个问题,从一点入手,发现和收集、整理与此相关的各种资料,展开思考并以此为主线筛选和组织教学工作。例如,西师版七年级音乐教材第三单元歌曲《青春舞曲》,教师可以以收集的音响效果较好的五种表现方式不同的《青春舞曲》给学生欣赏为切入点,让学生说说"它们分别是用什么形式表现的,每首歌风格特征怎样?""你喜欢哪一种?"等。所欣赏的《青春舞曲》有与教材配套的最常规演唱,有中央音乐学院的混声合唱,有秀美的女声组合唱,有洒脱的摇滚演唱,还有改编成现代舞曲的演唱。各种形式及风格都体现了各种不同的美,给了学生不同的感受与体验,学生同时也得到了一定的启示,不同时代的人会用不同的方式去表现音乐。我国的民族音乐具有很强的生命力,美的音乐是永远不会被人们遗忘的。学生通过对同一内容、不同表现形式、不同风格的音乐作品的欣赏、对比,领略了各种不同的美:华彩的美、淡雅的美、热烈的美、幽静的美、现代音乐的美。通过多听、对比学习了解,音乐知识丰富了,修养也随之提高了,认识美的视野就更广阔了,识别美的能力就越来越强了,这样审美能力就得到提高。这种教学还体现了学生的体验性、探究性、生成性和反思性学习过程,改变了学生学习内容单一、学习方式被动的倾向。通过为学生提供丰富多彩的内容和信息,拓展了他们的艺术视野,使教学活动更加生动活泼,使学习内容变得鲜活充实、易于为学生掌握。这就是要求教师不要"唯教材、唯教参"论,而应将精力用在分析学生的学习特点、学习方法以及学生的真正需求上。

(3)灵活运用,处理教材

①调整顺序,整合教材内容

教学中,教学内容不必严格按教材的呈现顺序出现,可以根据自己教学的切入点、各环节的衔接等,改变教材内容在教学中呈现的顺序。例如:湘教版实验教材七年级上册第四单元《流动的音符》这一课时,就将原本出现在"从民歌中探索'游戏规则'"这一版块中的第一个谱例陕北民歌《信天游》调换到了最后一个,其原因是为了自然地进入下一个教学环节——学习"同头换尾"的创作方法,《信天游》正好是一首符合"同头换尾"创作方法的民歌,而教材中出现的谱例台湾民歌《一只鸟仔》并不符合"同头换尾"这一创作方法。这样调整,使教学环节更流畅、更符合循序渐进的原则。

②教师根据学生的实际情况,适当筛选替换,增补教学内容

教学中可以将不符合教学实际情况的教学内容删除,用时代感更强的内容替代。虽然现行教材内容的选择是经过编者精挑细选的,但也还有与时代相距太远的内容,如:西师版音乐教材八年级上第一单元《军歌嘹亮》,刚好是新生入校军训时期,这一课的教学内容,可以让军训的教官和音乐教师一起上。用教官亲自演唱的时代感很强的军歌替换教材中"偏难""偏旧"的"会师歌"。同时也可以根据需要增加教学内容,增加的内容可以是经典的,也可以是新颖时尚的。在教学中加入时尚元素往往能吸引学生眼球,令学生兴奋不已。如在《民乐飘香》中加入"女子十二乐坊"的演奏,更突出主题中的"香"字;在《演唱组合》中加入"羽泉"等当红组合的演唱;在《舞剧音乐》中加入新上演的舞剧作品;在《合唱的魅力》中加入影片《修女也疯狂》的合唱片断;在《手拉手》中加入2008年北京奥运会的有关信息等。

③拓展和延伸教材的主题整合不同的内容

按照现行《基础教育课程改革纲要(试行)》的规定,我国义务教育课程实行国家、地方和学校三级管理的体制。除国家课程以外,地方、学校自主开发的课程应占教材总量的15%～20%。也就是说,各地、各校可以编写地方的音乐乡土教材和本校音乐补充教材,供教学使用。在常规教学中,对教学内容的拓展和延伸,也是一定意义上的课程资源的开发。

西师版音乐教材八年级上册第三单元《三峡情》,这一单元的内容主要包括两个方面:第一方面是"劳动号子"原生态民歌。这部分内容在教材中呈现方式是相当简洁的,为学生探索音乐留下了极大的空间。第二个方面是以当地的民谣,音乐素材创作的民歌音乐。这部分内容是第一部分内容的发展与深化,呈现了三首歌曲和一个配乐诗朗诵,三峡是学生熟悉的,比较典型和有代表性。若将这堂课设计成五个环节:寻找三峡的音乐、欣赏三峡的音乐、我唱三峡的音乐、了解三峡音乐文化、我爱三峡。从学生的生活知识经验出发,拓展了许多教材上不曾出现的川东地区的乡土音乐内容,如《摆手歌舞音乐》《木叶情歌》《黄杨扁担》等,这些内容既丰富了教学,增进了学生对三峡的热爱之情,同时又使学生更清楚地认识到:我们的生活处处有音乐;音乐源于生活,又服务于生活。

总之,创造性地使用教材是为了更好地为学生服务,音乐教师只要乐学善思,就一定能用好教材,取得教学上的成功。

15. 音乐常规课与优质课有什么区别

音乐常规课是遵循教学的基本要求、循序渐进地按既定的教学计划、教学进度、教学内容,有秩序、有计划、有规律地进行教学,体现教学的有序性、规范性、延续性,是在常态下进行的音乐课。音乐教师平时的上课,都是常态下的课,也就是常规课。音乐

优质课主要指以公开课形式出现,主要目的是探讨音乐教学规律、研究音乐教学方法、推广音乐教学经验、提升音乐教学质量,属于科研范畴专题研究,具有导向性和示范性。它既是教学过程方法的优化创新,又是优秀教学成果的展示,同时也是教师自我提高的重要途径。

(1)音乐常规课和音乐优质课的特点

①音乐常规课的特点是规范、扎实和有效。作为课堂教学,首先是规范,体现在学生的学习习惯培养、学习兴趣的建立、学习要求的落实。另外,"扎实"和"有效",并不能简单地理解为传统意义上的"老师讲,学生听",而是应该具备新课程背景下的诸多要素,如:学生主体活动是否到位、探究是否有效、学习方式是否多样、学生主动的思维有否存在等等。在音乐常规课中,"扎实"和"有效"指教师注重对学生音乐情感的体验,注重对学生音乐兴趣的培养,注重面向全体学生的同时提供给学生张扬个性的机会,注重以音乐实践带动学生踏进音乐审美的殿堂;"扎实"和"有效"也指学生在教师的引领下对音乐进行感受和欣赏、表现和创造,包括体验、模仿、探究、合作和综合。

音乐常规课因受到日常工作进度及工作量限制,不可能每节课去查阅大量资料,做大量精美课件,反复精心设计每一个教学细节,也不可能面面俱到,教师应当根据实际情况择其重点进行常规教学。音乐教育不是音乐家的教育,音乐教育培养的是会欣赏音乐、对音乐终身爱好的热爱者。因此,在音乐常规课中,对学生音乐学习习惯的培养应当放到重要的位置上,"好的习惯使人终生受益",良好的音乐学习习惯直接决定学生音乐学习效率的高低,影响其音乐学习兴趣的形成。

②音乐优质课作为教师课堂教学评价的有效形式,在实践中对激励教师教育教学能力的提高和促进教师专业发展方面发挥了巨大作用。在音乐优质课上,通过教师对音乐教学精心设计,通过同伴互助研讨,通过多次试讲磨炼,充分展示音乐教师的教学理念、教学创新能力及应具备的综合素质,同时,也对音乐教学起着示范和引领作用。

音乐优质课除了具备音乐常规课扎实、有效的特点外,还具备以下的特点:教育理念新,教学方法活,教学形式内容美,具有探索性、示范性、导向性和独创性,充分体现教师独特教学风格和教学个性,充分体现音乐学科的本质特征和音乐课程价值。

(2)音乐常规课和音乐优质课的关系

音乐常规课和优质课不是对立的,也不是毫不相干的,而是互相融合、包含的,是活水同源。音乐常规课是优质课的基础,为优质课提供教学经验;音乐优质课是常规课的标杆,是常规课努力的方向,为常规课提供教学引领。

优质课绝不是出现在教学实践之前,而是常规课教学的一种结果,优质课是指教学质量,而不是一种课型。就教学质量而言:常规课是普遍的、绝对的,也可以是优质的;而优质课是相对的,但它离不开常规课。音乐常规课追寻淡定稳重,是一份脚踏实地的勤勉;音乐优质课追寻卓然不群,是一种高屋建瓴的深远。

(3)音乐常规课和音乐优质课的区别

(以下所谈到的音乐优质课是专指以公开课形式出现的音乐优质课。)

①教学出发点的区别

音乐课堂是实施音乐课程的阵地,音乐常规课教学是学校音乐教育教学活动的基本组织形式,它的教学出发点在于:提高学生的审美能力,发展学生的创造性思维,形成良好的人文素养,为学生终身喜爱音乐、学习音乐、享受音乐奠定良好的基础。

音乐优质课教学不但要具有常规课的目标要求,更要通过教学实践来陈述一种音乐教育教学思想,传达一种音乐教育教学趋势,呈现一种音乐教育教学理念,解释一种音乐教育教学构想,提供一种音乐教育教学范式,它的教学出发点在于引领音乐课堂教学。

②教学内容可选性的区别

在新课程理念指导下,音乐常规课的教学内容可以补充一些现实中的音乐题材,可以整合一些其他相关内容,还可以进行校本教材和乡土教材的开发利用,但总的说来,是以教材为主线的教学;并且,常规课的教学是以安排教师所授课年级开展的,教师必须按照教学计划开展系统的教学,是有计划的教学。

音乐优质课在教学内容的选用程度上更为宽松和广阔,可以选用更多题材的音乐教学内容。教师可以根据个人教学风格特点或课题研究需要调整和选用教学内容。正因为如此,音乐优质课更利于教师扬长避短,发挥自己的特长。

③教学预设的区别

这里的教学预设是指教师的备课。音乐常规课的备课一般是教师单独备课,从教学目标的确立到教学重难点的选定,从教学准备的选择到教学环节的设计,都是由教师独立思考完成,是一个人的智慧。音乐优质课的备课是经过上课教师反复实践、修改而完成的,这节课不但有执行者,也有指导者和辅助者。指导者和辅助者可能是各级音乐教研员,可能是同校的其他教师,可能是一个音乐教师群体,他们就所选中的教学内容进行讨论与研究,发挥集体的智慧,以期在思维的碰撞中产生更多的火花,帮助执教者加深对教材的理解,拓展教学思路,当然,优秀的教师个体也能单独发挥所有作用。音乐优质课可以通过个人辛勤劳动获得,但同时,它更多的是集体智慧的结晶。

④教学准备的区别

这里的教学准备专指教具准备,包括课件制作、教学用具(如打击乐器、头饰、挂图、应用道具、特殊辅助物品等)。普遍情况下,音乐优质课教具齐备,课件制作精美,教学用具丰富多样——数量及种类众多的打击乐器、相应的头饰面具、课堂所需的特有物品及道具。音乐常规课由于条件所限,教具准备不一定充分,没有或有制作不够精细的课件,打击乐器数量少(不能人手一件或每组一件)等。

⑤教学对象的区别

音乐常规课的教学对象是教师熟悉的班级和学生,教师对学生的音乐学习习惯、音乐学习思维、音乐学习水平等情况很了解,能比较准确地把握学生。

音乐优质课很可能是借班上课,教师对教学对象不熟悉、不了解,这就要求教师具有良好的课堂驾驭能力和教育教学智慧,应对课堂中的突发情况,如音乐思维的指向偏差、音乐知识技能水平的不平衡、音乐学习习惯的参差等。

在我们的音乐教学中,常规课教学应向优质课教学看齐,学习优质课的教学思想和教学方法,用优质课的心态和功夫来对待常规课;优质课教学应回归常规课教学,避免表演性太强。提升音乐课堂教学的有效性,课课优质,是常规课所追求的境界,也是开展优质课教学的最终目的。

16. 教案范例4篇

❖ 范例一

雨 中

谢晓梅

教学年级:

小学五年级(人音版)

教学课时:

1课时

教学目标:

1. 想象和体验歌曲表现的雨中上学路上的童趣及雨中教室读书的美好心情,并在歌曲学唱及演唱中大胆表现自己对歌曲的感受与理解;

2. 感受歌曲乐段的不同节奏和情绪变化,能根据歌谱中的表情符号,用轻快、和谐、有一定力度变化的声音进行歌唱;

3. 体验学习中不怕困难和干扰,乐观、自信、坚持学习的积极情感。

教学重点:

1. 在"趣味、情境、意志"中调动学生积极、主动参与歌唱实践活动;

2. 声部之间协调地配合,培养合唱的基本能力。

教学用具:

多媒体课件、节奏卡片、图标、钢琴、大歌单。

教学过程:

一、联系生活、创设情境,趣味练声

(一)师生亲切问好

(二)引导学生体会并用声音表现生活中的雨声

教师:听,这是什么声音?想到了什么?(放录音片段)

学生聆听雨声,自由模仿雨声,在"雨中"快乐地练唱。

1. 体会和表现"轻快的小雨":

$1=C \quad \frac{2}{4}$

$\underline{5\ 5}\quad \underline{5\ 5}\ |\ 0\quad 0\ \|$

(用轻快的声音跟琴练唱。)

2. 表现"连绵不断的大雨":

$1=C \quad \frac{2}{4}$

$\underline{6\ 6}\ \underline{6\ 6}\ |\ 6\ -\ |\ 6\ -\ |\ 6\ -\ |\ 6\ -\ \|$

(用连贯的气息演唱,用优美的声音表现连绵不断的大雨。)

3. 在"风雨交加"的情境中练习合唱(出示课件):

$1=C \quad \frac{2}{4}$

$\begin{cases} 5\quad 3\ |\ \underline{6\ 5\cdot}\ |\ 5\ -\ |\ 5\ -\ \|\ (一声部体会风声) \\ 哗\ 啦\quad 哗\ 啦 \\ 2\quad 1\ |\ \underline{2\ 3\cdot}\ |\ 3\ -\ |\ 3\ -\ \|\ (二声部体会雨声) \end{cases}$

(用较和谐的声音表现风雨交加的情境。)

二、学唱歌曲、体验情感,培养能力

(一)完整聆听歌曲

教师:今天,我们要到雨中去玩一玩,有一群小伙伴也在雨中,听,他们在做什么?他们玩得开心吗?歌曲的情绪怎样?(放录音范唱歌曲)

学生们聆听、感受音乐快乐的情绪,想象小伙伴在雨中玩耍的情景,交流初听音乐的感受。

(二)熟悉歌曲,师生对唱,学唱歌曲第一部分象声词的句子

1. 教师范唱歌曲第一部分,学生聆听并找出歌曲中有趣的声音(嘀嗒嘀嗒、哗啦哗啦、呱嗒呱嗒、叮当叮当、噼啪噼啪、哗啦啦啦)。

2. 合作演唱歌曲第一部分。

教师演唱每乐句的前半句,学生接唱有趣的声音。

(三)在愉快的情境中学唱歌曲的第一部分

1. 学生跟琴自学第一段,体会歌曲的情绪并用动作表现。

2. 教师引导学生关注节奏特点,体会情绪,用美的声音表现歌曲。

3. 学生用"嗒"唱旋律,找出"0 X XX | X X | X X X X |"节奏出现了四次,并在歌曲演唱中体会密集的节奏带来的欢快的情绪体验。

4. 教师引导学生唱好"下滑音",玩味"童趣"。

5. 学生跟琴完整演唱第一部分,并用动作表现。

(四)学唱歌曲的第二部分(本课重难点部分)

1. 听歌曲第二部分录音范唱,引导学生找出与第一部分中相似的基本节奏。

教师:我们冒着雨,来到学校,在教室里做什么?(读书)

教师:雨声陪伴、书声琅琅,让我们把这份快乐的感觉延续下去,听听第二部分,感受和找出节奏"0 X XX | X X | X X X X |"。

学生听歌曲第二部分录音范唱,找出节奏"0 X XX | X X | X X X X |"。

2. 跟琴练习最后三个乐句,体验不怕困难和干扰,坚定、自信地投入读书的情感(一句一句地重复,情感加深),唱好结束句的长音。

3. 在实践活动中初步解决教学难点。

教师出示不同色彩的图标,请同学分声部演唱。

$$\begin{cases} 6 \quad 3 \quad 5 \quad 3 \quad 5 \quad 3 \quad 6 \quad 5 \\ \underset{\cdot}{6} \quad 1 \quad 2 \quad 1 \quad 2 \quad 1 \quad 2 \quad 3 \end{cases}$$

学生聆听教师分声部弹奏合唱部分的音,用"啦"轻声模唱;聆听教师弹奏和声,听出自己的声部,用手势表示。

4. 在聆听与演唱中解决教学难点。

①教师:我来考考大家,老师唱的是哪个声部?

学生聆听教师范唱二声部,用手势表示;二声部同学跟琴轻声学唱歌曲,一声部欣赏。

②教师:不管雨怎样哗啦啦地下,我们都专心地读书,看看结尾部分,雨下得怎样?看一看,长音几拍?

学生一边听教师唱一边击拍。

③教师:我们一起唱一唱,是不是都沉浸在学习的喜悦中?

二声部的学生跟琴投入地演唱。

④教师:我发现这边的孩子(一声部)已经迫不及待了,听一听你们的旋律。

学生聆听教师范唱一声部;一声部的学生跟琴轻声学唱歌曲。

⑤教师:在学习中获得知识的确是件快乐的事。一声部连起来唱一唱,二声部同学试着轻轻加进来。

学生轻声合唱。

5. 在合唱歌曲的演唱中体会力度的变化。突出"情感熏陶"的特点。

①教师:平时,咱们班的读书声怎么样?让我们的歌声和读书声一样优美响亮。

一声部的学生在演唱中体会优美而响亮的读书声;二声部的学生演唱时体会自信、有感情、投入地"读书"。

②教师:你一句,我一句,让两种优美的读书声合在一起。

学生跟琴合唱。

③教师:既要坚持自己的声音,又要互相地聆听。

学生跟琴合唱,自评、互评。

④教师:听老师唱一唱,你能感受到我的歌声在力度上有变化吗?

学生聆听后演唱并谈感受。

⑤教师:琅琅的读书声与雨声交织在一起,陪伴着我们愉快的心情,用声音表现了"人与自然和谐相处"的美妙情景。

(五)完整演唱歌曲

1. 学生体会、归纳出唱好歌曲的要点。

教师:歌曲学会了,连起来唱唱,要注意些什么?

(情绪的表现、合唱互相听)

2. 有表情地演唱歌曲。

教师:让我们一起感受雨中玩和在教室里读书的快乐吧!

(学生跟琴有表情地完整演唱歌曲。)

教师:唱得很投入。真可谓风声、雨声、读书声,声声入耳。

三、小结

今天我们走进"雨中",一起感受了雨中上学的乐趣和在教室读书的快乐,学会了在合唱中保持自己的声部,互相聆听、互相配合,同学们还能用比较和谐的声音去表现、传递雨中的这份情趣。

✧ 范例二

音乐活动课《和我来踢踏》
蒋　薇

教学年级：
小学三年级（西师版）

教学目标：
1. 通过视觉上的感受与体验，对踢踏舞产生浓厚的兴趣，增加对流行音乐的了解。
2. 通过上网查阅资料、探究学习，有进一步对踢踏舞的探索愿望，并能在老师的引导下，进行简单的即兴创编和即兴表演。
3. 通过查阅与交流，和同学一起共同探讨踢踏舞的风格特点、基本舞步以及基本节奏型，并了解相关文化与艺术价值，初步了解踢踏舞。

教学重难点：
在教学活动中特别注意引导学生感受和体验踢踏舞的魅力，在初步了解它的风格特点之后进行简单的即兴创作和表演。

教学准备：
多媒体课件电脑（6台）。

教学时间：
一课时

教学过程：

一、游戏导入，引出课题（激发学生对踢踏舞的兴趣）

（一）节奏游戏

1. 节奏模仿

师：同学们请跟我一起来。

2. 图形节奏谱游戏

师：节奏是音乐的骨骼，每一首动听的歌曲离不开节奏，每一段优美的旋律也离不开节奏（出示课件），这里有一个图形节奏谱，请你用均匀的速度拍出来。（学生拍击，注意提示学生拍出强弱）

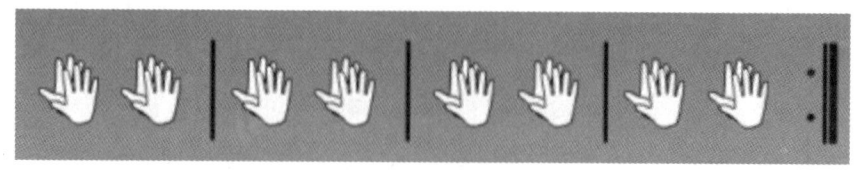

师:很好,请大家再看,注意图形有什么变化(出示第二组图形节奏谱,学生按照图形节奏谱进行节奏训练游戏)

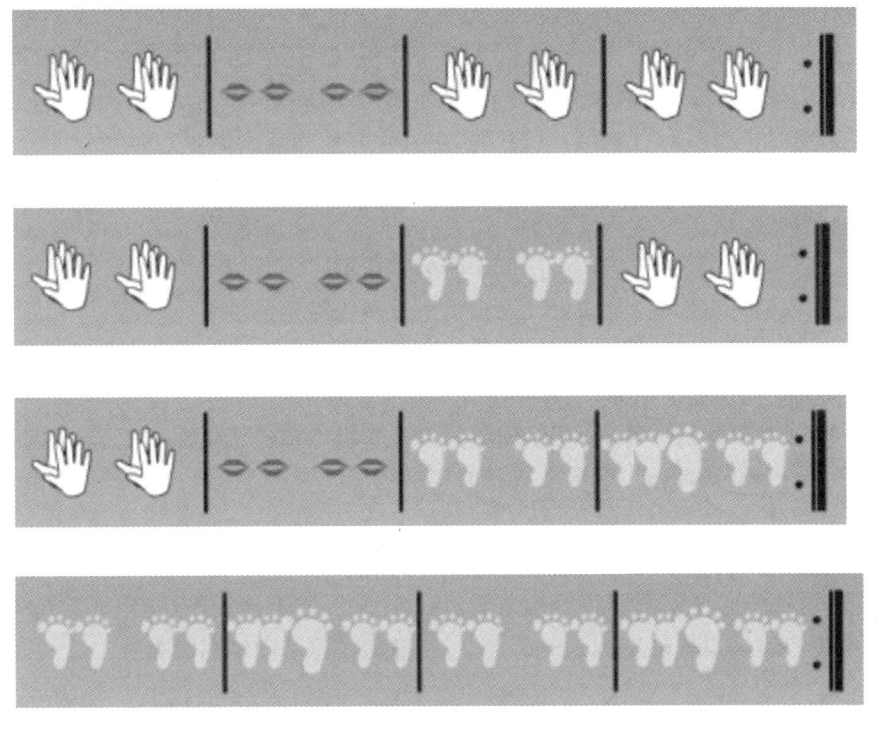

(二)学生交流课余收集的资料以及对踢踏舞初步的感受

师:整齐而丰富的节奏让我感受到了你们的热情和快乐,更让我想到了一种用耳朵"看"的舞蹈,你们听……(播放踢踏舞的舞步声音)

师:你们听到了什么?知道是什么舞蹈吗?(踢踏舞)前段时间爱尔兰的"舞之魂"舞蹈团到重庆进行了公演,我相信一定有同学去欣赏过,课前请大家收集了一些踢踏舞的资料,那么就把你知道的告诉同学们,让我们一起分享分享。(学生自由发言,交流自己对踢踏舞的了解)

师:谁能试着跳一跳?(请个别学生试跳一段)

师:看来大家知道的还真不少,现在就让我们走进著名的爱尔兰踢踏舞《大河之舞》,去感受踢踏舞的魅力。

二、查阅、交流、探讨,了解踢踏舞的风格特点及相关文化

(一)欣赏爱尔兰踢踏舞《大河之舞》片断

师:同学们,看了这么一段动感的踢踏舞,你有什么感受?(生答略)

(二)介绍爱尔兰踢踏舞的风格特点和基本舞步

师:正如我们所欣赏到的,爱尔兰风格的踢踏舞保留了爱尔兰民间舞蹈中身体的舞姿和舞步:上身基本保持直立挺拔,其舞步以踩和踏为主,注重脚跟和脚尖的动作,在脚跟的部分,脚跟抬高,然后由上往下敲击地板,舞步结束时,脚掌必须停留在空中,这是脚跟的基本舞步。(老师边讲边示范)而脚尖的基本舞步则是脚尖抬高敲击地板,同样在结束时让脚掌留在空中。(请学生跟着一起学做基本舞步)

师:刚刚我们了解了爱尔兰踢踏舞的基本舞步特点,我想大家一定还想了解有关踢踏舞更多的知识。

(三)查阅,自主合作学习,在合作中研究踢踏舞

师:在你们的电脑里,老师为大家提供了许多踢踏舞的资料,让我们带着最感兴趣的问题,走进踢踏舞的世界,一起去合作探究吧。

(四)师生合作学习(信息资源共享)

师:通过大家的合作学习,相信同学们已经对踢踏舞有了更深的了解,让我们来交流一下。(分组汇报自己在电脑上查阅的资料)

(五)听记节奏型

师:老师这儿也有一个问题需要你们一起来研究,到底踢踏舞都有哪些基本的节奏型呢?让我们来听一段踢踏舞的节奏,我们大家一起来找一找好吗?(生答略)

(学生聆听后口头说出听到的节奏型,教师加以总结归纳写到黑板上)

① $\frac{2}{4}$ X   X | X   X | X   X | X   X ‖

② $\frac{2}{4}$ X X X X | X X X X | X X X X | X X X X ‖

③ $\frac{2}{4}$ X X X | X X X | X X X | X X X ‖

④ $\frac{2}{4}$ XXXX XXXX | XXXX XXXX | XXXX XXXX | XXXX XXXX ‖

⑤ $\frac{2}{4}$ XXX XXX | XXX XXX | XXX XXX | XXX XXX ‖

三、创作与表演(鼓励学生进行简单的创作与表演)

(一)学生即兴创编节奏并表演

1. 师:是啊,"踢踢踏踏朝你来,急劲处似骏马奔腾,舒缓时若行云流水",这就是踢踏舞的魅力。同学们,想亲身来感受一下吗?

师:用黑板上的节奏型进行组合,创编一条四小节的节奏,用你们整齐的舞步,配上动感的音乐把它表演出来,好吗?开始准备吧!

2. 学生创编

3. 分组合进行音乐表演

(二)师生同跳踢踏舞

师:看着你们那高兴劲儿,老师也想来跳上一段好吗?(老师跳起快乐的踢踏舞)同学们来吧,和我一起来"踢踏"(老师先放慢速度教基本步伐,再加快速度)!

四、结束

师:同学们,你们快乐吗?非常高兴能和大家共同度过了一次快乐的踢踏之旅,愿快乐踢踏伴随大家快乐成长!

◆ 范例三

音乐欣赏课《山寨传声》

龚丽琳

教学年级:

小学六年级(西师版)

教学设计思路:

我国是一个多民族国家,西南地区的少数民族特别多。傣族、苗族对学生来说并不太陌生,他们的居住环境、服饰,有特色的生活习俗等学生都很想了解。用音乐和教师演奏导入此课,激发学生的学习兴趣;多媒体展示的画面给学生美的享受;学生演唱旋律让学生形象地感受到音乐旋律的进行,从而培养学生热爱祖国的音乐文化,增强他们的民族意识和爱国主义情操,拓展他们的音乐视野。

教学内容:

1. 欣赏《月光下的凤尾竹》;

2. 欣赏《苗岭的早晨》。

教学目标:

1. 通过欣赏,感受傣族、苗族各具特色的少数民族音乐。

2. 通过相关的图片资料、视频播放和参与活动,了解傣族和苗族的生活风情,体验乐曲的情绪和不同音乐的风格特征。

3. 在老师引导下,通过各种形式的参与活动,加深对我国西南地区少数民族音乐的认识,培养学生热爱民族音乐的思想感情。

教学重难点:

1. 通过音乐的欣赏感受各民族生活的多样性。

2. 学生能自己演奏音乐,并能通过旋律辨别各个民族。

教学时间：
一课时

教具准备：
录像资料、多媒体、音响。

教学内容及过程：

一、组织教学

二、新课教学

(一)阶段目标：创设情境、兴趣引入

设计思路：通过谈话，教师倾听学生发言，增强学生的参与感，激发学生兴趣。

播放歌曲《爱我中华》的前几句音乐，引导学生思考。

师：同学们都知道，我国是一个有着56个民族的多民族国家，那我们居住的西南地区除了汉族还有哪些少数民族呢？请同学们谈谈这些少数民族在西南地区的哪些地方，对他们的音乐风格、生活习俗有哪些了解等等。

(生答略)

(二)教师演奏乐曲《月光下的凤尾竹》，学生获得感知

1. 师：同学们对少数民族了解的还真不少，有这样一个民族，它有着神奇的传说，有四季如春的气候，有能歌善舞的姑娘小伙儿，同学们一定很想知道这个地方吧，下面就让我们一起去看一看这个美丽的地方。

2. 播放多媒体傣族风情图片，教师用葫芦丝演奏《月光下的凤尾竹》，学生欣赏。

3. 欣赏后请学生说出是哪个民族(傣族)。教师演奏的乐器是什么，是哪个民族的乐器？

师：(介绍葫芦丝)葫芦丝，又称葫芦箫。云南少数民族乐器。以前主要流传于傣、阿昌、德昂等民族中。其音色轻柔细腻，圆润质朴，极富表现力。在云南，深受人们的喜爱。无论是在民间还是在舞台上都能听到葫芦丝演奏的优美音乐。它音色优美，易学，易演奏，容易被孩子们所接受，且具有浓郁的民族特色。

(三)学习探究

1. 学生分小组讨论，自己对傣族了解多少，并请学生代表说一说，老师板书：

傣族　孔雀　云南印象

走婚　泼水节　葫芦丝　巴乌　……

2. 多媒体展示傣族的简介。

师：我们以前学过傣族的音乐，那我们请同学们谈谈对傣族的了解和泼水节的来历吧！(学生介绍，教师总结)

傣族族系发源至今已有1300多年历史,主要分布在云南西双版纳自治州和德宏傣族自治州两个地区。傣族人民喜欢依水而居,爱洁净、常沐浴、妇女爱洗发,故有"水的民族"的美称。传统节日有泼水节、开门节、关门节、送龙节等。

　　3. 播放女声独唱《月光下的凤尾竹》,请同学们想想听后可以用什么样的色彩和线条来表达你所听到的音乐。

　　4. 出示乐曲的主题部分,学生演唱旋律感受傣族的风情。教师演奏葫芦丝。

　　5. 师总结:傣族人民生活在肥沃富饶的坝子,村寨多临江河湖泊,因此傣族人民性格温和,喜爱歌舞。所以,傣族民歌的特点:以优美抒情为主,边跳边唱,并且节奏鲜明,具有歌唱与朗诵相结合的特点。

　　6. 师:现在我们用竖笛来吹奏主题音乐,感受一下傣族民歌的风格。

　(四)学生了解苗族的风土人情

　　1. 师:教师展示苗族的头饰,让同学们自己介绍这个民族。

　(学生自由发言)

　师总结:苗族是我们祖国56个民族组成的大家庭中的一员。苗族聚居在我国的贵州、广西、云南、湖南等地。他们有自己的独特语言、音乐和服饰,有自己的传统音乐歌舞节——芦笙节。过节时,身着盛装的苗族人民围聚在山坡或广场上,吹起了芦笙,唱起了欢乐的歌,跳起了苗族舞蹈。

　(多媒体放映有关苗族服饰、居住、歌舞图片)

　　2. 师:同学们,你们知道清晨的大自然是什么样的吗?有些什么声音呢?那苗族的清晨又是怎样的呢?(学生讨论、模仿)就让我们一块走进苗岭的早晨去听听吧!

　　3. 欣赏口笛演奏《苗岭的早晨》。

　(1)看书11页,师出示主题片段;请同学们找找这么美的音乐有什么特点?(教师用手风琴带学生哼唱感受 $\flat 3$ 在苗族民歌的风格特色)

　生:有 $\flat 3$ 。

　(2)师总结:这种有 $\flat 3$ 特色的就是苗族的飞歌。由于苗族居住在山区,因此飞歌音调高亢嘹亮,豪迈奔放,曲调明快,有强烈的感染力。唱起来声震山谷,山鸣谷应,几里外都能听到。

　(3)师演奏手风琴,学生演唱旋律。

　(4)介绍口笛。

　口笛音色明亮、高亢,近似哨音,穿透力强。特别适宜表现优美的旋律及活泼热烈的欢快曲调,并能生动形象地模仿百鸟争鸣和人声。在民族乐队中,常用它来演奏华彩乐段,可用于独奏、合奏或伴奏。此外还能参加西洋管弦乐队合奏,是具有独特效果的色彩性乐器。我们今天欣赏的口笛曲《苗岭的早晨》就展现了清晨各种鸟儿竞相争鸣的喜人场面。

三、探索与研究

师：我们了解了傣族、苗族的音乐风格、生活习俗，现在就来考考你们。

1. 各小组讨论，哼唱书中几段旋律（第13页），为书上的图片选配恰当的音乐。

师总结：在选配音乐时，我们发现音乐与生活环境、居住环境很有关系。比如，傣族是水寨，那它的音乐就很抒情，而苗族是山寨，它的音乐就奔放、嘹亮。

2. 我们生活在祖国的西南部，这里有很多少数民族，同学们还能不能哼唱一两首不同民族的、最有代表性的歌曲呢？

四、回顾，小结

师：同学们，刚才我们一起走进了苗族，领略了苗族的风光，我们在清晨感受了苗寨的清秀，在傍晚领略了傣家的妩媚，我想此刻，它们那优美的高亢的旋律一定还在我们每个人的心中回荡，勤劳智慧的各族人民为我们创造了这么美的音乐，我们更应该喜欢它，热爱它，但愿我们每位同学之间的友情能像月光下的凤尾竹那样纯洁、美丽，心灵能像苗岭的早晨一样清澈、动人。下一节课，我们将欣赏到质朴、善良、优美的舞蹈！

◆ 范例四

主题音乐活动课《相聚北京》

刘 丽

教学年级：

小学五年级（西师版）

教学设计思路：

本课的总体设计思路是围绕"相聚北京"这个主题，给学生营造一个欢乐、亲切、祥和的音乐活动课，让学生通过自己收集材料、自己设计活动方案、共同参与音乐表演，在音乐活动课中聆听音乐，感受氛围，体会、品味歌曲的内涵。同时，在活动中体验合作学习，以小组为单位进行活动，培养学生独立策划和自主学习能力，在活动中发展想象力，培养学生的团体协作能力及创造力。

教学目标：

1. 在积极主动参与音乐活动中，提高收集、分析、加工、处理信息的能力和审美能力。

2. 在小组活动中，学会分享共同的劳动成果，学会相互合作，增强团结互助的精神。

3. 在音乐活动中,体验到自己参与表现的快乐与自信,并学会对他人的欣赏与评价。

4. 在音乐活动中,感受对北京的爱,为北京喝彩,同时激发学生热爱祖国的情感。

教学重难点:

1. 培养学生自己提出问题,分析问题,解决问题的能力。

2. 介绍活动方案,清晰简洁。

教具准备:

CAI课件、钢琴、相关挂图等。

教学时间:

三课时

教学过程:

第一课时

一、师生谈话,激发学生的兴趣和热情,引入主题

师:同学们,你还记得2001年7月13日,那个令人难忘的夜晚吗?

师:让我们一起来回顾回顾吧!(教师播放北京申办2008年奥运会成功后举国沸腾的录像片)当萨马兰奇宣布"2008,BeiJing"时,北京沸腾了,中国沸腾了,多少年的梦想在那一瞬间实现了,多少中国人陶醉在这美妙的一刻,多少中国人为了这一刻苦苦等待,一个世纪的梦想终于实现了。

师:作为中国最具魅力的城市,将要承办第29届奥运会,这也是我们全中国人民的骄傲。现在我想大家都想说点什么吧!

二、学生展示收集的资料

师:一起来说说你了解的北京。

学生自由回答,同时展示自己收集的有关北京的种种资料。

三、在教师指导下展示预习的成果

(一)配乐朗诵《迷人的北京》

师:非常好!谢谢大家此时此刻把我带进了迷人的北京,下面就让我们一起从《迷人的北京》中畅谈自己此时的心情吧。

学生活动:学生伴随着音乐有感情地,声情并茂地朗诵《迷人的北京》。

过渡语:从大家的深情话语中,老师很想和大家一起踏着北京的路去看看北京,大家同意吗?

(二)指导课前学生自己学唱的《北京的路》《我多想看看》

1. 学生随琴演唱歌曲《北京的路》。

教师活动:教师弹琴。

学生活动:学生随琴演唱歌曲。

师:大家学唱了《北京的路》这首歌,你们觉得哪里最不好唱?

2. 指导学习难点,分组演唱。

3. 学生随琴演唱歌曲《我多想看看》。

师:我们一起来听听《我多想看看》好吗?

教师活动:教师弹琴。

学生活动:学生随琴演唱歌曲。

师:大家学唱了《我多想看看》这首歌,又觉得怎么样呢?

4. 指导学习难点,分组演唱。

四、分组、落实任务

自由组合,每组选出一位责任心强的同学担任小组长。由小组长负责,分配小组成员的任务。填写表格。

小组名称	
小组成员	
组长	
小组分工	记录	
	资料查询	

五、小结

师:我们踏着北京的路到北京来,北京的故事神秘动人,北京的今天潇洒气派,下一站就让我们一同乘坐未来号时光机前往中国国家大剧院看演出吧!

第二课时

一、活动准备

再次引导学生归类活动参考资料及学生收集的资料。

师:倒计时开始10、9……中国国家大剧院到了。这台演出有女声独唱、男声独唱、京歌、童声合唱等等。我们一起去欣赏欣赏吧!(分别欣赏《北京颂歌》《北京童谣》《五十六根琴弦连北京》《北京的微笑》《故乡是北京》片断)

(一)聆听《北京颂歌》

讨论:1. 歌曲给了你怎样的感受。

2. 北京在你眼中是一个怎样的城市。

3. 聆听《北京童谣》感受京歌的特点。

4. 聆听《五十六根琴弦连北京》。

体会:56个民族一家亲的情感。

5. 聆听《北京的微笑》《故乡是北京》。

过渡语:同学们,北京笑了,新北京让我们欢迎世界各地的客人,让我们相约北京,相约2008吧!

(二)教师介绍活动方案的要求

活动方案

活动主题内容	
活动人物	
活动步骤	
活动形式	
资源的筛选	

(三)小组排练,教师巡回指导帮助

二、小结

第三课时

一、学习成果的交流、展示

(一)各小组介绍活动方案并进行表演展示。

(二)学生轻声交流,在小组讨论的基础上由专人填写表格。

活动的小组评价

小组名称		填写人姓名			
最喜欢的主题内容					
表现最佳的小组					
值得借鉴之处					
对本组表现的评价	活动内容	参与情况	活动设计	表演展示	
☆☆☆☆☆	☆☆☆☆☆	☆☆☆☆☆	☆☆☆☆☆	☆☆☆☆☆	

(三)交流表格填写情况。(抽取几个小组朗读)
(四)教师小结,交流并完成"活动个人体会"。

活动个人体会

姓名:

参与态度	
遇到的困难	
感兴趣的地方	
活动收获	
还想做的事	

说课篇

17. 什么是说课

说课是一种新兴的教研形式。它是指教师在特定的场合、在精心备课的基础上,面对同行、评委或教研人员分析某节课(或某个单元)的教学任务,陈述教学目标,讲说教学方案,告诉听者自己怎样教以及为什么要这样教,有什么理论和实践依据,对学生能力和素养的形成获得哪些有价值的帮助等,是提高课堂效率,提高教师教学素养,增强教学能力的一种有效的教学研究形式,具有教学研究和教育科研的价值。说课活动的开展引起了广大教师的广泛重视与关注,为教学研究工作注入了新的生机与活力,是目前教学评价、课程研究、教师教学能力评估中经常采用的方式。常见的形式有:研究性说课、示范性说课、评比性说课。

(1) 说课的基本特征

①体现教学个性。教学是教师教学思想、教学能力、教学水平、教学艺术的集中体现,好的教学必定个性鲜明、风格凸现,说课中说课者和所说的内容须具有明显个性,使听者受启发,可以借鉴个性"再创造"。

②突出教学的科研性。说课不仅要说清楚"怎样教",更重要的是要说清楚"为什么要这样教",重在揭示教学内容、教学方法、教学过程的设计意图、理论依据、实践价值。

③具有广适性。说课不受条件、环境、时空、对象的限制,易于普及推广。

(2) 说课的效能

①以"说"促"学"

说课要说清楚"为什么这样教"的理论依据,这就需要教师认真学习研究教育教学理论、《全日制义务教育音乐课程标准》、理解把握新课程对音乐教学的要求及理论基础,是迅速提高教师教育教学理论水平及业务素质的有效途径。

②以"说"促"研"

说课是群体教研的最佳形式,是教与研的有机结合,说课者不仅要说得清楚,还要说得有个性、有创见,同时,听说课者也要参与评论研讨,形成集体互动交流,思维碰撞良好的研究氛围,促进教学研究活动的质量提升。

③以"说"促"教"

说课是为了上好课,是为了提高课堂教学质量,优化课堂教学效果,也是对上课的总结、归纳、提炼和升华,是提高教师能力及水平的重要措施。

④以"说"促"改"

说课增强了教师科研意识,激发了教师创新精神,促进音乐教师及时反思、整理、总结自己的教学工作,推动教学改革深入发展。

18. 说课的主要内容有哪些

说课一般从以下几个方面阐述:

(1)说理论

说课者要阐明本课教学设计的各种理论依据,如阐述分析教材内容,确定教学目标及其重点、难点的理论依据;阐述音乐课程及《全日制义务教育音乐课程标准》对本课教学的指导意义及理论依据;阐述教育学、心理学的理论依据等。它是说课的核心与重点,展现说课者的教育思想、教学观念,体现说课者所具有的现代教育理论的研究与实践能力。说理论可以贯穿在其他的几项说课内容之中,不必单独列项阐述。

(2)说教材

首先要说明自己对教材内容的理解,说明本课教学内容在整个学段、一个学年的教材系统中所处的地位与作用,教材的前后联系。分析教材内容的编写思路、结构特点及重点、难点、关键所在。

(3)说学生

分析学生的认知水平、心理特征及对学习该内容的可接受性;分析学生思维方式与学习习惯以及对该内容的适应性;分析学生之间可能产生的差异等。

(4)说目标

提出本课的具体明确的教学目标,主要涉及:情感态度价值观、知识与技能、过程与方法,阐明教学活动中切实可行的,又可检测的教学目标以及目标设定的合理性和意义。

(5)说教法与学法

主要说明本课设计的教法和指导学法要点及其优越性,说明在教学中如何操作实施,指导运用其预期效果等。

(6)说教学程序

教学程序的基本内涵是课堂结构,从教师的整个说课过程来说,应该是精华高潮所在,是说课的主要部分。主要是介绍本课时教学思路、教学基本环节以及各教学环节的衔接、组合,包括怎样突出重点、解决难点、运用什么方法来解决,以及课堂重要提问与操作等等,集中反映教师的教学思想、教学个性与风格。

(7)说板书设计

主要包括课件使用、多媒体使用、简笔画以及其他直观教学辅助手段在教学中的运用。要体现出程序性、艺术性、概括性和指导性,展示说课者的教学思路及教学技能。

(8)说教学效果

对学生参与教学活动的程度、学生学习态度,以及达成教学目标状况的估计,概括说明取得良好教学效果的主要原因,自己是如何创设学生喜欢的能主动学习的教学氛围等。

19. 怎样说课

(1)说课基本原则

按照现代教学观和方法论,成功的说课应遵循以下基本原则:

①说理精辟,突出理论性

说课不是宣讲教案,不是浓缩课堂教学过程,说课的核心在于说理,在于说清"为什么这样教"。

所谓说清"为什么这样教"就是寻找理论依据。理论依据从哪里找?

A.《全日制义务教育音乐课程标准》中的课程性质、价值、基本理念。

B.《教育学》《心理学》中许多教学原则、原理、要求与方法。

C.《教师参考用书》中的编写说明、设计思路、具体要求等。

D. 根据教学内容与学生实际,对教材内容进行切合实际的考虑,只有在理论指导下的教育教学理论,主动接受教育教学改革新信息、新成果,并应用到课堂教学之中。

②客观再现,具有可操作性

说课的内容必须客观真实,科学合理。不故弄玄虚,故作艰深,生搬硬套一些教育教学理论专业术语,要真实地反映自己是怎样做的,为什么这样做。哪怕是并非合理、完整的做法和想法,也要如实地说出来,引起听者的思考,通过研讨,达成共识,进而完善说者的教学设计。

说课是为课堂教学实践服务的。说课中的一招一式,每一个环节都应具有可操作性,不能为说而说,夸夸其谈,在实践教学中无法落实,使说课流于形式。

③不拘形式,富有灵活性

说课可以针对某一课时内容进行,也可围绕某一单元展开。可以同时说出目标的明确,教法的选择,学法的指导,程序的安排等全部内容,也可只说其中的一项内容。要坚持有话则长,无话则短,不拘形式的原则。在语言表述上,即要把问题描述清楚,又切忌过长,一般控制在15～20分钟为宜。避免泛泛而谈,力求言简意赅,文词准确,语言针对性强。同时说课要体现教学设计特色,展示教师教学特长。

(2)说课的基本程序与方法

①简析教材(说教材)

A.首先说明教学内容选用的教材版本、册数及所在单元或章节。

B.说明本课教学内容是什么,有哪些知识点,对所要学习的音乐作品进行简要分析。

C.本课内容在教材中地位作用及前后联系。

D.《全日制义务教育音乐课程标准》对这部分内容的要求是什么。

②学情分析

说清楚你设计的教学方案是针对怎样的学生,分析学生年龄及心理特点和学习特点。

③确立教学目标

主要从《全日制义务教育音乐课程标准》提出的总目标和学段目标,本课教学内容的任务要求,学生认知水平及发展需要等方面综合考虑,目标确立一定要具体、明确、切实可行,避免空泛。

④说教法与学法

教法主要说明"教什么""为什么这样教"的理由,说明具体采用哪些教学方法,教学手段及采用这些教学方法的理论依据。教学方法一般是几种方法综合运用。根据教学内容、课型特点及学生实际情况灵活选用。

学法包括"学习方法选择""学习方法指导""良好形象习惯的培养"。要说好学法,首先要深入研究学生,处理好课堂教学中师生关系,重新摆正师生位置。其次,注意对某种方法指导过程的阐述,如音乐教师如何指导学生小组合作学习,如何指导学生参与音乐实践活动,使学生不但"学会"还要"会学""乐学"。

在说课时要重点说明:

A.学法指导的重点及依据。

B. 学法指导的具体安排及实施途径。

C. 教给学生哪些学习方法,培养学生哪些能力,如何激发学生学习兴趣,调动学生的学习积极性。

⑤说教学程序

教学程序的基本内涵是课堂机构,说教学过程是说课的重点部分。因为通过这一过程的分析才能看到说课者独具匠心的教学安排,也只有通过对教学过程设计阐述,才能看到其教学是否合理、是否科学、是否具有艺术性。通常教学过程要说下面几个问题。

A. 教学思路与教学环节安排。说课者要把自己对教材的理解和处理,针对学生实际借助哪些教学手段来组织教学的基本教学思想说明白。说教学程序要把教学过程所设计的基本环节说清楚。但具体内容只需概括介绍,只要听者能听明白"教什么""怎样教"就行了。同时把有针对性的理论依据阐述融汇其中。

B. 说明教与学的双边活动安排,怎样体现教师主导作用和学生主体活动的和谐统一。

C. 说明重点与难点的处理。要说明在教学过程中,怎样突出重点,解决难点,解决难点采用什么方法。

D. 说明采用哪些教学手段辅助教学,什么时候,什么地方用,这样做的理由是什么。

E. 扼要说明板书设计及设计意图。

F. 说教学过程,要注意运用概括和转述的语言,不是复述教案。

⑥教学效果分析

对学生参与教学活动的主动性,深广度的估计,学生达成教学目标状况的估计。

此外,在说课过程中,我们还需注意以下几点:

A. 预防说课"跑调",既不能把说课变成"试讲"或"浓缩式上课",也不要把说课变成读教案或简述讲课要点。说课是说教师教学思路轨迹,说教学方案如何设计出来的,设计的依据是什么,预期要达到怎样的教学目标。这好比一项工程的可行性报告,而不是施工工程本身。

B. 说课教师一定要热情大方,感情投入。作为从事艺术教育的音乐教师来说,我们更应该具有这样的激情,为了表达的需要,我们还可以配合一些适当的肢体语言及专业技能片段示范,体现教学设计特色和教师教学特长。

C. 恰当有效地使用多媒体。在说课时要注意将教学内容涉及的音响、视频等资料组合在说课的课件中,使说课更加生动,从而获得最佳效果。

总之,说课是一种很好的教学研究活动形式,也是全面提高音乐教师素质的重要渠道。认真参与说课活动将对提高音乐课堂教学质量,增强课堂教学的有效性起到事半功倍的作用。

20. 在说课中怎样正确运用教学语言与独白语言

说课已兴起多年,对音乐教师来说早已不陌生,而且有了相对固定的基本模式和方法,也是一个音乐教师专业素质和文化理论水平的综合体现。而对于如何在说课中正确运用教学语言和独白语言,很多教师却感到茫然,不知该从何入手。下面,笔者就对在说课中的教学语言与独白语言的运用做一点阐述,希望能为广大的音乐教师提供一些操作策略。

(1)教学语言与独白语言的区别

①独白语言

独白语言是说课中用到最多的,其特点是语言信息输出的单向性,没有听众的言语配合。比如:教材的分析、教学方法的选择、教学目标与重难点、概括介绍教学环节、说课中阐述的教学理念等等,都要用独白式的语言。独白语言不使用谈话法、问题法、对比讨论法,而唯一依靠的是独白活动来阐明事理。

②教学语言

教学语言主要用在模拟情景的时候,说课者以课堂上教师的身份说出来,仿佛面对的是学生。这时的设计不仅要说"教什么",还要说"怎样教"。说"怎样教"实际上就是要说出你准备怎样上课,只是不单纯地将课堂上一问一答么详细地显露出来,但是也要让听者知道你的教学设想和具体步骤。有问有讲,有读有说,用自己的语言变化将听者带入到你的课堂教学中去,未进课堂却仿佛看到了你上课的影子,推测了你的课堂教学效果。

(2)正确运用独白语言与教学语言

①说课过程中,听的对象不是学生,述说的目的也不是知识的传授,而是面对同行叙事说理。因此,说课应当以独白语言为主。具体地说,教材分析要简明,理论根据要充分,教学目标要分条目一一叙述,重难点则用重音来强调。

❖ **教学片段一:**(人音版小学音乐第十册第五单元《田野在召唤》第一课时)

A. 紧扣内容说教材分析

《田野在召唤》是一首曲调欢快活泼的意大利民歌。它以儿童天真活泼的语气表现了在充满生机的春天里孩子们出发去郊游、旅行时的欢乐心情,抒发了少年儿童对美好大自然的无比热爱的情感。歌曲采用大调式、4/4拍,由四个乐句构成,曲调规整对称。歌曲在2小节的伴奏下弱拍进入第一乐句,上下两乐句节奏紧凑,旋律完全相同,只是在句的结尾上稍作变化。曲调中的同音反复和带切分音的节奏运用使得音乐欢快跳跃,极富有动感,加上第二声部配以固定节奏音型及"啦"的伴唱,形象生动地表现了一队郊游、旅行的儿童们在春意盎然的田野中边走边唱、欢声笑语的欢乐神情。第三、第四乐句在节奏上变得较为宽松,旋律舒展,情绪热烈。两乐句的曲调运用了变化重复的手法。歌曲所唱的"梯里通巴"仿佛是美丽的大自然在热情地召唤着小伙伴们"快快来吧"之意。曲中的四度跳进及旋律逐渐向上推进使音乐更为挺拔、嘹亮,形成了高潮,表现了孩子们无比欢畅愉快的心情,最后两小节在四度跳进中把音乐推向全曲的最高音"do",情绪高涨,使全曲始终洋溢着一派欢乐的气氛,尽情地抒发了对大自然的热爱之情。

B. 结合实际说学情

掌握孩子特点是学习的关键,五年级的孩子处于小学高段,大部分学生具有一定的视唱和合唱能力,对音乐知识有一定的了解,但是重要的还是要培养他们对音乐的兴趣和热情,要让他们从心底里喜爱音乐。应结合学生的心理特点,引导他们采用了体验、想象、模唱、讨论等学习方法,使学生把一些枯燥难懂的演唱方法、音乐知识点牢固地记在心中,兴趣盎然地学习,愉快地歌唱。

C. 分析学情说目标

依据《全日制义务教育音乐课程标准》:以唱为本,把"情"贯穿始终,让学生在潜移默化中掌握歌曲的演唱。本课的教学目标可为:

目标1:学唱二声部合唱歌曲《田野在召唤》,并掌握弱起拍、附点节奏和八分休止符。

目标2:引导学生用明亮轻快和谐的声音,有表情地演唱歌曲,培养学生合唱能力。

目标3:通过学习歌曲,感受歌曲活泼、欢快的情绪。启发孩子对大自然的热爱,进一步激发孩子对大自然的赞美。

根据《全日制义务教育音乐课程标准》要求,学歌不是目的,要把音乐知识、情感、审美渗透到音乐中去。

D. 本课重点

让学生能够用欢快、活泼的声音演唱歌曲《田野在召唤》,并掌握弱起拍、附点节奏和八分休止符。

E. 本课难点

二声部合唱声音的和谐与统一。

实践证明,教材的分析、教学方法的选择、教学目标与重难点等等应当以使用独白语言为主,因为独白语言便于说课者系统地介绍自己的教学设想和所持的理论依据。说课者切忌自始至终一个腔调地念稿或背讲稿,要用足够的音量,使在场的每个人都听得清清楚楚。速度要适当,语调的轻重缓急要恰如其分,让听者从你的抑扬顿挫、高低升降中领会说课的内容,获得鲜明的印象,从而优化说课的效果。

②教学语言在何时用

A. 设计的课堂导语应用教学语言

用新颖有趣或简明扼要的导语可以吸引听课者。所以根据每一节课的不同风格与特点,用什么样的语言才合适、恰当、自然,这就需要我们来量体裁衣,精心琢磨、推敲。

❀ **教学片段二:**

师:从课题中哪个词你能感受出这首歌的情感?(生:快乐)

师:你度过的哪些节日曾给过你"快乐"的感觉?(生:春节、五一、六一、十一、元旦……)

师:快乐的节日里,不仅我们高兴,连小鸟和风儿都是欢快的。今天,我们就来学习一首能给我们带来欢乐的新歌《快乐的节日》。

以上片段《快乐的节日》整个曲子都洋溢着欢快、兴奋的情绪。特别要强调的是,说课者在说这个环节时,要像上课那样,有声有色,前后连贯紧凑,过渡流畅自然。把听评课的老师看成自己班上的学生,有问有答,用自己的教学语言和音乐语汇变化将他们带入你的音乐课堂教学中去,感受到你的课堂教学效果。

B. 课堂的总结语应用教学语言

在说课时设计的结束语应具有双重性,不但要打动听者,而且还能让听者从你的语言中推测你在课堂上也会深深地吸引学生,这就要求结束语既要精彩,又能将精彩恰当地表达出来。

❀ **教学片段三:**(人音版小学音乐第六册第一单元《春》第一课时)

师:大自然的声音还有很多,只要大家用心去聆听,去感受,就会发现它们都像优美动听的音乐,只要大家细心观察,人人都会发现很多美好的东西。我们中国不是有句古话吗?——"一年之计在于春",说明春天是多么的宝贵。同学们,好好把握吧!好,现在让我们再次踏着春天的脚步到校园、到田野、到大自然去寻找更美的景色吧!随音乐出教室。

C. 说课中阐释和提问语应用教学语言

阐释语也叫讲授语,它主要是对所讲知识的解释、分析和阐发,这种语言以简明、准确、条理清晰为要点。如在《可爱的动物》歌曲中,教师可以运用这样的阐释语:"孩子们,当我们遇到标有重音记号的歌词,一定要唱得有力。"来让学生感受并记住重音记号。而好的提问语不仅可以启发学生思考,使学生的学习变得积极生动,而且容易把问题引向纵深,让听者判断你提问质量的高低。同样以《可爱的动物》为例:"师:听说小朋友们来了,'走兽馆'的动物们都高兴地来欢迎大家,听听这是谁的脚步声?谁的脚步声重而很有力?谁的脚步声比较轻?"用这样的提问来让学生感受音的强弱。

总而言之,教学有法却不可拘泥于成法,说课也一样,说课有规更不能囿于成规,应因时、因地、因人的不同,勇于实践,敢于创新,创造出自己的有效、实用、有特色的说课方式、方法,不断丰富、充实说课活动。

21. 说案范例3篇

◇ 范例一

《春雨蒙蒙地下》说课稿

向久红

一、说教材

1. 教材分析

《春雨蒙蒙地下》选自苏教版第十册第六课,本课重在体现以人为本,以学生发展为中心的新教育观,重视合作与共处意识的培养,训练学生的合唱能力。其中运用了具有动感的多种切分节奏和弱起节奏,使旋律更加抒情优美,二声部三度音程的运用加强了春雨和声的效果,很好地体现了春雨的美。歌词十分简洁,却又十分隽美,使人由衷地赞美春雨,对春天充满着希望。寓意深刻,教育学生热爱春天,珍惜春天的大好时光。

2. 教学目标

依据《全日制义务教育音乐课程标准》要求和设计理念,再结合教材特点和学生实际,设计如下教学目标:

(1)引导学生感受歌曲的内在美,能用优美舒展的歌声表达歌曲情感。

(2)提高学生二声部合唱能力,做到音准和谐、音量均衡及音色统一。

教学重点:

以优美抒情的歌声,抒发热爱春天、热爱生活的真挚感情。

教学难点:

(1)提高二声部歌唱的技能,做到音准和谐和音量均衡及音色统一。

(2)注意掌握歌曲的切分节奏和弱起节奏。

3. 教学准备

教师:多媒体课件、钢琴、实物投影仪。

学生:有关春景的诗词、春天的植物(柳枝、花草等)、绘画工具。

二、说教法、说学法

1. 说教法

本课包含了音乐、美术、诗歌、文学、思品、自然等多学科的相关知识。在教法上,我综合运用了创设情境法、兴趣引入法、视觉图像法、谈话法、体验法、合作学习法、音乐表演法等教法诱发学生学习音乐的兴趣。同时充分利用生动形象的教学语言和丰富多彩、形象直观的多媒体课件,将音响效果与视觉形象结合起来,并充分发挥学生的主体地位,体现老师主导作用,二者相互结合。

2. 说学法

学生是学习的主体,要让学生能主动积极地学习,选择方法是很重要的。本节课,我以"美"为突破口,紧紧围绕教学目标,引导学生用"欣赏、感受、探究、讨论、表演、合作"等多种方式学习,让学生去感知歌曲、演唱歌曲、表现歌曲,使他们在爱学、乐意学的基础上获取知识、形成技能。

三、教学过程设计

1. 创设情境,课堂导入

(1)苏霍姆林斯基说过:"儿童是用色彩、形象、声音来思维的。"针对这一特点我创设"春天"这一情景提供了具体生动可联想的音乐环境,充分调动了学生的学习兴趣,激发了学生对音乐的好奇心和探究愿望。因此我首先在教室里进行了场景布置,将关于春天的各种自然景观编制成多媒体课件,在教室四周布置几棵柳枝,墙壁贴春雨、小草、小鸟、小花等图片,并配有《渴望春天》的音乐,让学生一走进教室就被山明水秀的大自然旺盛的生机所吸引,营造和谐学习氛围,把他们带入悠闲自得、心旷神怡的审美情境之中。

(2)导入

上课开始,教师声情并茂地说:"同学们,春天到了,万物复苏了,大地披上了绿色的外衣,朵朵鲜花竞相开放,这一切都离不开雨水的滋润。"通过教师亲切的话语,拉近了师生间的距离,配合多媒体动画,自然过渡到让学生欣赏春雨,学生被绵绵的春雨所吸引,在教师的启发引导下,学生情不自禁地朗诵起有关春雨的小诗。"天街小雨润如酥,草色遥看近却无。最是一年春好处,绝胜烟柳满皇都"等诗句,学生完全沉浸在春雨的意境中,这时让学生说春雨的感觉,便不知不觉引入了新课,学生的学习欲望得到激发,形成一种积极参与的精神状态,从而为新课打下良好的基础。

2. 聆听歌曲,体验感受

(1)欣赏歌曲

教学要具有鲜明的形象性,从直观入手,使学生如临其境,可见可闻,产生真切感,我利用学生好奇、爱探索、易感染的心理特点,容易被新鲜事物所吸引,将歌曲的内容通过多媒体用动画的形式呈现于学生眼前,画音结合,使学生很快进入歌曲的审美情景中,唤起他们学唱新歌的欲望。

(2)模唱歌曲

当学生初步感知歌曲后,引导学生用 Lu 轻声哼唱,使学生再次获得审美体验,感受到旋律美,受到美的熏陶。

3. 学唱歌曲,情绪表达

(1)介绍作者,朗读歌词

这首歌曲是我国著名的歌词作家乔羽老先生为我们少年朋友创作的一首优美的歌曲。教师先充满感情地范读一遍,和学生共同分析歌词,如"绿了河边的杨柳,红了村前的杏花"等不仅句式对称整齐,而且色彩丰富,使学生入情入境地体会歌词的色彩美、韵律美、对称美、意境美的特点,这样师生融合更能激发学生朗读的情感。

(2)填词歌唱

在美的情境下,让学生分声部演唱,学生因为有了第一课时的学习基础及歌曲的欣赏,已能很好地唱出齐唱部分和合唱部分,然后根据学生演唱的情况,纠正可能出现的错误。如第一句的"啊……"如何唱准"下"的时值和唱齐弱起是这句难点,我采用让学生看教师的指挥手势来解决。另外歌曲的延音使得旋律更加抒情优美,可以让学生跟老师一起划拍演唱,唱准时值。

(3)歌曲处理

如何使学生歌曲唱得更富魅力,可通过组织学生分组讨论,边总结边实践体验,指导学生二声部要唱得清晰、和谐,要用较轻的音量,富有弹性的声音歌唱,如"绿了河边的杨柳,红了村前的杏花",再加入渐强渐弱的力度记号来演唱,结束句表现出春雨越来越弱、声音越来越小,从而完成教学目的。

(4)情感升华

为了更进一步使学生对歌曲有深刻理解,准确表达歌曲情感,教师向学生介绍歌曲选自一部非常感人的电影《绿色钱包》里的插曲,并对《绿色钱包》这部影片作简要介绍,了解歌曲的寓意,使学生懂得歌曲以蒙蒙的春雨象征祖国的关怀,以河边的杨柳、村前的杏花象征青少年,鼓励青少年健康成长,达到寓思想教育于音乐教育之中。

4. 成果展示,歌唱春天

提倡自主、合作、探究的学习方式是新课程的一大特点,在顺利完成歌曲教学任务后,我将本课内容提炼与升华,让学生讨论用怎样的方式来表达自己内心的感受。然后分小组唱歌曲(演唱形式)、分角色拿道具表演(课前准备)、创作诗词、画一张画等活动,进行合作创编,这个创意使学生从感知美、体现美,上升到创造美、表现美,给每个学生都有参与体验的愿望和机会,激发了学生兴趣,从而活跃了课堂气氛。接下来在老师的指导下,由每组推选的代表到讲台前面进行成果展示,给学生搭起一个展示自我的平台。让学生表现、歌唱春天,学生边欣赏春天的美景边观看优美的舞蹈,并有感情地演唱,采用第一段领唱,其他同学合唱歌曲,第二段配乐朗诵(师伴奏),第三段齐唱、合唱。这一环节把歌唱、舞蹈、表演、诗朗诵等相互融合,让学生在自由创编与即兴表演中感受音乐的美,体会创作的快乐,培养他们的创新意识与创新能力。通过合作,学生的合作意识、协调能力得到发展。

最后,教师通过与学生交谈对本课进行小结,让学生懂得"一年之计在于春",应该珍惜这美好的春光。最后学生在歌曲《春雨蒙蒙地下》的音乐声中走出教室。

本课我以美丽的春景为主线,层层深入,循序渐进,使学生在本节课的学习中感受音乐的"美"。在《全日制义务教育音乐课程标准》的引领下,充分体现以学生为主体,以教师为主导的理念,力求为学生创设愉悦、轻松、自主、开放的学习空间和音乐环境。

范例二

《小牧笛》说课稿

林 箐

一、说教材、说学生

教材分析:

1.《小牧笛》选自上音版五年级第一学期第三单元。本单元的主要内容包括:(1)欣赏、学唱具有浓郁民族民间风格特点的乐曲、歌曲。(2)音乐知识技能方面涉及认识2/4、3/4变换拍子,初步认识我国常见民族乐器——笛子。本课为本单元第一课时综合课。

我选择的内容是:学唱歌曲《小牧笛》和欣赏乐曲《牧笛》。

歌曲《小牧笛》是一首民歌风的创作歌曲,商调式,为一段体结构,2/4、3/4变换拍子。节拍、节奏的变化使歌曲充满生气,歌词朴素、简练,生动地勾勒出农村风景画,抒发了孩子对农村生活的喜爱之情,激发学生热爱劳动、热爱农村的真挚感情。歌曲的结束音使用了滑音,使歌曲充满浓郁的民族风格。

乐曲《牧笛》作于1958年,是刘森根据刘炽为双人舞《牧笛》创作的舞蹈音乐改编的,也可称为《新小放牛》。表现了50年代农村年轻人的美好生活。《牧笛》属于北派吐、垛、花、滑的演奏风格,但又与常见的北派民间演奏风格不同。从技巧上说,乐曲的演奏能随情所至,充分恰当地运用了气息控制,深刻地表达了人们的思想感情。

学情分析：

我校虽地处农村，但通过几年音乐课的学习，学生也具有一定的音乐素养，五年级的学生体验、感受音乐和探索、创造音乐的活动能力较强，喜欢各类音乐活动，具有一定的识谱能力。

教学目标：

《全日制义务教育音乐课程标准》提出音乐课程的定位是"以审美为核心的基础课程"。音乐教育的审美，往往表现为人们在音乐学习过程中所产生的一种愉悦感。我们在音乐教育中应尽可能采用多种方法创设艺术环境、渲染情感氛围，在审美体验中培养和提高学生的艺术审美能力。音乐基础知识和基本技能的学习，应有机地渗透在音乐艺术的审美体验当中。因此本课的教学目标我是这样设定的：

1. 欣赏乐曲《牧笛》，感受民族音乐的独特魅力，想象牧童骑在牛背上吹着笛子，悠然惬意的田园生活。

2. 用自然、明亮的声音演唱歌曲《小牧笛》，感受歌曲轻快活泼的情绪，能用正确的节拍演唱歌曲。

3. 能正确听辨、拍击2/4、3/4节奏乐句，认识变拍子。

4. 初步了解我国常见民族乐器——笛子。

教学重点：

能用自然明亮的声音和正确的节拍、速度演唱歌曲《小牧笛》，并能感受不同节拍音乐所表达的不同情绪。

教学难点：

了解变拍子歌曲的特点，并能正确听辨、拍击2/4、3/4拍节奏乐句。

教具准备：

钢琴、多媒体、打击乐器

二、说教法

根据学生的年龄特点，结合本校学生的实际情况，在教学中我首先采用情景教学法，借助多媒体播放图片及音乐，将视听结合，同时结合语言为学生创设情景，并引导学生用语言描述想象中的画面和自己的感受，让学生初步感受民族音乐风格特点。本课教学内容以唱歌为主，因此在教授歌曲过程中我主要采用示范法、听唱法、启发联想法等方法进行教学，通过听、拍、唱、赏等教学环节，让学生能用自然明亮的声音和正确的节拍、速度演唱歌曲《小牧笛》，并能感受不同节拍音乐表达的不同情绪，潜移默化地消化本课难点。

在教学中，我坚持"教师为主导，学生为主体"的原则，重视学生音乐实践能力和创新思维的培养,启发学生展开想象,敢于尝试用多种形式表达音乐。所设计的教学环节能够调动学生的积极性,借助多媒体丰富的内容辅助教学,使学生在听、拍、唱、赏等活动中加深对音乐作品的理解。引导和鼓励学生通过音乐律动、体验等活动感受音乐,使他们对音乐始终保持浓厚的兴趣。

三、说教学过程

本课教学中我以小牧童在农村的生活为主线,组织教学环节进行情境铺垫,接下来的"听"、"拍"、"唱"、"赏"等各个环节我注重知识的逐层深入,从易到难。首先是"听"牧童最喜欢的歌,整体感知音乐情绪。重难点的"拍"也是在生动的师生游戏、律动等多种形式的体验中得以解决的,其中"唱"的几个环节运用了灵活多样的教学方法,内容层层递进,使学生既学会了歌曲又感受到歌曲快乐的情绪;其次是"赏"牧童带来的乐曲,运用了讲述法和启发思维法激发学生展开想象,描述牧童在农村快乐惬意的生活,用自己喜欢的方式进一步感受音乐表达的情绪;最后布置作业的部分也是让学生在其他形式的作品中寻找牧童快乐的农村生活,进行拓展的同时又为下节课做好铺垫。

本课的教学内容涉及我国民族民间音乐,因此我结合"两纲"要求,充分发挥课堂教学在民族精神教育中的主渠道作用,引导学生体验欣赏民族文化,感受民族音乐的独特魅力,增强人文底蕴和民族文化认同感,激发学生热爱劳动、热爱农村的真挚感情。在教学中不仅从听觉渗透民族音乐及民族乐器,所采用图片也多为中国特色的水墨画、农民画。视听结合,引导学生了解、感悟丰富多彩的民族民间文化。(教学方法说明附教学过程)

1. **组织教学**

(1)创设情境,学生进教室。

(此时多媒体播放和牧童相关的音乐、图片)

(2)音乐停止,师生问好。

> 在学生进教室的过程中播放音乐《牧笛》及水墨画图片,营造民族音乐氛围,既创设了情境又培养了学生的观察力,促使学生学会用一双善于发现的眼睛观察生活,留意身边的音乐。

2. **引趣导入**

(1)导语:哪位同学能描述一下,我们进教室的时候,多媒体播放的是什么内容?

(2)小牧童的家在农村,家里只有他和哥哥两个小孩,他们非常懂事、勤劳,经常帮父母干些活儿,在干活时他们都喜欢哼哼小曲、吹吹笛子。他们最喜欢唱的一首歌就是《小牧笛》……

(3)揭示课题

3. **学唱歌曲**

> 音乐是听觉的艺术,引导学生养成聆听的习惯,逐步拥有音乐的耳朵,是音乐教师不可推卸的责任。那么如何让学生在几次聆听和学唱过程中不觉乏味,并且能逐步加深对歌曲的理解呢?我设计了这样几个环节:1.初听全曲,整体感知。感受歌曲民歌风的特点。2.在游戏中解决变换节拍和两种节奏的强弱关系这一难点。3.再次聆听,唱好尾音衬词的下滑音。《全日制义务教育音乐课程标准》中提出"以听动互补为主的实践活动是夯实基础能力的途径",因此我建议学生用自己喜欢的方式随音乐做律动,引导学生从节拍变化中听辨并感受不同的情绪。4.按节奏朗读歌词,加深对歌曲节拍变化的理解。5."多样性的音乐创作活动是开发求异思维的有效载体",因此我启发学生思考,尝试用多种形式唱好歌曲,深入体会歌曲所表达的情感。

(1)初听全曲整体感知(多媒体出示歌谱)

现在请同学们欣赏歌曲《小牧笛》并思考两个问题:

①歌曲的情绪是怎样的?(欢快、活泼、愉快……)

②这首歌曲的节拍有什么变化?(2/4→3/4→2/4)

(2)节奏火车接龙游戏

①复习拍击 2/4、3/4 节奏强弱关系和指挥图示,引导学生创新,用自己的方式拍节奏。

②小伙伴(四人一组)简单讨论后,请个别学生分别拍击 $\frac{2}{4}$、$\frac{3}{4}$ 节奏条,做小老师带领全班同学拍,熟练后可采用多种形式将三条节奏连起来拍击。

$\frac{2}{4}$ $\underline{× × ×}$ | $\underline{× × ×}$ |

$\frac{3}{4}$ $\underline{× × × ×}$ | $\underline{× × ×}$ - | $\underline{× × × ×}$ | $\underline{× × × ×}$ |

$\frac{2}{4}$ $\underline{× ×}$ $\underline{× ×}$ | $\underline{× ×}$ × $\underline{× ×}$ | × - | × 0 |

(3)复听歌曲

①提示学生注意尾音衬词的处理,下滑音有何作用?

②复听时教师用双响筒为歌曲伴奏,学生可用身体律动、指挥图示或自己创编的动作表达歌曲强弱拍的变化。

③请学生回答歌曲尾音衬词加下滑音的作用,并试唱。

(衬词从高音"re"自然向下滑唱,表达内心赞美,体现民歌的风格)

(4)按节奏朗读歌词

(5)教授歌曲

①教师随伴奏范唱,学生默唱。

多媒体配合歌词播放放羊、放鹅图(农民画)

②教师伴奏,学生跟琴唱。

(6)引导学生思考,2/4和3/4拍表达音乐的不同情绪特点。
(2/4拍音乐往往比较欢快活泼,3/4拍音乐往往比较优美舒展)
(7)听取学生的建议,采用适合的演唱形式进行练唱。

> 鼓励学生说出自己喜欢的、想尝试的演唱形式,教师视时间和学习效果选择几种进行练唱。可采用齐唱、师生对唱或生生对唱,分角色、分小组等形式演唱歌曲,要求学生能用自然明亮的声音,正确的节拍、速度和快乐饱满的情绪演唱歌曲。

4. 拓展欣赏

(1)初听乐曲《牧笛》

导语:小牧童不仅喜欢唱歌,还喜欢吹笛子,今天他带来了一首笛子吹奏的乐曲《牧笛》。请同学们边听边随音乐做律动,并且思考:

①乐曲分几段,各段的速度和情绪有何不同?
②展开想象,用语言描述几段音乐所表达的不同场景。

(2)师生交流,完成问题
(3)多媒体介绍我国常见民族乐器——笛子

5. 教师小结并布置回家作业

小结略……请同学们以小组为单位,在课后搜集表现牧童农村生活的其他形式的作品,可包含影视、音乐、图片及文学作品等。

> 学生在搜集过程中可以了解更多内容,汲取更多的营养,不仅丰富了音乐知识,也增长了搜集信息的能力,增强了学习兴趣。

(此范例由编者进行部分内容的修改)

❖ 范例三

《灵动的生活》说课稿

王 蓓

一、内容简介及设计理念

本课是普通高中音乐课程标准实验教科书《音乐与戏剧表演》第一单元第一部分的内容。本课作为起始课,旨在增进学生对本模块的学习兴趣,以便较好地引导学生走进戏剧百花园。教材内容包括:戏剧的早餐、饕餮盛餐、咖啡与酒、"戏"字的写法四个部分。

本课教学力图体现《普通高中音乐课程标准》提出的"音乐课的教学过程就是音乐的艺术实践过程"这一理念,在设计时把教学重心放在艺术实践过程中,让学生在戏剧想象中感知戏剧的基本常识,并结合简单的表演初步了解戏剧的主要特征。

二、教学目标

1. 了解什么是戏剧及其基本特点,能初步认识音乐在戏剧中的地位与作用。

2. 能在教学活动中了解戏剧的基本常识,如:戏剧作品的时态、"金手指"的含义等。

3. 能激发学习本模块的兴趣,能与他人合作积极参与表演活动。

三、教学重点、难点

初步了解戏剧的基本特点,了解戏剧的"金手指"的基本含义。

四、教学课时

一课时

五、教学过程

我将本课分为导入、展开、深入、巩固总结四部分。

1. **导入部分**——

从"戏"字的繁体写法入手,让学生用自己的语言简要说明其意,然后提出问题:"什么是戏剧?"请学生结合课前搜集的相关资料简要回答,教师小结并用课件展示戏剧的含义。"那么,如何使普通的生活场景变为戏剧化的场景呢?"由这一问题进入到展开部分。

2. **展开部分**——

展开部分的教学重心是解决本课的教学重点,即了解戏剧的基本特点,为此我采用了让学生实践感知的教学方式。我先提供一个大家熟悉而又普通的生活场景:一个春光明媚的早上,一家四口(父亲、母亲、姐姐、弟弟)坐在饭桌前,开始吃早饭。请学生根据要求去展开想象,为这个生活场景加入一个主题事件,围绕该主题设想不同人物对事件的反应和表现。老师将同学们创设的情节中的矛盾冲突同步板书在黑板上,这是为解决教学重点——戏剧的基本特点做铺垫。然后结合板书对比两种场景,感知并小结出戏剧的基本特点,并明白戏剧来源于生活又高于生活,生活本来就是灵动的、富于戏剧性的。在对同学们的艺术想象力给予鼓励性评价之后进入到深入部分。

3. **深入部分**——

在这一部分老师先将刚才同学们创设的戏剧场景假设为一个故事剧本,引导学生分析其时态,然后提问:"戏剧采用的什么时态呢?"为解决这个问题,老师请几个同学上台即兴表演前面的生活场景片段,这也为突破难点埋好伏笔。然后引导其他同学在观看表演过程中意识到,故事中的场景已真实再现在我们眼前。也就是说,过去时态的叙述变成了现在进行时的即时展现,所以戏剧采用的时态是现在进行时,明白了时态问题,老师进一步提问:"是哪些表现手段使故事情节戏剧化的真实再现呢?"学生自然联想到演员的语言和动作这些表演手段,老师再小结归纳:"将描述和叙述性的文字转变为即时的语言和动作,被称为戏剧的'金手指'。"这样就一步步突破了本课的教学难点。

接下来结合刚才的表演,引导学生感知在戏剧表演过程中,在情节需要时加入音乐能烘托人物的思想感情和心理活动,制造气氛,为开展情节塑造人物服务,从而明白音乐在戏剧中的地位和作用。教师做适当小结后进入到巩固总结部分。

4. 巩固总结部分——

在这部分我设计了一道选择题,请学生找出戏剧中最不能缺少的要素,并结合前面的教学内容引出戏剧的重要法则:假定——共鸣——欣赏。让学生明白完成了这一过程,可以说我们已初步学会欣赏戏剧了。

最后小结结束本课。

本课将"体验、比较、探究、合作"四个具体目标贯穿全课鼓励学生创新和实践,让学生在亲身经历中感受戏剧并喜爱戏剧。

(选自:2009年第9期《儿童音乐》)

上课篇

22. 在教学中怎样实践"以审美为核心"的基本理念

音乐教育"以审美为核心"是素质教育对音乐教育提出的要求,也是音乐自身的本质特征所决定的。《全日制义务教育音乐课程标准》指出:音乐教育以审美为核心,主要作用于人的情感世界。音乐的基本价值在于通过以聆听音乐、表现音乐和音乐创造活动为主的审美活动,使学生充分体验蕴涵于音乐音响形式中的美和丰富的情感共鸣,起到陶冶情操、启迪智慧、情智互补的作用。《全日制义务教育音乐课程标准》教学理念决定了音乐教育的基本形式是以情育人、以美育人,那么在教学中怎样实践"以审美为核心"这一教育理念呢?

(1)为音乐教学选择有审美价值的教学内容

①从音乐教材上获取。音乐教学内容是实施音乐教学的载体和依据,是学生获得审美体验的客观条件。在音乐教学中音乐教材承担了为学生提供优秀的具有表现力的音乐作品的任务。好的歌(乐)曲作品本身就具有旋律美、意境美、和声美等特点,它能贴近学生生活,与之产生感情上的共鸣,使学生听了还想听,唱了还想唱,达到百听不厌的效果。学生有了体验,有了感觉,久而久之就会达到润物细无声的审美功效。随着《全日制义务教育音乐课程标准》的实行,各地的音乐教材都进行了改革,它们在质量上、内容上都有较高的水准。音乐教师要善于发现和挖掘音乐教材的审美因素,将音乐与学生的生活经验联系起来,帮助学生发现美、体验美、感知美、表现美、创造美。

②教师结合教学和学生需求选择具有欣赏价值,能唤起美感的音乐作品作为教材补充,要精选一些地方音乐课程资源和校本音乐课程资源。根据学生的审美心理、审美需求、审美特征,精选一些有时代感,学生易唱易学、爱唱爱学,贴近学生生活的优秀作品。或加上有代表性、有民族特性的乡土音乐,拓展学生音乐视野,提高学生的审美情趣。

(2)课堂教学要以"音乐审美体验"贯穿始终

审美教育,即美育,或者叫"美感教育"。它是培养人们用正确的美学观点对自然界、社会生活和艺术作品进行美的感受、欣赏、评价、创造的能力。音乐教育是审美教育的重要手段,优美健康的音乐是审美主体获得美感的重要源泉。音乐用美的音色、节奏、和声等构成美的艺术形象并通过演唱、演奏、欣赏等教学活动把受教育者带进一个真善美的音乐天地。教师要以审美为核心的基本理念贯穿于音乐教学的全过程,因此在课堂教学中要做到以下几点:

①让学生充分感受音乐、注意审美体验

听音乐的过程就是一个体验、理解、想象的过程。要求教师在有限的教学时间里让学生多听,并做到有效有目的地聆听。因此,让学生学会听音乐的方法,养成良好的聆听习惯是非常重要的。学生有了聆听的习惯才能更好地进行音乐活动。"听"是学习音乐的基础,音乐教学中的很多活动都是在"听"的基础上才能进行,只有多听才能帮助学生唱准音高,体会音乐的节奏,感受音乐的情感,从而达到审美体验。

在感受音乐时,可以从以下几方面着手:

A. 整体感知音乐

音乐的表现力是通过歌曲前后情感、力度等的推动而形成的,所以应该注意从整体上去感受音乐作品。在具体教学中教师应该让学生的注意力集中在音乐本身中,在聆听过程中不能无端破坏音乐的完整性,要尽量做到让音乐完整的融入学生脑海中。

B. 培养学生聆听音乐的习惯

安静地聆听音乐是教学的基础,没有认真地聆听就谈不上去体验和感受音乐,音乐教师在教学中要坚持精讲多听,让学生带着问题有目的地倾听,充分发挥他们的联想力和想象力,对音乐作品做出自己的理解和评价。在倾听之后再做探索与交流,养成良好聆听音乐的习惯。

C. 课堂教学语言要精练、富于美感、以情动人

在音乐课堂中,教师不能唱独角戏,为了表现自我而占去学生们参与体验的时间。音乐在更多的时候是一种感觉,不能仅仅靠口头传授,尽管教师讲得天花乱坠,学生却没有听到音乐效果,没有参与音响的体验是无法达到音乐审美的目的的。要让学生有目的地聆听音乐,教师的语言只是起到启发、帮助、引导学生加深对音乐审美体验的作用,因此,教师的语言要精练,有启发性,充满情感并点到为止。例如:在上小学二年级《大海》一课时,教师首先用优美的语言来描绘大海,"蔚蓝的大海一望无边,点点白帆洒落在海面上犹如盛开的白莲花,海鸥在海面上飞翔,掠起朵朵浪花,浪花轻轻地拍打着海岸的礁石,我们静静地躺在沙滩上,闭上眼睛用心去倾听,你听到了什么?"让学生在老师的引导下去带着问题有目的地倾听音乐。

②设计学生主动参与的音乐实践活动

音乐教学应该是师生共同体验、发现、创造、表现和创造美的过程。音乐艺术的审美体验中应该综合了音乐基础知识和基本技能。教师应根据不同的音乐教学内容,教

学目标、重难点以及学生的身心特征设计具有操作性的音乐体验、表现、创造活动。充分引导学生调动身体的各种感官,全身心地投入到音乐中,围绕音乐采用各种表现手段让学生主动参与,在活动中体验音乐的美。例如:

在《大海》一课中,教师通过创设情景,在音乐中引导学生倾听大海的声音,模仿大海、海鸥、海风的声音,模仿海浪、海鸥、鱼儿、水草的各种姿态,让学生主动参与到音乐活动中,在活动中引导学生体验美、感受美、表现美、创造美。

③注意挖掘教学中审美因素,培养学生的审美情趣及想象力

每个人对同一音乐作品所产生的美感体验并不都是相同的。对美感都有独到的领略。音乐教师在教学中要尊重学生对音乐的理解和感受,鼓励他们大胆地说出自己的想法,并要帮助和引导学生展开丰富的联想,通过挖掘音乐本身的审美因素。如:旋律、节奏、和声、调式等,还要挖掘音乐以外的文化审美因素,来培养学生审美情绪,提高审美能力。

(3)创设良好的审美教学环境

音乐教学的审美环境包括视觉美和听觉美两个方面。这两者共同构成了音乐教学的外部条件。如何创设良好的审美教学环境可以从以下几点着手:

①富有特色的音乐教室

音乐课堂是音乐教学的载体,是基础教育实施的主渠道。音乐课堂的环境也直接影响着审美教学的效果。音乐课堂的布置应该艺术化,亲切化,学生走进课堂就像走进了音乐。座位的放置和乐器的摆放也是应该富有新意,围绕学生的音乐活动进行的。可以设计相关的挂图,设计多彩的音符,紧紧围绕课堂而设置,努力创设最好的审美氛围。

②质量高的音响设备

音乐是音响的艺术,它通过声波传播。聆听是学生感受音乐的基本手段之一。音响的美感决定着音乐是否富有充足的感染力。清晰的音响效果可以更好地诱发学生的审美渴望,劣质的音响会让人觉得烦躁。另外,乐器的声音也要注意音准和适当音量,电子设备的音响注意和谐,努力让整个音乐课堂中的每个声音都是音乐,每一丝音乐都富有美感。

③音乐教师的自身素质

A.教学仪态

教学仪态是教师在教学活动中所显现的符合礼仪要求及审美规范的仪容、服饰、表情、姿态、手势、举止等。音乐教师应注意自己的服饰和仪表,既要得体大方,又要体现音乐教师的艺术美。音乐教师在课堂上的动作举止既要潇洒、活泼,又不失稳重、庄重。表情要自然亲切,充满激情,手势准确干练,努力给予学生优美、高雅之感。

B. 教学语言

教师的语言要充满感情色彩,富有表现力。音乐教学不同于其他学科的教学,语言的重点在于音乐的本身简洁、具有启发性。音乐教师的板书比较少,但是不能缺少板书,板书也应该像音乐一样具有美感,乐谱要整齐规范,合理安排。

C. 教学气质

音乐教师的气质和音乐相同,有自我的特色,音乐教师常常在音乐教学中扮演着各样的角色,这一切都来自于教师本身的素质,一节好课是体现一名教师个性的特色课堂。作为音乐教师,心中要时常怀着对学生、对音乐的热爱,要用审美的理念去感染学生,首先自己就应做到用爱来面对一切,教师始终以身作则的一如既往,孩子也将随着我们的脚步,用"爱"去感受音乐、领悟音乐!

23. 在音乐教学中如何培养和提高学生学习兴趣

《全日制义务教育音乐课程标准》明确指出:音乐教学要以"学生的兴趣爱好为动力"。"兴趣是最好的老师",也是推动学生积极学习的强大动力。有了兴趣,才会有好的教学效果,才能较好地实现教育目标。作为一名音乐教师,要在不断地学习、研究、探索、实践过程中,深刻领悟新课程全新的教育理念,这样也才能更好地推进课改,服务教学。那么,在音乐教学中,如何培养学生的学习兴趣呢?

(1)贴近学生生活,创设情景,培养学习兴趣

①根据儿童心理特点,营造让学生感兴趣的教学环境

小学生天生好玩、活泼好动、好奇心强、想象力丰富,他们总是喜欢通过肢体的动作和语言来表现对音乐的感受。教师应该培养孩子们自由表达的能力与胆量,让他们大胆的"说起来""动起来""跳起来"。把他们从座位的束缚中解放出来,让他们既动口、动手、动脚,也动脑,让他们能愉快地迈进音乐的殿堂,走进一个轻松而愉快的学习乐园,让他们不仅学到音乐知识、技能,同时也受到美的熏陶。

❈ 教学片段一

一位教师在教学西师版教材一年级下册《春天举行音乐会》时,首先把学生带进春天的意境中,让学生感受"春天",体验"春天"的美,充分感受春天带来的暖意和笑声,聆听大自然的音乐,用耳朵、眼睛抓住春天的美好,在课前把音乐教室提前布置了以"春"为主题的场景,让学生一走进教室就完全被这美丽的环境所吸引,在开课之前就牢牢抓住了学生的兴趣,让学生能够充分感受春天的氛围,积极参与讨论春天的种种趣事,感受大自然的美好,聆听优美的歌声,通过《春天举行音乐会》去发掘春天的美。通过前面的体验,学生很自然地进入角色,歌曲唱得异常动听。

评析:这个环节使全体学生在充满兴趣而愉快轻松的状态下,主动去激发自己的

想象力、创造力,在音乐实践活动中体验到快乐。所以创造宽松、活跃的教学环境,这是引导孩子喜欢音乐课、对音乐课感兴趣的环境基础。

②抓住学生好奇心,创设感兴趣的音乐意境

我们都知道好奇心是儿童十分宝贵的内在素质,他们天生就有对动听、悦耳音响的好奇心,成人司空见惯的现象,对儿童来说很可能完全是新鲜的。我们教师要通过良好的身体语言、动作语言、神态语言去创设学生感兴趣的音乐情景,在音乐教学中抓住学生的好奇心,让学生产生对音乐的美感与兴趣,让他们自然的参与体验,使学生的好奇心得到极大的满足,从而形成良好的兴趣。

❋ **教学片段二**

在西师版一年级上册学唱歌曲《动物园》教学中,为了达到上述效果,一位教师在课前精心绘制图片及播放多媒体课件,制作太阳、小鸟、美丽的大树和各种动物头饰。教师在美妙的音乐伴奏下,以其生动而富于情感的语调,丰富的表情激发学生:"同学们,从我们学校开往森林王国的开心汽车马上就要出发了。"老师的一切语言和情景演示,都随着音乐的展开而同步进行。此时,展现在他们眼前的是美丽、神奇的大森林,许多动物在迎接他们,还有漂亮的蝴蝶姐姐翩翩起舞地飞出,学生聆听着优美的音乐,看着栩栩如生的画面,感受着教师形象生动而又富于情感的表情和语言,他们完全沉浸在审美的情境之中。来自情感、视觉、动觉、想象等一切可感的审美因素,从各种渠道综合作用于学生的情感,达到了以情动人、以美育人的审美效果。通过前面环节的铺垫,学生的学习兴趣得到了充分的调动,他们都竖起了小耳朵,用愉悦的心情去聆听和感受音乐所传递的美。

评析:通过这一教学片段,来自情感、视觉、动觉、想象等一切可感的审美因素被教师充分地调动起来,学生仿佛身临其境地融入音乐意境中,收到良好的效果。

(2)把音乐知识趣味化、形象化,引发学习兴趣

传统教授音乐知识对学生来说枯燥、难记、易忘。所以,教师必须根据学生身心特点,尤其是小学生好奇心强,善于模仿,求知欲强的身心特点,在加深感性认识的基础上,逐渐上升为理性认识。将枯燥、抽象、难记、易忘的理论知识形象化,根据各种音乐知识的不同特点,编制一系列的小故事、顺口溜,让学生在朗朗上口的儿歌中充分调动学习兴趣。

❋ **教学片段三**

在教授四分音符时,一位老师这样讲解:在奇妙的音乐王国里,一个名字叫四分音符的小姑娘唱歌最好听,大家都夸她,于是她骄傲了,也瞧不起小伙伴,后来大家因为她的骄傲都不理她了,于是她一个人一拍一拍地唱着单调的音。小伙伴给她编了一段顺口溜:"四分音符太骄傲,伙伴朋友全不要,光杆司令一个音,只唱一拍哈哈笑。"这样学生通过故事和顺口溜能容易地记住四分音符的形状是光杆司令,时值是一拍。再如,顿音记号可编顺口溜:"头戴三角帽,活泼又灵巧,唱得快而轻,短促又跳跃。"学生就可以记住顿音记号是在一个音符头上顶着一个三角,演唱时短而又跳跃。渐强:渐强像只小喇叭,嘴巴越张口越大。渐弱:渐弱喇叭倒着拿,声音越来越小了。

评析:形象地描绘,生动地讲述,加上老师在黑板上简单地勾画,给学生留下了深刻的印象,在此基础上引入准确的音乐术语,学生更容易理解和掌握,从而提高了学生学习音乐知识的积极性。

(3)选择吸引学生入胜的教学方法手段,提高学生学习积极性

在课堂中教师能否采用适当的教学方法,合理地组织课堂教学,直接影响教学效果,制约学生兴趣的培养和思维的发展,英国教育家皮斯博曾说:"如果你想要儿童变成顺从而教条的人,就采用注入的教学方法。而如果想要让他们独立地思考,并富有想象力和创造力,你就应当采取加强这些智慧品质的方法。"所以在教学过程中教师应充分挖掘和启发学生丰富的想象力和创造力,使他们积极主动投入到富于活力与激情的音乐课堂中。

❉ **教学片段四**

在欣赏《玩具兵进行曲》的教学中,教师先让学生听乐曲,然后提问"这首歌曲有什么特点?"学生们各抒己见"节奏快""欢快""一会儿一个声音,一会儿好多声音""有趣"……接着教师向他们讲述了玩具兵的故事,然后提问:"现在我们再听一听,乐曲中,当一种乐器在演奏时,你想到了什么?"这时有几个学生叫道"是一个玩具兵在走路"。"你能合着音乐表演给大家看看吗?""接下来,再听这段音乐你又有怎样的感受?"大家争先恐后地说:"是几个玩具兵在走路。"教师继续说:"那大家注意没有,中间有一个很浑厚的声音,你想象这是什么呢?"这时只听见一个学生说:"这是一个又肥又胖的大胖子兵。"全班同学都笑了,不等教师提问,大家都纷纷举手,争先恐后的说:"乐曲热闹欢快的时候是他们在跳舞""音乐慢下来是他们在散步"……在教师启发、引导下,学生再次聆听音乐,并在音乐中大胆地表现自己对音乐的理解。纷纷模仿玩具兵的样子,哼着旋律摇晃脑袋,还有的在模仿演奏乐器的样子……

评析:此次教学中,教师不再采用欣赏课学生听老师讲的模式,而是充分地发挥学生的主体性,让他们自主的探究学习。在教师的启发下,自己开动脑筋去体会、理解乐曲要表现的东西,这样既达到了预期的教学目标,同时也让他们感受到了乐曲的欢快,在愉悦的情绪中得到了美的享受。

(4)改革评价方法,激发学习兴趣

音乐课堂教学中教师要善于应用形式多样的评价方式,不仅可以增强学生的荣誉

感、自豪感,而且可以活跃课堂气氛,激发学习兴趣。

在平时的教学中教完一首新歌时,老师可以用小组竞赛的方法来熟悉和巩固歌曲,小组竞赛有利于调动学生学习歌曲的兴趣和培养学生的集体荣誉感。在竞赛前老师要求学生要认真聆听其他小组的演唱,并提供评分标准,让学生自己担任评委相互评议。然后引导他们从歌曲的情感、音准、速度、力度等方面进行评价,最后还评出一位最佳评论员。这样,学生在欢乐热烈的气氛中,不仅提高了音乐表现力、语言表达能力,而且还知道了自己的优缺点,明确今后努力的方向。

在评价中最重要的是对学生音乐成绩的评定,大多数的老师都以一首歌或一个曲子来评定学生的音乐成绩,而这也必定要挫伤一些学生的积极性。音乐是一门综合性的学科,不同特长的学生可以用不同的形式来表达。老师可以让学生自由组合,按教材内容选用唱、奏、跳等方式来进行表演,学生自己选出代表组成评委,分组进行比赛,在分组比赛后进行个人才艺表演。实践证明,用这种方法可以减轻学生对音乐考试的恐惧心理,让学生积极参与音乐活动。在考核过程中同学们十分投入,课堂既轻松活泼又井然有序,通过这样的评价方式学生的学习兴趣得到了充分的培养和提高,收到了事半功倍的效果。

综上所述,作为一名音乐教师,只有重视对学生音乐兴趣的培养,才能顺利地、很好地完成音乐教学任务,才能真正使学生感受美、体验美,在艺术的空间中尽情翱翔、驰骋。

24. 怎样理解音乐教学中的学科综合

"综合",体现了现代教育的一种发展趋势,是学科体系间学习领域的伸展,是精英文化向大众文化的回归。"提倡学科综合"是《全日制义务教育音乐课程标准》中的一条基本理念。正确认识新课程理念及音乐学科本质特征,是正确实施音乐教学中学科综合的基础。因此,音乐教育必须有广阔的视野,必须保持开放的态势。在实际教学工作中,可以根据教学内容把音乐与姊妹艺术和非艺术课程等其他学科有效地结合起来,相互渗透,使音乐课堂教学变得更加丰富、生动。更有益于学生音乐人文素养的提升,对深化音乐课程改革,提高音乐教学质量,有着十分重要的意义。

(1)怎样进行学科综合

①音乐教学的综合包括音乐教学不同领域之间的综合

课程标准中把音乐学习领域分为"感受与欣赏""表现""创造""音乐与相关文化"四大块,每个领域又有很多特定的内容,从形式上来看他们都是独立的学习领域,而在实际的教学实施中我们完全可以把它们综合起来进行。如音乐文化知识可以在学生参与的创作、演唱、演奏、欣赏等音乐实践活动中结合着讲解;许多音乐欣赏内容可以通过演唱、演奏来加深体验,加深理解;可以结合唱歌与演奏来进行创作教学,并通过唱歌和演奏来展示学生的创作成果。通过学习领域之间的综合,使课堂教学不再单一、枯燥,把学生的学习兴趣引向音乐能力培养,引向音乐的人文性、文化性及音乐的情感内涵。这四个领域之间实际上是相互联系、相互渗透,彼此强化的有机整体。

②音乐与姊妹艺术之间的综合

音乐与美术、舞蹈、戏剧文学、曲艺等姊妹艺术之间存在着本质上的联系,把各种艺术形式结合起来进行教学具有相互促进的作用。

音乐内容要向其他艺术门类拓展延伸,以此开阔视野,增强对艺术的认知领域。而美术、舞蹈、曲艺等艺术内容则要为强化对音乐内容的感受、体验与认识服务。多种艺术的综合还将有效促进学生整合性感觉的形成,这将有助于他们获得更加丰富的审美意象和艺术感悟。其实,在一些艺术家的脑海中,视觉、听觉以及其他的感觉都是整合在一起的。作曲家李斯特能够用色彩听音乐,他曾经告诉自己的乐队:"先生们,请再蓝一些,这个调子要求这样。"很明显,这样的艺术家体验到的东西,都是互相融合的感觉或整合性感觉。当一个人以整合的感觉去体验时,要比用单一的感觉更能深入地把握和理解事物。

❋ 教学片段一

师:刚才我们用声音来表现各种各样的梦,现在老师就给大家讲一个小男孩做的梦。(让小朋友看书本上的插图,自己想象一下发生在梦中的事)

师:在一个宁静而美丽的夜晚,明明做了个神奇的梦。到底他梦到了些什么呢?让我们闭上眼睛,随着优美的音乐进入他的梦乡……

师:你觉得在这个梦里,哪些是明明最愉快的地方?又有哪些角色是可以表演的?请设计不同角色的动作。

生:学鸟"飞"的动作,用手模仿飞翔,可双人转圈飞。

师:让学生十人一组,自编童话剧表演,自由创造队形。

(老师绘声绘色讲故事,学生自己表演)

师:孩子们!今天的表演真是太精彩了!你们能不能用手中的画笔描绘出你心中最美的梦呢?(学生自由创作)

评析:《摇篮摇着一个梦》这堂课老师让学生用音乐剧、美术、表演等艺术表现形式来展示孩子们心中神奇的梦及环保意识,就是要在音乐课的实践中体现音乐课的学科综合思想:"将音乐与姊妹艺术学科有效地渗透和运用到音乐教学中,通过以音乐为主线的综合艺术实践,帮助学生更直观地理解音乐的意义及其人类艺术活动中的价值。"

③音乐与其他非艺术课程结合起来进行教学

音乐作为艺术的一个最主要的门类,同广泛的文化领域之间有着天然的密切联系,这也使得音乐课程同其他非艺术课程之间的相互融合成为可能。如在小学各门课程中,音乐可与语文教学(诗词、戏剧段落等)沟通;音值、节奏等内容可与数学课中的数量概念结合讲解;体育课的广播操、韵律操与音乐节奏感、旋律感的结合;一定的音乐与地方文化产生的民族、地理、环境、风土人情等与科学、历史等课程的结合等等都使得音乐教学与这些课程之间的联系成为可能。

❋ 教学片段二

一、创设情境,激发兴趣

表演唱歌曲《大海》。师生一起边自由地做动作边复习表演唱歌曲《大海》。(结束句请学生自己创编一个优美的动作坐在沙滩上休息)过渡语:大海大海,多大多宽,摇呀摇呀,像只摇篮;摇过去呀,点点白帆,摇过来呀,故事满船。

孩子们!你们想听大海的故事吗?下面我就给大家讲一个关于大海的童话故事。

二、逐步引导,创作表现

1. 听——童话《渔夫和金鱼的故事》。

播放课件。师讲述《渔夫和金鱼的故事》,(课件配以背景音乐《天方夜谭》第一乐章)生认真听故事。

过渡语:孩子们,这个故事是著名的作家普希金的童话《渔夫和金鱼的故事》,可能好多同学以前听过,故事里有哪些角色?(生:渔夫、金鱼、老太婆)下面你们能看着书上的图画,四人一组,其中一位同学讲故事旁白,其余三人分角色讲讲这个故事好吗?动脑筋想想该用怎样的语气来表现这三个角色各自的语言对白。

2. 讲——渔夫和金鱼的故事全过程。

请全体学生看着书上十幅有关故事内容的图画及简要人物对白图,分角色讲述故事。

过渡语:刚才同学们讲得真好,下面我们一起来随着动画画面及背景音乐分角色讲讲这个故事吧!

(师播放动画课件,学生随课件分角色自由讲述故事全过程)

过渡语:今天我们一起来自导自演音乐小品《渔夫和金鱼的故事》吧!

3. 排——音乐小品《渔夫和金鱼的故事》全过程。

师交代任务启发引导学生:用乐器、人声、身边的音源、体态来表演音乐小品《渔夫和金鱼的故事》。

请生观察书上配图,说说画中会出现哪些声音?分别可用什么乐器或用身边的什么音源来模拟呢?

(生:渔夫、老太婆、金鱼)可请同学们分角色扮演,金鱼在海水里游动的声音可以用圆舞板表现。渔夫推动木船发出的声音,我们可用轻轻推动木桌发出的声音来代替。

(师:没有木船怎么办?)生:可以用几个同学手拉手围成椭圆形。(师:请几个同学来试试)

生:还有海浪的声音,我们可以抖动纸片发声来表现。(师:平静的海面怎样用声音来表现呢?)生:平静的海面我们可以用钢片琴来表现。(师:海浪我们怎样用动作来表现呢?)生:用手臂波浪,身体波浪等;还有海风的声音,海风轻轻地吹可在铃鼓鼓面上拍出"扑扑扑"的声音表现;狂风可用钹来表现;我们还可以摇动身体来表现风儿。(师:海面上经常出现什么鸟?)生:海鸥,海底还有水草。(师:你能用动作来表现吗?师播放背景音乐《潜海姑娘》)生随音乐用动作表现:我们还可以用几个同学手拉手做渔网。

过渡语:同学们说得真好,下面请同学们由小组长带领分成三个组分别表演故事的三个环节。即:要木盆;当贵夫人;当海上女霸王。

4. 演——音乐小品《渔夫和金鱼的故事》。

师提供材料,让学生分组上前来分角色轮流操作表演;

师生共同合作,完整表演音乐小品"渔夫和金鱼的故事"。

三、再现情境,情感升华

师:同学们时间过得真快,天色渐渐晚了,你们瞧!海面上已是繁星点点了,让我们坐在柔软的沙滩上来欣赏这迷人的大海的夜色吧!(放课件关于大海的夜晚的动画画面并配以歌曲《大海的歌》)

生:边看边欣赏。

师:月亮来了,带来大海一幅画;星星醉了,跌进大海的家;大海的夜,从不寂寞,滔滔不绝的是浪花,讲述那渔夫的故事和美人鱼的童话。让大海的童话伴随我们小朋友幸福快乐地成长吧!师生起立在音乐律动中学海鸥飞出教室。

评析:通过学科的综合不但拓展了教师的思路,而且培养了学生的创造力、观察能力,激活学生多方面的兴趣爱好。实施音乐学科与其他非艺术学科的融合,从表面上看是音乐艺术与其他艺术学科教学内容的矛盾,其实真正的现象是:音乐内涵依然是教学的中心,它向着其他学科的延伸,是有必要向深层次的方向引导学生提高认识,反之,其他学科的某些内容也强化了对音乐内容的感受、体验、理解与认识。

(3)音乐教学中进行学科综合应注意的问题

①以音乐审美为核心

音乐教学过程中应始终贯穿"以音乐审美为核心"的基本理念,其他学科的内容必须与音乐内容密切相关,必须对学生的感受、体验、理解、表演、创造、评价音乐有帮助。无论是音乐辐射到其他学科的内容也好,还是用其他学科的内容来加强对音乐的感受与表现,都应该把握一个适可而止的"度"。

②把握音乐学科的基础知识和基本技能

音乐教学中涉及其他学科的知识,其根本目的是拓宽音乐学习和运用的领域,使学生在不同内容的学习中开阔视野,但是它的最终指向仍是音乐本身。在学习音乐的过程中逐步加强音乐基础知识的掌握和基本技能的提高,从而提高审美修养及审美能力。

③进行多学科综合要以音乐为本

在新的课程改革中,多学科综合的音乐教学应注意不要脱离了音乐,把音乐课上成语文课、品德课、美术课等等。《音乐课程标准解读》一书中指出:"音乐课程的综合,是以音乐为本的综合。"在教学中必须以音乐为载体,用丰富的音乐艺术内容、绚丽多彩的音乐表现形式及与其相关的文化让学生体验、探究、学习。这种综合绝不是形式上的拼合,更重要的是一种观念,一种意识,是对音乐课程及性质、文化意蕴的深刻理解与重视。

总之,音乐是一门艺术性、综合性很强的学科。在音乐教学中我们要最大限度地发挥多学科交叉的特点,启发学生的音乐思维,促进学生综合素质的提高。多学科综合的教育理念对教师提出了更高的要求,我们必须不断扩大自己的音乐视野,丰富自身的文化底蕴,提高自身文化素养,这样才能更好地实现多学科综合的音乐教学,促进学生全面发展。

25. 音乐教学中如何引导学生自主学习

古语有云:"授之以鱼不如授之以渔",那如何把"渔"授予学生呢? 就是培养学生自主学习。所谓"自主学习",是就学习的内在品质而言的,是相对于"被动学习"和"机械学习"提出的。它要求学生在学习活动之前能够自己确定学习目标,制订学习计划,做好具体的学习准备;在学习活动中能够对学习进展、学习方法做出自我监控、自我反馈和自我调节;在学习活动后能够对学习进行自我检查、自我总结、自我评价和自我补救。自主学习的特点是学生自己想学、能学、会学、坚持学,是一种高品质的学习。《全日制义务教育音乐课程标准》强调:学生是课堂的主体,音乐教育应充分体现学生为主体的素质教育的思想。因此,音乐教学中,教师应充分发挥音乐学科的优势与优点,在以学生为主体的教学活动中培养学生的自主学习能力。让学生积极能动地参与音乐活动,积极主动地进行学习认识和学习实践活动;让学生真正成为教学主体,从而进行自我教育和自我活动。

在音乐教学中如何培养学生的自主学习?

(1)确定学生的主体地位

①要转变教师角色。民主和谐的师生关系是促进学生愉悦心境形成、促使学生自

主学习的前提。而学生的主体地位则要求教师由知识的传播者转变为学生学习的组织者、引导者、共同的学习者和研究者。在学生自主学习的过程中,教师不再是课堂的中心,而是学生学习的资源。教师要调整好自己的心理状态,学会尊重与赞赏,尊重每一位学生的尊严和价值,赞赏每一位学生的独特性,赞扬他们独特的兴趣、爱好和特长,赞赏每一位学生哪怕微不足道的成绩和进步。

②学生角色的转变。自主学习要让学生明白自己是学习的主宰、课堂的主人,让他们从传统的、从属的、封闭的角色转变为自主的、开放的主人地位。通过师生对学生主体性的彻底认同,唤醒学生的学习热情,变"要我学"为"我要学",积极主动地去尝试、学习和探索,去谋求个体潜能的充分发挥。只有当学生对自己的主体角色有了高度的认同感,才会在整个学习过程中真正展示自主、自信、自强的精神风貌。

(2)培养学生自主学习习惯的四个阶段

①激趣,让学生进入探索性自学阶段

人们说兴趣是最好的老师,所以一个优秀的教师应该善于利用教材创设问题情景,激发学生探求知识的兴趣和愿望。这也是使学生掌握音乐学习方法、提高音乐素质、培养音乐自学能力的基础环节。教师应向学生展示探索的材料——教材、教具、电教媒体显示的声像等,指导学生进行探索性自学。教师应提出明确而具体的要求,包括探索的内容、目标、方式、时间等。在探索性自学过程中,学生积极动脑、动眼、动耳、动手、动口,教师及时了解探索情况。例如第三届全国中小学音乐教师赛课一等奖教案《爵士乐》中就让学生在课前以小组为单位,多渠道(互联网、书籍、报刊、传播媒体、音响等)收集有关"爵士乐"的资料,在上课时自选展示作业的形式(手抄报、文稿、网页、课件等),用文字和音响配合说明什么是爵士乐。这样让学生进行探索性自学,使之形成自我寻找答案,自我构建知识的意识,真正突出了学生的主体性,激发了学生的学习兴趣。

②活动,让学生进入实践性自学阶段

学生只有自主学习的愿望是远远不够的,还需要掌握必要的学习方法,这样才能使教师的教学有效地突出重点,突破难点,才能起到事半功倍的效果。新的教学理念要求教师要采用自主性和差异性的原则,教给学生学习的方法,要善于"授之以渔",只有让学生掌握一些学习的方法,才能使学生拥有一生获取知识的宝贵能力。例如《爵士乐》这一课,学生通过前面的探索性自学对这一概念有了初步了解,教师则因势利导让学生把探索中的质疑带到课堂上,让他们自己发现问题并在相互帮助下解决问题,使学生在课堂上处于一种疑惑萌生、欲求不懈的心理态势,自然激发了学生的自学兴趣,使课堂上呈现出一种解疑的积极思维气氛。

❖ **案例一** 《爵士乐》教学片段

(1)感受、体验布鲁斯与拉格泰姆的音乐特点

①"空虚"布鲁斯(1923年布鲁斯女王贝西·史密斯原版录音)

a. 学生根据派发的歌谱,随音乐哼唱,并模仿长号的吹奏。

b. 学生谈感受:忧郁、悲伤;难唱、变化音多、节奏复杂、难掌握。

c. 学唱一两句,体验黑人宣泄情感的方式。

d. 引导学生对比哼唱课件展示的谱例,感受降三音、降七音的音乐色彩。

e. 学生总结:"布鲁斯"的风格特点。

"枫叶"拉格泰姆(作者:"拉格泰姆之王",司各特·乔普林 Scott Jopli)

a. 说出聆听的感受——适合跳舞的舞曲音乐。

b. 引导学生随音乐做律动,找出重音基本节奏。

c. 学唱主题音乐,帮助学生掌握拉格泰姆的节奏。

d. 引导学生总结拉格泰姆的特点。

教师总结:布鲁斯的音调与拉格泰姆的节奏形成了基本的爵士语汇。

(2)关于爵士乐的即兴性

①让学生尝试解释爵士乐为什么被称为"灵魂音乐""陈述心灵本能的音乐"？表现在哪些方面？能否用一段音乐来说明？

②师:即兴演奏(演唱)。

学生解释:爵士乐有它自由的即兴风格,要求爵士乐手必须有丰富的想象力与创造力,由此这些无法准确记谱的美妙音乐,终能用录音的方式把它记载下来。有人说:一张张的爵士唱片绘明了一部爵士音乐史。

③对比欣赏:"What a wonderful wold"两个不同的版本。

在《爵士乐》课上学生感受、体验布鲁斯与拉格泰姆的音乐特点,并根据派发的歌谱,随音乐哼唱,模仿长号的吹奏,或随音乐做律动,从而掌握了两种风格特点。还通过对比欣赏"What a wonderful wold"两个不同版本的音乐来引导学生尝试进行音乐流派的听辨。这一系列的活动,就是让学生在主动探索和实践中感受爵士乐的形成和不同流派的区别,以达到逐步提高学生的音乐感受能力的目的。

③探究,学生进入创造性自学阶段

课堂教学不但要让学生主动地去学习,更重要的是让他们积极地参与到教学活动中来,让学生在自学中创造,在创造中自学。而教师的教学设计应起到为学生搭建平台的作用,让学生充分展示自我,力争让学生在教学过程中动口、动手、动脑,使学生学有兴趣,学有所获,使学生真正成为课堂教学的主体。例如《爵士乐》课中,在了解了爵士乐的主要音乐特点后,教师鼓励学生进行简单的创作与表演:可做简单的旋律风格改编;可为旋律配节奏的伴奏;可表演一段你学过的爵士音乐;可模仿爵士乐手的演奏

等等。让学生通过实践,真正体验到了"什么是爵士音乐"。

④鼓励,学生进入自我评价阶段

自我反馈,是学生自我评价的重要方式。这种反馈,不是单纯的错误或正确的反馈,而是一种学习过程的反馈。为便于学生的自我反馈,教师要在开始或在适当时候把本节课的学习目标告诉学生。在整个教学过程中,不断把目标分层次地逐个展示,安排一些针对性练习,帮助学生反馈和自我调控,以求得到知识的融会贯通,取得系统的学习效果。当学生有了自我评价的积极性时,教师应加以保护,给他们勇气、信心与鼓励,从多角度发现学生的优点,及时地赞赏鼓励,保护学生学习的积极性,让他们体验自主学习的快乐。

◆ **案例二** 《爵士乐》教案片段

归纳与总结

(1)再次提出课题:什么是爵士音乐?

引言:"若你非问不可,你是永远不会知道的。"——路易斯·阿姆斯特朗。

(2)师:你们认为老师组织这次学习的目的是什么?

(与学生交流学习的感受与收获)

(3)师:通过音乐我们了解一种文化,而通过文化又让我们更好地了解了音乐。我很感谢大家,是你们的作业给了我无数的灵感,是你们让我了解了"什么是爵士乐",是你们又让我看到了"什么是爵士乐",让我真正领悟到了"什么是爵士乐"。

创造型人才的培养是21世纪各类学校的培养目标之一。创造型人才的智能结构有更高的自主性,而知识经济、信息社会的发展,将迎来学习化的社会。时代呼唤自主的学习者,因此,现在的音乐教学应提高学生的主体性,培养学生的自主学习和探究能力,充分拓展学生的音乐潜能,为学生终身喜爱音乐、学习音乐、享受音乐奠定良好的基础。

26. 在音乐教学中如何发挥学生主体作用

《全日制义务教育音乐课程标准》明确指出:教学的结果固然重要,但更重要的是教学过程。本着这种指导思想,我们时常在音乐教学中尝试多种教学方法,注重强调音乐课是师生共同体验、发现、创造、表现和享受音乐美的过程,教师是外力,根本的动力来于学生自身。学生是教育的受益者,是一个个具有纷繁复杂心理活动的、活生生的主体,即内因。按照"外因通过内因而起作用"的原理,教师的作用不论多大,它只有当学生主动愿意接受时,才能得到发挥。反之,如果学生不愿意接受,再大的作用也会等于零。而以教师为中心,以课本为中心的教育恰恰忽视了这个内因——学生主体。因此,教师要充分重视发挥学生的主体作用,把课堂教学由重教师"教"向重学生"学"转变,由重结论向重过程转变。以达到"教是为了不教"的目的。

那么,在音乐教学中如何发挥学生主体作用呢?

(1)情景交融、以情激趣

①"亲其师而信其道"体验成功

要让学生对音乐课产生兴趣,首先要让学生对音乐教师产生兴趣,喜欢音乐老师。俗话说"爱屋及乌",如果学生连音乐老师都不喜欢,还能谈对音乐课有兴趣吗?所以,在课堂上,音乐老师一定不要给学生一种高高在上、拒人千里之外的感觉,应努力营造轻松愉快的气氛,对学生实践活动中的得失,要抱以宽容的态度和足够的爱心,用真心爱他们,不挫伤他们的自尊心和积极性,以表扬和鼓励为主。

例如:

学生在回答对问题后,我们应立即以"谢谢你,你说得很正确,很清楚。""对!说得很好,老师很高兴你有这样的认识,很高兴你能说得这么好!"等赞美的句子给予表扬。没有回答对也要说"虽然你说的不完全正确,但我还是要感谢你的勇气!""老师知道你心里已经明白,但是嘴上没道出,老师把你的意思转述出来,然后再请你学说一遍,好吗?"等句子给予鼓励。

《圣经》里有这样一句话:"一句得体的话,好比银画上的金苹果。"足见话说得得体,对人心境和兴趣的影响。老师启发、鼓励学生做出的成绩,哪怕是微小的成绩,教师要善于鼓励表扬,使其体验成功的喜悦。所以我们在教学过程中应最大限度地给学生营造轻松愉快的学习气氛,形成民主、和谐、融洽的师生关系,以平和与尊重、理解与鼓励的态度感染学生,使之"亲其师而信其道",保护和爱护他们对音乐的兴趣。

②创设教学情境,培养学习兴趣

兴趣是打开学生主动学习的钥匙。孔子曰:"知之者不如好知者,好知者不如乐知者。"兴趣与学习的关系非常密切,只要有兴趣,学生就不会觉得学习是一件乏味的事情。著名科学家爱因斯坦也曾讲过:"兴趣是最好的老师。"教学中如何吸引学生的注意力,引发好奇心,这是一门技巧。如:教师利用生动、形象、精练、富有感染力的语言,饶有兴趣的故事可刺激学生的神经中枢,引起兴奋,吸引学生的注意力,提高学生学习音乐的兴趣,从而调动学生学习的自觉性和主动性。又如,利用学生好奇的心理特点,让学生置身于一种探索问题的情境之中,激起探索兴趣,形成探索动机。再如:利用美丽的画面,动听的歌声去看、去听,充分调动学生的视觉和听觉器官,更形象直观地感受音乐、理解音乐,让学生充分发挥想象力,扩大音乐视野。

❖ **案例一**

欣赏《动物狂欢节》第一课时,教师用充满激情的语调、采用多媒体营造了强烈的森林气氛,展现在学生眼前的是美丽、神奇的大森林,许多动物在迎接他们,还有漂亮的"蝴蝶姐姐"翩翩起舞地飞出,高唱着欢迎同学们的到来。学生充满了好奇心,被眼前的情景所吸引,这时,教师进一步引导学生听辨各种动物的叫声,并引导学生模仿动物的叫声,虽然没有看见真实的动物,但学生能通过音乐感受到狮子的威武神气和大象的憨态可掬。这样激发了同学们的学习的需要,刺激了同学们的求知欲,达到培养学生学习兴趣的目的。

案例点评:

通过教师的引导,同学们在听辨和模仿的过程中,展开想象的翅膀。有的学生表现出威风凛凛的狮子,有的表现出温柔可爱的小狮子,充分调动学生学习的兴趣,活跃了课堂的学习气氛。课的第一锤就敲到同学们的心坎上,给学生一个兴奋点,让他们在新课伊始就能触及、感知探索目标,萌生实现目标的心理倾向,为后续的探索活动培养兴趣。同时也让他们带着浓郁的兴趣走进音乐课堂,时刻保持一种对音乐学习的积极心态,从而引导学生喜爱音乐,理解音乐,感受音乐。

(2)教学方法的灵活性

在素质教育的今天,我们每位音乐教师应改变教育观念,改革教学方法,说孩子们的话,让孩子们说话,为孩子们说话。

①给学生质疑的机会

随着社会的不断发展,学生的知识面随之而拓宽和丰富,同时他们心中的疑惑也多了。对于学生的质疑,教师的态度应该是:提倡、鼓励、引导。通过提倡、鼓励使学生从不敢问做到"敢于"提问;通过引导,使学生逐步做到"善于"提问。其次,教师的语言应该是精,起到画龙点睛的作用。多给学生提问的机会,这样才会使他们对学习变得更加的主动,对于所获得的知识也会掌握得更加牢固。

❖ **案例二**

在教唱歌曲《春天举行音乐会》时,有学生提问:"老师,这首歌很好听,同学们唱的时候,我和其他几位同学能不能表演?"这位教师马上表扬了同学的想法。在接下来的过程中,课堂气氛非常活跃,学生的情绪也非常高涨,学习也非常投入。另一位学生提问:"老师,春天举行音乐,那秋天举行音乐会吗?""秋天的音乐会和春天的音乐会有什么不同?"这位老师回答说:"这位同学提的问题很好,春天是勃勃生机,万物生长的季节,而秋天是收割、丰收的季节,秋天有哪些动听声音,下节课我们一起去找寻吧!"

案例点评:

课堂上教师要尽量减少对学生的行为和思维的独特想法进行批评或挑剔,要尊重学生,使其敢于大胆地提出问题,敢于表达自己的见解,获得创造的条件。让学生体会自己真正是学习的主人,将会很好地发挥学生的主体作用。

②给学生想象的空间

曾有人说:有一千位读者就有一千个哈姆雷特,而一千位听众就有一千种"命运"。因此,每个人对音乐的理解和感受也是有所不同的。在教学中,我们要善于抓住学生的个性,给他们想象的空间,充分发挥其想象力和创造力。

❖ 案例三

在做发声练习《半个月亮爬上来》时,问学生:你想到了什么?学生回答:仿佛看见了一轮明月正慢慢升起。继续问:那么我们的演唱力度该如何处理?生回答:演唱力度是由弱到强。太好了!学生的想象很好地帮助了他们的演唱。

❖ 案例四

学习《海》这一课时,先让学生听描写海的音乐,体验音乐中的大海,然后再听《海》这首歌,听完后让学生说说歌中唱了什么。(不看歌词)学生们根据自己对海的感受,说出了很多优美的歌词:大海呀,望不到边;蓝蓝的海水起浪花;鱼儿在海里游啊游,海鸥在海面上飞呀飞;多广阔呀,大海;洁白的浪花,美丽的贝壳……学生们充分发挥了自己的想象能力和创作才华,对比过去单纯地学歌词唱歌,这种教学方法使学生对大海的感受要深刻多了。

案例点评:

人的想象力是无穷无尽的,想象力也可以创造出世上最美的东西。所以,在教学中我们注意发挥学生的主体作用是很有必要的,给学生一个想象的空间,让他们去积极主动地无限自由创造。

③给学生参与的空间

心理学告诉我们,一个人只要体验一次成功的喜悦,便可能会激起无休止的追求意识和力量,教学中教师要把音乐学习的主动权还给学生,为学生提供足够的空间,使其真正参与到音乐学习活动中来。学生天生爱表演,也善于表演,尤其是小学中低年级学生。当学生理解和初步学会一首新歌时,教师就可以引导学生即兴表演,要求他们根据内容和歌曲所塑造的艺术形象,自编动作,用舞蹈表现歌曲体现的音乐形象,巩固歌曲教学的成果。

❖ 案例五

在教学《彝家娃娃真幸福》时,可让学生边唱边身体律动,同学们可做踏步点地的动作,也可让学生先拍手,后点手心;或者先拍手后拍肩膀等,鼓励学生按自己的爱好及对音乐的理解做相应的律动动作。学生在表演过程中不同的个性化表现,教师应给予肯定和鼓励,以保护学生在音乐体验中的独立见解。

案例点评:学生们的创新欲望得到激励,自己的个性也得到发展且积极主动性得到提高,凭着自己的聪明才智去探索、思维、想象与创新,在一次次的创作中主动获得新知,从而激发创新精神。

④指导学法,培养学生自主学习的能力

教育的核心是促进学生"学",教会学生"学",因而要把教学重心从"教"转到"学"上来。重视学法指导,要求教师在教学过程中,要着力于学生的主体发展,积极思考、组织创造性的活动,悉心指导学生自己来解决学习中遇到的问题,提高学生自主能力,为学生的潜能和个性提供发挥与发展的舞台。

◇ 案例六

组织学生欣赏《土耳其进行曲》这首作品时,老师让学生自己先去解决欣赏中的疑难问题,启发引导学生可去图书馆借相关的人物传记等资料,可上网查阅,可收集磁带、录像、CD、VCD和音乐相关的画报、图片、照片等。到了上课时,学生们的自主创新意识与表现欲得到了极大的发挥。首先,在以莫扎特的《土耳其进行曲》为音乐背景的课堂中,他们交流着有关莫扎特的丰富的个人资料,在介绍莫扎特享有"音乐小神童"的故事时,同学们都听得入了迷。同学们在相互给予的同时,感受着老师为他们准备钢琴独奏《土耳其进行曲》的现场表现,学生们被坚定、有力、充满激情和活力的音乐深深打动,仿佛看到军队在雄壮军乐声中跨步行进的场面。这节课由于是学生自己准备的,他们自己也解决了学习中遇到的问题,而教师只是起了参与、引导的作用。因此学习过程成了孩子们体验音乐、表现音乐的快乐之旅。

案例点评:在教学中尽可能地促进学生在教师指导下主动地、富有个性地学习,尊重学生个性,做学生的领路人、启蒙人,让学生自己来解决学习中遇到的问题,让学生真正成为课堂实践活动的主体。

总之,音乐课的教学过程就是音乐艺术的实践过程。在音乐教学中实施自主学习,要以人为本,综合运用各种方法,因地制宜,注重发挥学生的主体作用,培养学生良好的音乐素养,让学生多听多唱,放手让学生在音乐的氛围中学习音乐、理解音乐、感悟音乐、表现音乐。

27. 怎样提高音乐课堂教学的有效性

随着新一轮课改的不断深入,音乐课堂教学呈现异常繁荣的局面。但是,在热热闹闹的背后,让人担忧的是音乐课堂教学效率低下的老大难问题并未得到切实有效的解决,从而造成音乐课程改革出现了无效和低效的教学。可以说,提高音乐课堂教学的有效性是势在必行,也是当前深化课程改革的关键和根本要求。

(1) 什么是课堂教学有效性

①有效课堂教学的内涵

余文森教授认为:课堂教学的有效性是指通过课堂教学使学生获得发展。发展就其内涵而言,指的是知识、技能,过程、方法与情感、态度、价值观三者(三维目标)的协调发展;发展就其时间而言,有当前发展和终身发展,任何一个有效教学必定要促进学生当下发展,同时对学生长远发展也会有影响。也就是说,学生有无进步或发展是课堂教学有没有效益的唯一指标。

②课堂教学有效性的考查标准

学习时间：学习速度的快慢。

学习效果：学习收获，通过学习获得什么。

学习体验：学习活动所伴随或产生的心理体验。

(2)如何提高音乐课堂教学的有效性

①制定有效的教学目标

音乐教学目标是音乐课堂教学活动的灵魂与方向，是音乐课堂教学有效性的前提。而有效教学目标的设计首先要求是具体、明确、可测评，切忌目标笼统、宏大和不切实际。只有高度明确的教学目标才有现实的可操作性和可评价性。

例如，如果我们学唱一首歌《跨世纪的新一代》，就把目标定位于"把学生培养成跨世纪的新一代"和"提高学生的歌唱能力"，不仅是主体定位的错误，而且也无法就"把学生培养成跨世纪的新一代"和"提高学生的歌唱能力"进行测评，因为通过学唱歌曲把学生培养成"跨世纪的新一代"是过于宏观的"正确空话"，通过学唱一首歌，根本无从测评学生提高了多少。

其次，我们制定的目标是要面向全体的最低底线，而不是个别尖子生才能达到的最高标准。因此，既符合多数学生的实际程度，又能让那些接受快的学生有继续发展的空间。例如："至少能记住歌词或音乐主题""能基本正确地演唱歌曲""感受音乐作品浓郁的地方风格""体验创编活动的快乐"等众所能及的标准与层面。

❖ **案例一**

《青春舞曲》一课教学目标

1. 学会用自然圆润的声音，欢快活泼的情绪演唱《青春舞曲》。

2. 能够根据歌曲的风格，结合一些舞蹈动作来表现，加深对歌曲情绪及特点的感受。

3. 使学生懂得青春易逝的道理，启发学生珍惜光阴。

②优化教学内容

教学内容是实现教学目标的载体，同时是实现音乐课堂教学有效性的关键因素。教材是选择教学内容的主要依据，因此，教师应从音乐学科价值观的高度出发，从教学目标和学生的实际出发，仔细地分析、研究教材，吃透教材，根据教学需要合理地增减、调整、选择、组合、处理教材，使教学内容更趋于合理、使教学内容最优化，让教材的教育、教学功能得以充分实现。

例如：湘版八年级上册第六单元《节日里的歌》一课，有的音乐教师在充分分析、研究教材的基础上，将整节课细分为四个小板块："我们的节日""节日里的歌""歌声里的祝福""节日献歌"这四个板块既有教材提供的内容，也有教师增加的内容，即依据教材,又走出了教材,即对教材的次序进行了调整,又对教学内容进行了增加和延伸,四个板块相互联系、层层递进,逻辑性强,一步一步将教学推向高潮,这堂课可以说就是学生的节日。

③灵活选择有效的教学方法

音乐教学方法是一定教学思想的体现,音乐教学方法的优劣与音乐教学质量及教学效益的高低直接关联成正比的。灵活运用有效的教学方法,对提高音乐教学质量和教学效益有重要意义。对教学方法的有效选择,要求教师根据教学目标、内容、学生认知和能力发展水平,结合教师自身的特长和风格,灵活运用各教学方式,实现各种方式的优化组合,让学生得到"最大的实惠"。任何一种教学方式,都不是万能的,就一堂课而言,教学方式的多样化表现为课堂教学纵向上是多样化的,即在一堂课上,音乐教学中教师要灵活选用多种教学方法。如:欣赏法、体验法、讨论法、练习法、示范法等先进教学方法,并要勇于探索、实践,针对音乐学科特点和教学内容经常变换教学方法。多样化的教学方法可以激发学生的学习积极性、主动性,让学生"乐学"从而提高教学效益。

❖ 案例二

《内蒙草原》一课主要应用了以下教学方法与手段:

(1)多媒体播放歌星腾格尔演唱的《天堂》,同步展示草原风光背景图。

(2)师生讨论分析蒙古民歌的种类(长调民歌《天堂》,短调民歌《嘎达梅林》)和特点,然后引入课题。

(3)反复听赏《牧歌》,每一次聆听教师都会提出不同的要求。第一次聆听时引出无伴奏合唱,第二次听时引出人声的分类,第三次听时随着音乐跳起蒙古舞蹈,第四次听时,师生用诗歌、器乐、绘画、舞蹈等进行主题创编活动,把对音乐的理解用各种方式表现出来。

(4)师生全体进行以"内蒙草原"为主题的创作表演。

(转自金亚文,龙亚君《音乐教学评价》,230页,东北师范大学出版社,2005年第一版。)

评析:

音乐教师在这节课中运用了对比欣赏法、讨论法、小组合作的教学方式,在教学过程中教师还运用了艺术"通感"的心理现象,把音乐与舞蹈、文学、美术融为一体,同时运用了多媒体现代教学手段。本节课通过多种教学方法和手段的运用增加了音乐教学的形象性、趣味性,不仅使音乐课充满了乐趣,也充分调动了学生学习音乐的积极性、主动性,有利于学生"乐学",提高了教学效益。

④创设民主、和谐的课堂教学环境

心理学家罗杰斯曾指出,一个人的创造力只有在其感觉到"心理安全"和"心理自由"的条件下才能获得最大限度的表现和发展。教育学研究也表明,人在轻松、自由的心理状态下才可能有丰富的想象,才会迸发出创造性思维的火花。由此看来,音乐课堂教学要实现有效教学,营造一个民主、宽松的教学环境必不可少。营造民主、和谐的教学氛围,一是座位编排。为了有利于学生交流,促进参与,我们在学生座位编排上,根据教学内容可用四人或多人围坐,甚至坐成半圆弧形式,便于展开小组协作交流,打破拘束呆板的学习空间。二是发扬教学民主,让学生拥有安全、自由、开放的心态。积极鼓励学生参与学习,鼓励质疑问难,发表不同意见。那么,良好的教学气氛自然会水到渠成,也势必会提高教学的有效性。从某种意义上说,教学的民主程度越高,学生自觉学习的热情就越高,课堂教学的效率也就越高。

⑤处理好预设与生成的关系

课堂教学是一个有目的、有计划的活动,教师在课前要认真备课,即精心进行。预设,是课堂教学的首要前提,也是课堂有效教学的基石。有了课前预设,课堂教学就会有章有序、思路清晰、重点突出、优质高效,也可以避免盲目和杂乱。但同时我们还应该清醒的认识到:教学是一个动态生成的过程,而动态生成具有复杂多变性和不确定性,这就需要以课堂上的动态生成来指导我们理智的处理预设,教学不应该是预先设计的教学方案的完全执行过程,而是持续生成教学内容的过程,它应该基于预设,又要突破预设不拘于预设,只有真正将科学的课堂预设与对课堂生成的管理融为一体,才是课堂走向有效的关键。

◆ 案例三

有一位老师带领学生复习歌曲《摇篮曲》,午后的阳光照进教室,学生显得无精打采,歌声也有气无力,老师听了一遍很不满意,站起来想调动一下气氛,发现有个学生脑袋东摇西晃,昏昏欲睡。她灵机一动,说:"同学们,你们的歌声已经把××同学催眠了!"

学生都把目光投向了那个同学,在一片笑声中,那名学生不好意思地抬起了头。

老师并没有继续这个话题,话锋一转:"这种时间唱《摇篮曲》确实想睡觉了,有一名聪明的音乐家,专门创作了一部可以帮我们赶跑瞌睡虫的乐曲,你们想听吗?"

同学们都笑了,有的说:"想!"有的说:"我不相信有这样的乐曲。"

老师笑眯眯地说:"不信你们可以趴在桌上听一下。"

同学们将信将疑地趴在桌子上,闭上了眼睛。过了不久,老师突然播放《惊愕交响曲》,同学们都从座位上惊跳起来,愣了一下,这才回味过来,互相哈哈大笑,认真地聆听起音乐来……

接下去的课师生都很投入,课堂气氛很活跃,效果自然不在话下。

(转自戴建芳《让音乐课在"生成"中焕发生命活力》见《黑龙江教育·小学教学案例与研究》2006年第12期)

评析:

在上面的案例中,欣赏《惊愕交响曲》显然不是老师预设的,学生在下午表现出昏昏欲睡的状态，影响了课堂气氛，破坏了教学环节。而这位老师果断地放弃了原先的教学思路，针对学生的精神状态，选择了《惊愕交响曲》，引起他们的好奇心，收到了意想不到的效果。教师灵活处理好了预设与生成的关系，提高了课堂的有效性。

⑥科学地利用评价手段

音乐课堂教学中，评价起着不可低估的调节作用。教师的评价能激发学生的求知欲，能抓住评价的时机提高学生学习音乐的兴趣，让学生喜欢音乐，通过评价调控课堂气氛，使音乐教学活动达到预期的结果，实现教学的有效性。教师通过评价，能把对学生及其行为的认识和教师的情感倾向，自觉或不自觉地传导给学生。如果学生在学习中得到正面评价，那么他的内在价值就得到了外界的承认，学习成就的需要也就得到了满足，自尊心和自信心增强，会感到一种自我实现的快慰，随之而来的学习音乐的积极性渐渐提高，同时唤起更高水平的需要。相反，如果学生得到的负面评价过多，就会产生消极影响。教师要善于利用有效的评价方法，捕捉学生学习的闪光点，多表扬、少批评，多肯定、少否定，使每个学生在既轻松愉快又热烈紧张的状态下，学习和喜欢音乐，提高音乐学习的质量。如"你的声音太动听了！""你的吐字比以前清晰多了，有进步！""你的音准真好！"……

总之，实施有效教学是当前深化课程改革的关键和根本要求，也是每位音乐教师的追求。这就需要我们每位音乐教师以教学理论为指导，不断实践，不断总结，不断完善有效教学的策略，才能真正实现音乐课堂的有效教学，让每位学生获得发展和进步。

28. 在音乐教学中怎样引导学生进行探究性(式)学习

根据新课程的要求，在平时的教学中，教师要采用多样化的教学方式，把学习的主动权交给学生，组织学生自主探究、动手操作，满足学生好奇和自我表现的欲望，让他们在尝试中发现问题，在合作中探究解决问题的方法，在交流中产生情感共鸣，在运用中获得成功的满足。这是新课程改革给我们提出的新的学习方式——探究性(式)学习方式。

(1) 探究性(式)学习的含义

探究性学习是对学习活动不断认识，逐步形成的一种新的学习方式。探究性学习可定义为：学生在教师的指导下，以类似科学研究的方式，通过发现问题、调查研究、动手操作、表达交流等探究性活动获得知识、提高技能、优化思维、培养情趣、习得方法的学习方式和学习过程。探究性学习的基本思想是让学生在"重新发现"和"重新组合"知识的过程中进行学习。倡导探究性学习是一种教学方式和学习方式的变革。

(2) 音乐教学中进行探究性(式)学习的意义

音乐艺术本身具有不确定性，是不必也不能用文字翻译的符号。众多的欣赏者往往会对同一作品产生不同的感受和理解,并得到不同的审美情趣。对音乐学习而言,音符本身是没有感情的,只有用内心情感和演奏技巧去唤醒它,音符才能产生音乐。技巧和理论学生可经过长期培训而得,但心灵的丰富、感情的到位是不可能靠教师单方的输入获得的。探究式教学旨在通过鲜活的音乐审美体验培养学生的情趣、品位、欣赏力,尤其注重教学方式的开放性、多元化、灵活性。因而,在音乐教育中进行探究性教学是时代对教育的需求,也是信息时代基础教育改进的必然选择。

(3)如何在音乐教学中进行探究性(式)教学

①创设和谐学习氛围,激发学生探究动机

教育心理学表明:当需要指向某一具体对象时,产生达到目标的欲望时就形成了探索的动机。一个人如果对自己从事的探索活动具有强烈的欲望和追求,那么他参与探索活动的动机就愈明确,他在探索活动中能表现出比别人更高的积极性和主动性。音乐教学中,常常利用学生好奇的心理特点,让学生置身于一种探索问题的情境之中,激起探索兴趣,形成探索动机。

❈ **教学片段一**

教师:我们刚才所听的三个音乐片段分别用了哪些独特的乐器来演奏?(学生回答:口哨、陶埙、钢鼓。)教师:我们在以往的欣赏中了解到,这三种乐器都来源于生活,一种是人体乐器,除了口哨,还有我们刚才用过的身体音响;一种是吹奏乐器,除了陶埙、口弦,还有用各种材料的管状物做成的乐器;一种是打击乐器,除了来源于铁桶、饼干盒的钢鼓,还有利用各种容器装上填充物的乐器。今天,大家准备了许多物品,这些物品都可以用来制作一些简易的乐器,比如通过敲击发声,通过摇动发声,通过弹拨弦发声。如果是你,你会怎样来让这些物品成为简易的乐器呢?(学生发表自己的看法和意见,教师点拨)

教师:请大家以组为单位,利用现有的材料,可以用刚才提到的方法,也可以用更有创意的方法来制作简易乐器,每组制作必须达到人手一件,可以是相同种类的,如果是不同种类的更好,同时按照前面为欣赏音乐设计的伴奏节奏探索新乐器的演奏方法。(学生分组讨论并制作乐器,教师巡回指导)

教师:让我们来看看这几件乐器。(有选择性地请几组学生展示具有代表性的乐器,从乐器制作、乐器音色、乐器演奏方法上给予点拨,也可以请其他学生发表自己的见解。学生再分组对自己制作的乐器进行修改和演奏练习)

教师:请大家展示自己的成果。(请每组学生介绍自己制作的乐器,并按节奏齐奏第2~4小节,演奏必须体现节拍的强弱规律。教师播放《小夜曲》《船歌》《猎人的舞蹈》片段,将学生分为三大组,分别用自制简易乐器为音乐伴奏,提示学生注意各段音乐的节拍强弱规律)

评析：通过这样的训练，学生敢于大胆探索，敢于挑战，思维不断被激活，学生的学习兴趣被充分调动。长此以往就会产生新的灵感，新的想象，新的主题和新的创意。

②强调自主，积极参与

探究性学习强调学生的自主性，即学生对课堂学习的参与程度。这种参与主要表现在学生参与的广度和深度，这个过程是循序渐进的。马克思指出："人类的特征恰恰就是自由自觉的活动。"在人的活动过程中，人始终是作为主体而存在的，环境的影响，只有通过人的主体活动才能发生作用。因此，发展学生的主体性，引导学生主动参与教学，可以使学生掌握基本的探究式学习方法，获得主动发展，增强能动性。

❋ 教学片段二

1. 身势练习

（教师做由拍手、拍腿、拍肩、捻指四个基本动作组合成的身势练习）教师：刚才，我用了身体的哪些部位和动作发出了声响？（学生回答并模仿）教师：你们还可以拍击身体的哪些部位发出声响？（学生尝试身势练习，集体做一做）

2. 节奏节拍

教师：其实人的身体也是一件独特的"乐器"。现在，你们再听听我的"演奏"与前面的"演奏"有什么不同。（教师加入强弱变化做身势练习，学生感受并分辨、模仿）教师：我请同学来记录我所"演奏"的节奏，同时用强弱标记记录下它的变化。（教师做三次身势练习，练习的节奏相同，其强弱分别为 2/4、3/4、4/4 拍强弱规律，学生记录节奏和强弱，进行模仿）教师：我们来观察以上这三种不同强弱的节奏，它们分别有什么规律？（学生了解 2/4、3/4、4/4 拍强弱规律，教师讲解 4/4 拍及其强弱规律和次强拍标记，带领学生用击掌、点手心、半击掌、点手心的方法击出 4/4 拍强弱规律，用同类方式击出 2/4、3/4 拍强弱规律）

教师：下面，大家来听辨我们曾欣赏过的音乐片段，通过强弱规律的不同来判断它的拍号。（播放《小夜曲》《船歌》《猎人的舞蹈》，播放一段请学生跟琴模唱一段，突出其强弱规律，学生判断拍号）

教师：一次强拍到下一次强拍出现前为一个小节，你能根据它们各自的强弱规律为它们的旋律划分小节吗？（组织学生按强弱规律为三段旋律划分小节）教师：你能设计一些节奏用带强弱的身体音响为它伴奏吗？（学生设计节奏用带强弱的身势随音乐拍击）

评析：实践证明，教学中尽可能让学生自己来解决学习中遇到的问题，是促进学生思维发展，提高学生探究能力，形成独立个性的重要方法和途径。在学生自主参与的活动中，充分发挥了学生的主观能动性，增强了学生学习音乐的兴趣。

③感知体验，想象探究

音乐，不仅需要形象思维能力、逻辑思维能力，而且需要欣赏者用自己经历过的生活阅历和经验去感知体验。小学生正处于从具体形象思维向抽象逻辑思维过渡的阶段,生活阅历浅,经验积累少,要使他们真正理解音乐,达到陶冶性情、培养情操的目的,就必须根据他们的思维特点,通过形象活泼的画面、生动有趣的故事、简短的启发谈话等形式,运用听觉和视觉同步感知的方法来帮助他们理解作品,然后再让他们在动听的乐曲声中自由充分地想象、体验,使其根据各自对音乐的理解程度,及直接、间接和形象的记忆,用不同的颜色、线条、文字、动作表现出来。

❋ **教学片段三**

民间打击乐《鸭子拌嘴》是一首非常风趣的乐曲。乐曲一开始,用小钹的独奏来模拟鸭子冲破黎明时的宁静引颈鸣叫,顿时将听众带入可爱的鸭群之中。其间,乐声时而轻快,时而热烈,还不断穿插鸭子的鸣叫声,描绘出鸭群遨游水中,互不相让,相互追逐嬉戏的场面。在指导学生聆听时,先结合插图让学生们描述了鸭子拌嘴的热烈场面,然后初听音乐一遍,感受群鸭嬉戏、游玩时的欢乐场景。复听音乐时让学生用动作表示出中间部分的音乐,并启发学生,音乐中哪些地方感受是鸭子在拌嘴?除了拌嘴你还想象鸭子在干什么?如果把音乐速度放慢,你又感受到什么?由于学生对音乐产生了浓厚兴趣,所以听时特别认真、细心。为使学生更好地感知乐曲的情绪,再听音乐时便让几名学生戴上鸭子的头饰做鸭子拌嘴的表演,同学们兴高采烈、情绪高涨,表演得非常精彩。

评析:在这个从感知到体验的聆听过程中,学生如闻其声,如见其形,从而更准确地把握作品,深刻地理解音乐,充分欣赏音乐之美的同时,创造性思维和探究性思维也得到了进一步的提高。

④在"创编与活动"教学中,提高学生探究性学习能力

现行音乐教材的"创编与活动"中,鼓励学生积极参与探究与创造,把开发学生的形象思维能力和创造性思维能力作为重要的培养目标。为此,在"创编与活动"中,多种实践要求让学生在创编与活动中去体验音乐的美感,提高学生的音乐感受、表现、创造能力和探究性学习能力。

比如说,即兴表演活动。活动中,表演与音乐是紧密联系的,表演是教学中备受学生喜爱的内容之一。低年级学生活泼好动,每学一首歌曲,根据歌词内容启发学生进行律动或表演,以帮助他们更好地理解歌曲,记忆歌词。学生的即兴创作能力是无穷的,在他们即兴表演时,常常会被一些漂亮的动作和优美的造型所吸引,教室里经常会自发地爆发出热烈的掌声。台下的"观众"纷纷举手要求上台表演,连平时最胆小的学生也跃跃欲试,台上的表演者因此更加起劲,课堂气氛达到高潮。这样一来,不但培养了学生的表演能力,加深了学生对歌曲的理解,而且也进一步增强了学生的学习兴趣和探究能力。

再比如说,自制乐器给歌曲伴奏,以提高学习兴趣,增强动脑动手能力。学生学习

打击乐器的演奏,不但可以培养他们的节奏感和识谱能力,而且还能培养学生的审美能力。由于条件所限,各种打击乐器都不能达到人手一件,这就大大影响了学生的情绪。为了取得更好的教学效果,我发动学生以小组为单位合作自制打击乐器,孩子们的积极性可高了,他们有的用易拉罐或小瓶子装入沙子做沙锤,有的用铁丝将酒瓶盖串在一起当串铃,有的用两个大门鼻子对击做小镲,有的用铅笔敲纸盒当小鼓……学生们用自制的乐器边唱边奏得意极了。

(4)探究式教学应注意的问题

探究式教学是一种现代教育理念,也是新课程提倡的一种新的学习方式。不能因为它注重培养学生的创新精神和实践能力而对传统的教学方式完全摒弃,那就是从一个极端走到另一个极端。因此在实施探究式教学的同时,有几点原则是应该引起重视的。

①教师进行合理的指导

探究式学习虽然强调突出学生自主意识和参与力度,但教师有效地指导作用不容忽视。在教学中,教师要进行适当的角色转换,转变观念,放弃权威,倡导师生之间建立相互平等、相互接纳、相互理解的友好人际关系,做到教学相长,使学生做到最大限度的自我发挥。

②加强课堂的有效组织

毫无组织秩序的课堂教学是低效率的。毕竟中小学生活泼好动,难以静下心来积极主动地去接受课程安排,一定时期的逆反心理使他们讨厌束缚,这时教师的组织能力就显得更重要了。创设一个良好的学习氛围,教学秩序"活而有序"是增强教学有效性的基础。加强课堂的有效组织,让学生带着问题在教师的引导下有目的地主动探究,而不是盲目、任意、放任的形式主义,是至关重要的。

③督促学生加强自律

对于学生而言,探究式教学重视个性发展,并将个性蕴涵于共性之间。它的集体参与形式可以密切人际关系,增强集体的凝聚力和向心力,培养每个学生的合作意识与团队精神,促成集体社会活动与个体活动的统一。但是,学生的活动不是完全随心所欲的,在强调自主选择的同时要把握好认知的方向和过程。没有目标的探索相当于做无用功,教师应该督促学生加强自律。同时,有意识地把他们的兴趣爱好向更健康、更开放的方向引导。

在平时的教学中,教师要积极让学生主动参与教学活动之中,多一些探讨,少一些灌输。他们才会变被动为主动,变接受为参与。只要我们更新观念,努力为学生营造一个良好宽松的探究氛围,注重培养学生的独立性和自主性,引导学生质疑、探究,我们的音乐课堂才会成为一个充满情趣的、平等和谐的课堂。

29. 在音乐教学中如何创设情景

《全日制义务教育音乐课程标准》在课程目标的设置上,专门对教学过程与方法提出了明确要求,倡导体验、模仿、探究、合作及综合式的学习方式,强调学生在教学活动中的主体地位,创设便于师生交流的教学环境,建立平等互助的师生关系。这一切,旨在改变过去单向灌输式的教学模式,启发学生在亲身体验或实际模仿的过程中,怀着探究的兴趣,主动学习。这样教师就应该利用学生的生活经验,设计生动有趣、直观形象的教学活动,如讲故事、做游戏、模拟表演等,这也就是我们平常说的创设音乐情境。教师通过情境的创设激发学生学习的积极性,向学生提供从事音乐活动的机会,帮助他们在自主探索、合作交流过程中真正理解和掌握基本的音乐知识和技能、方法,从而使学生兴趣盎然地学习音乐。

(1)情境创设的基本方法

①以多媒体再现,创设直观情境

随着电子技术的突飞猛进,计算机辅助教学以不同寻常的速度飞快发展起来。运用多媒体的交互性及大屏幕投影,可以营造出声画并茂的情境,从而大大提高教学效率。图画是展示形象的重要手段,利用多媒体制作的画面再现教材情境,实际上就是把歌曲内容形象化,符合少年儿童对形象乐于接受、易于理解的认识特点。在用图画再现情境时,需要教师加以指点、启发、描述,以主导学生认识的方向性,从而充分感受形象,进入情境。

❖ 案例一

学生在欣赏《小青蛙》时,教师采用多媒体教学:随着音乐旋律、节奏、力度的不断变化,在视频上分别出现了美丽的月色;小青蛙玩耍、捉害虫、在荷叶上跳跃的场面;小青蛙勇敢地面对暴风的侵袭;风雨过后,太阳在公鸡的啼叫声中升起;小青蛙继续劳动在湖面上的情景。然后让学生进行模仿。学生的情绪被调动,纷纷模仿着他们喜爱的小青蛙,不停地晃头、蹦跳,栩栩如生,童真尽现,气氛活跃。然后老师再让学生根据音乐的力度、强弱、速度、音色的变化完整展现故事的起源、经过和结果,加深他们对音乐的感受和理解,从而开发学生的创造性思维,为培养学生的创造能力打下坚实的基础。

②借用板画展现情境

板画是展示音乐课情境教学的手段之一。鲜艳的色彩,生动的画面最能引起学生的注意力。精心设计的板画可以使教学内容直观、形象,促使学生很快进入歌曲的情境,达到理想的教学效果。

❖ 案例二

欣赏《大海摇篮》和《海上风暴》时,教师在黑板上画出了蓝色的大海两种不同的状态,一边是温柔的、波浪平静的海面,慢慢地转变为波涛起伏的海面,后有小船被吞没的情景。让学生看着这样的画面,根本无需教师解释,学生便一目了然,他们能通过画面的欣赏感受两幅图画所表现的不同的情景,很快对两首乐曲不同的旋律、节奏、风格、情绪甚至强弱、轻重等做出比较。在这个环节后面及时引导学生说说自己的感受,说说音乐在传达和表现不同场面、气氛和情绪时有什么主要特征、明显变化,效果会更好。

总之,板画是创设音乐情境教学的重要手段。音乐老师可充分利用黑板,完美地把自己的教学内容展示在学生面前,深化艺术教育的效果。

③借助语言和想象融入情境

语言和想象也是音乐课情境教学的重要手段之一。教学实践中,音乐老师的语言要生动形象,要善于运用声调的抑扬顿挫,轻重缓急,把学生引导到音乐世界;教师的语言应充满激情。在备课时还要特别注意各教学环节之间的过渡语的设计,使环节之间连接得更紧密、更恰当。

爱因斯坦指出:"想象力比知识更重要,因为知识是有限的,而想象力是概括着世界上的一切,推动着进步,并且是知识进化的源泉。"因此,想象是学生掌握知识的必要前提,丰富灵活的想象力是构筑知识的重要成分。在音乐课堂教学中,努力设置各种情境,激发学生去想象、去构思,培养他们的科幻意识。学习需要丰富的想象力,巧妙设置生动的教学情境,激发学生去想象,这也是创设情境的一种课堂教学艺术。

◆ 案例三

在欣赏二年级《动物狂欢节》一课时,通过对音乐作品的理解,学生真切地感受到音乐所表现的形象。为进一步扩大学生的视野,开拓学生的思维,在音乐欣赏课中培养学生热爱音乐的情感,从而培养学生热爱人类、热爱生活、热爱自然、爱护动物、保护环境的思想情操。在本课中,教师引导学生感受情境利用语言巧妙提出问题,通过多媒体播放狮王行走的形象和吼声的情境。然后问:为什么狮子能成为"森林之王"而不是大象、老虎呢?它的吼声代表什么?(最好教师先示范性地用语言描述几种动物,如蹦蹦跳跳的小猴、唧唧喳喳的麻雀、慢慢腾腾的乌龟,然后请学生用形象的词语描述其他动物)刚才的情境可激发学生的形象性思维和发散性思维。学生充分发挥他们的想象力,畅所欲言。然后老师用形象生动的语言模仿各种动物的声音,带领学生进入意境去聆听和欣赏,在教师的引导和学生的积极参与下,狮王雄壮威武、正直勇敢、充满爱心的"森林之王"的形象跃然于课堂之中。狮王的吼声代表维护森林王国的和平、敢于和邪恶作斗争的王者之风。所以说语言和想象能够帮助学生更好地进入音乐情境,进一步培养学生的创造能力。

④通过表演体会情境

学生喜欢表演,也喜欢看表演。通过动作和表情表达出歌曲的内容和感情,容易使学生深入体会歌曲的情境。

❖ **案例四**

在二年级《玩具兵进行曲》律动教学中,学生自由创作、即兴表演的意识被激活,学生的思维也因为对音乐的情感而活跃起来。老师抓住这个时机,为学生提供自由发挥的空间,为学生创造性思维的发展作好铺垫。在教学中,让学生积极参与、大胆想象、创造、即兴表演了玩具兵大巡游。由学生自己扮演玩具兵,在音乐和情境的渲染下,同学们也合着音乐,情绪高涨、全身心地投入为玩具兵伴奏、表演:有的同学趾高气扬地走,有的相互摔跤……通过这样的表演使学生加深了对歌曲内涵的理解,培养了学生对音乐的表现力的认识,同时,也使他们的个性得到充分的发展。

(2)情境创设中应注意的问题

教学实践证明,牵强附会地"创设情境"不仅不能收到启蒙、诱导的效应,反而会使学生厌倦,产生对音乐接受和了解上的偏差。据笔者了解,在创设情境、应用情境时最容易出现如下几个方面的问题:

①对教学目的不明确,强追趣味性,前功尽弃

教师创设情景,必须服务、从属于教学目的。这就要求教师在课前进行精心的策划,课中充分发挥教师的教学机智。假如教师不知怎样安排会使整个过程完成得顺利、精彩,可想而知,学生的表现肯定也不会令人满意。

❖ **案例五**

一位老师在执教《大鹿》这首歌曲时,待学生唱了几遍歌词后,就发放动物头饰和道具(小草、小树、鲜花等),没有说明具体的要求,让学生分组讨论之后上前表演。结果,除了几个有创意的扮演成树木和鲜花以外,只有演大鹿和兔子的同学有点像样。其他同学,要么你抢我夺,要么前后乱跑,要么交头接耳,一堂课中,表演的时间整整用了20分钟,最后就在同学的嬉笑打闹声中草草结束了。根本没有达到教师的预设目标,学生也没有真正理解歌曲的表现意境。

反思:类似这样的歌曲在低年级还有很多,都可以创设情景让学生进行表演,但有前提,一定要先让学生熟悉、理解歌曲的内容,体会歌曲中事物情感变化的基础上,进一步促进学生感悟、揣摩、激活思维想象,丰富表现内容,再引领学生表演。本来这节课前面的环节设计得很巧妙、新颖、独特,学生的表现也非常棒。就是这个环节出现了差错,从而影响了整节课的质量和效果。真是前功尽弃,毁于一旦。

策略:实效——创设简单,符合教学目的的教学情景。

情景的设计不在于热闹,更不在于花哨,也不是单纯地激发学生的兴趣。我们创设的情景是为了教学目的服务,使学生更关注音乐本身。

②对内容不加选择,滥用情景,弄巧成拙

教师在安排情景时,应看歌词、乐曲的内容和情景是否适合学生,不适合用情景

的,就把这个环节去掉,换成另外的方法进行教学,效果可能会出乎意料。因为并不是课中一定要有情景才精彩。

❀ **案例六**

有位教师在上《小天鹅舞曲》时,让学生欣赏一遍乐曲后,问学生乐曲的情绪是什么? 然后让学生看图,说说图上的姑娘在干什么? 生回答:"她们在跳舞。"接着,教师就说,现在我们的教室就好像乐曲中的天鹅湖,我们边听音乐边跳舞。结果教室里有几个基础较好的学生围着圈在跳着迪斯科;有些男同学一听到欢快的音乐更来劲,在教室里乱蹦乱跳,根本没合着节拍;有几个你推我拥乱成一团;有些坐在位上说话。教师还在一边鼓劲:"大家随着音乐跳呀! 为什么坐着,一起来!"接着她自己也跳了几下迪斯科的动作,然后站在旁边看着那些同学狂欢。

反思:乍看这一教学情景活跃了课堂的气氛,调动了学生的积极性,富有时代气息,为教学增添了几分生机与活力。但是细加琢磨,却不难发现这一教学情景的不足之处:学生在这一情景中参与的目的是什么? 一些教师简单地认为情景的创设能活跃课堂气氛,能体现以学生为主体,所以不管什么内容,是否适合,不管情景创设的目的究竟是什么,先创设了再说,所以情景创设就变成了一场闹剧,弄巧成拙。正如上述的乐曲,它并不适合学生跳,况且又是芭蕾舞,在很多农村孩子对芭蕾根本一无所知,连教师自己也不会跳,只能凑热闹玩开心,根本不会按照音乐的节拍和表现的情绪跳合适的舞。

策略:实在——创设自然生动,贴近生活实际的教学情景。

《全日制义务教育音乐课程标准》提出感受和欣赏要与学生的生活实际紧密结合,要从学生自身的体验出发才能收到良好效果。所以只有当创设的情景与学生的生活经验相符合时,才能激起学生的生活体验,使他们从各自的生活背景出发,迅速投入到所创设的情景中,产生情感共鸣。

③脱离课堂实际,主观臆造,纯属虚构

教师在组织课堂教学时,应充分考虑学生的年龄特征。在创设课堂情境时,应看内容是否适合学生。假如不适合学生的年龄特征,就应该另做考虑。尽量做到情境与教学紧密结合,不然将会收到事倍功半的效果。

❀ **案例七**

曾经看到过这么一节课:教师要上的是一节音的强弱的创编活动课。课前老师为学生们准备了碗、筷子、饮料瓶、黄豆、沙子、报纸、塑料袋等,并把他们堆放在教室中央。当学生看见教室中央的这些东西时忍不住七嘴八舌议论开了,接下来的节奏练习,很多学生已无心参与。终于有一个学生举手提问了:"老师,这些东西堆放在教室里干什么呀?"老师早已注意到学生们的好奇反映便微微一笑说:"今天这节课,老师要请大家当一个魔术师,请你们想想办法,让这些东西发出声音来,而且要看看谁的方法多。"这下,学生可乐了,还没听清楚老师的要求就忙碌起来。声音是出来了,而且各式各样,但孩子的心却静不下来了,不管老师如何引导,孩子就是沉浸在自己的"创作"中……

反思:教师创设这个情景旨在让学生感受到音乐来源于生活、生活中处处充满了音乐,但这个情景的创设能达到这样的效果吗?对于低段学生而言,他们好动、好模仿、注意力易分散,教师一开始就创设了这么一个富有挑战性的情景,导致了学生沉溺于情景之中难以自拔。

策略:适宜——创设顺应学生心理和年龄的教学情景。

情景的创设要充分考虑到学生的年龄和学习音乐的心理规律,选材要"投其所好",这样才不会出现意料之外的"冷场"或"热场"。对于低段学生而言,可直接选取教材中提供的学生熟悉的日常生活素材进行加工或自己创设学生感兴趣的现实生活情景素材作为课堂情景,让学生体会音乐与生活的联系,增强学生学习音乐的乐趣。

新课程再一次重申了激发学生学习兴趣的重要性,要让他们乐于学,在轻松愉快中学习。实践证明,在音乐课中进行情境教学能激发学生对音乐的浓厚兴趣。在教学过程中,教师要根据教学目标,利用学生好奇、好动、好问的心理特征,紧密结合音乐课的特点,运用各种手段创设真实、新奇、有趣的学习情境,使他们在生动、活泼、愉悦、和谐的气氛中引起积极的情感共鸣,从而获得最佳的教学效果。

30. 如何提高音乐课小组合作学习的实效性

(1)小组合作学习的意义及作用

"合作学习"是新课程倡导学生主动学习的一种重要方式之一,它是在教师的引导下,群体研讨、协作交流、知识技能互补的一种学习方式。研究表明,合作与交流有助于儿童智力的发展。儿童的智力发展必须建立在其原有的实践经验之上,而与同伴的合作与交流则是给他提供补充这些实践经验的一个途径,新课程积极倡导"自主、合作、探究"的学习方式,充分体现了新课程以人为本的教育理念,也是新课程在学习方式上有别于传统教学观最明显的特征之一。随着课程改革的深入,我们的音乐教学也发生了诸多变化。小组合作、互动探究的学习方式在教学中被音乐教师广泛采用,我们的音乐课堂更加充满生机,学生也更加活泼开朗。但是,我们也应该清楚地看到小组合作学习在教学中所存在的问题,要不断反思自己的行为,改进教学方法,真正提高小组合作学习的实效性。

①小组合作常规不明,课堂秩序混乱

在课堂教学中,小组合作学习使课堂气氛活跃起来了,同时也给教师控制课堂秩序带来了困难,很容易使课堂教学产生看似热闹实则混乱的局面。

❄ **教学片段一**

在音乐课上,当教师宣布为歌曲讨论设计演唱形式时,学生便匆忙分组,七嘴八舌,热闹非凡,可仔细一看,这热闹背后存在的学生"合作学习"是只"作"不"合"或"合"而不"作",学生大多"各自为政",有的小组搞"一言堂",多数学生一言不发故作沉思状;有的小组你争我抢,谁也不听谁,只顾表达自己的意见;更有的小组,不让别人插话,全得按我说的办,"老子天下第一"。

评析:试想,这样的轰轰烈烈,五彩斑斓,有"形"无"质"的合作,将会把学生引向何方,有多大的实效性呢?究其原因,主要是缺乏小组合作学习的常规,正所谓"没有规矩不成方圆"。

②学生参与程度不均衡

通过观察发现,在音乐教学中利用小组合作学习确实增加了学生参与的机会,但即使全体学生都参与了,也是那些有音乐特长的学生在小组中处于主宰地位,承担了主要的职责,而那些音乐方面不太好的学生则处于从属或忽略地位。在合作学习时,音乐特长生的潜能得到了发挥,个性得到了张扬。而另一些学生则因为基础薄弱,反应较慢,导致他们在讨论和探究中,始终扮演旁听的角色,而在发言时也没有机会,同时也不敢参与,怕遭耻笑。无形中失去了思考、发言、表现的机会,在一定程度上被变相剥夺了学习的权利。

③小组合作学习的时间不充足

在小组合作学习时,往往是教师呈现问题后未留给学生片刻思考的时间就宣布"合作学习开始",不到两三分钟就叫"停止"。有时学生刚进入角色,还未体验到合作学习的快乐,教师就马上结束,合作的时间非常仓促,根本不能达到合作的效果。

④教师对小组合作的评价模糊不全

由于目前没有一套完整的音乐评价模式可以借鉴,我们都是在摸索中前行。有时候教师会分不清"小组合作学习"是手段还是目标,在操作上体现出较大的随意性,缺乏理论指导和科学评价。通过实践发现,目前教师对小组合作的评价问题主要表现在:一是在教学时往往把评价过多地放在小组整体上,从而忽略了学生个体的发展。二是偏重于对小组合作学习结果的评价,忽略了对学习过程与方法的评价。在评价方式上,教师过多注重的是对学生的评价,忽略了学生小组间的评价和学生间的互评。这种不全面的评价极易挫伤学生参与合作学习的积极性。在这样的评价下,他们只会失去信心,慢慢对合作学习产生厌恶。

(2)在教学中应该怎样有效地进行小组合作

①建立良好的师生、生生关系,培养合作意识

在小组合作学习的过程中,教师与学生,学生与学生之间应该形成良好的关系。

受传统的教育思想、教育理念的影响,学生与教师,学生与学生之间往往没有开展合作的习惯,所谓的"独立思考"的思想已根深蒂固。要建立良好的师生关系和生生关系,让学生知道,在合作中,需要每个同学的相互配合,才能做好一件事,体会到集体的智慧和力量是无穷的。在我们音乐课堂中,经常能看到,以小组为单位的小组竞赛、小组演唱、小组表演……其实,这也是一种建立学生之间相互信任、相互合作、相互团结互助的关系的途径,在潜意识中生成合作意识,大大增加了学生的集体责任心和荣誉感。

②引导学生形成小组合作学习的态度

态度是人的行为倾向性,有什么样的态度就会有什么样的行为,所以新课程改革把"情感""态度""价值观",确定为课程改革的三大目标。要组织好小组合作学习,首先要让每个学生形成想合作、喜欢合作的态度。教师要在教学中巧妙设计多种音乐学习活动,让学生切身感受到合作学习的快乐。

③让小组学习的任务确有合作的必要

光有了想合作、喜欢合作的态度还不够,如果某项学习任务学生个体可以独立完成,此时合作学习很难真实地形成,我们应选择那些非合作便难以完成的学习任务交给各个小组才有可能让学生展开真实的、有效的合作学习。以往我们看到的一些表面的、流于形式的小组合作学习,往往是因为给学生的不是那种非合作便难以达成的合作学习任务,而是不合作也能够完成的。因此,学生不可能感受到合作学习的快乐,也就更感受不到合作学习的必要。那么在音乐教学中,怎样才能让学生感受到小组合作学习的任务确有合作的必要呢?这就要求我们音乐教师要合理地、适时地、恰当地选择小组合作学习的任务。

❋ 教学片段二

一位教师在执教西师版教材三年级上册音乐童话《渔夫和金鱼的故事》这一课时,将学生分成四个小组:1."我要新房子",2."我要当贵妇",3."我要当女皇",4."尾声",教师给学生确定了各个小组合作学习任务和小组之间的竞争任务:请各个小组的同学分角色表现这四个场景,要求大家根据这四个场景的不同内容,设计表演动作和各自的台词。比一比哪一组同学合作得最好,表演得最棒。这些小组合作学习的任务只有通过小组内每位成员的共同努力才能够完成,而不是某一位小组成员能够单独完成的。学生在明确了只有合作才能完成这四个场景的表演后,展开了热烈地讨论,分角色开始了认真地排练。有的小组还根据自己对音乐童话的理解,增添了女侍卫、男侍卫等角色。

评析:在这样的表演中,每一个小组的同学都能够做到真正的合作,并且每一个小组的表演都有不同的亮点,学生在表演中真正体会到合作的快乐。

④建立促进合作学习的课堂评价机制

保证小组合作学习取得理想效果的一个重要条件,是确立一种促进学生乐于与其他同学互助合作的良性评价机制。这就必须改变过去只鼓励个人竞争的做法及评价方式,实行过程性评价为主的评价观,主要评价学生在小组合作中行为表现、积极性、参与度及其生活情感、态度、能力的生成变化。

❋ 教学片段三

有位教师在教唱歌曲《歌唱二小放牛郎》时将学生分成五组,让学生分组分段从力度、速度、情绪等几个方面着手,讨论怎样才能更好地表现歌曲的内容。布置好组内任务后,教师接着又布置了组际间的任务:比一比哪一组演唱得好,并给演唱最好的那一组颁发最佳演唱小组奖。同时出示了一张评价表:

评一评
最优秀小组组合奖　　　　＿＿＿＿＿＿＿＿＿＿
最佳演唱小组奖　　　　　＿＿＿＿＿＿＿＿＿＿
最具合作精神小组奖　　　＿＿＿＿＿＿＿＿＿＿
配合最默契小组奖　　　　＿＿＿＿＿＿＿＿＿＿

评析:几分钟后,学生分组展示了成果并积极地通过自评、互评、师评等多种评价方式,客观公正地评出了上述奖项。教师在提倡组内交流合作的同时,又积极开展分组竞争来激发学生学习的动机,既增强了组内合作的凝聚力,又培养了团队精神。学生在团队目标的吸引下,充分发挥小组成员的潜能,形成小组有效合作和全组争优达标的强大动力。

总之,"合作学习"作为一种教学方法,教学模式,绝不是一种简单的形式,这是21世纪对人才的要求,也是新课程所积极倡导的和当前课堂教学所必需的。正如美国数学教育家舍弗尔德所提倡的:教学应主要由"全班性的讨论"和"分组讨论"这两个环节组成。因此,只有充分地鼓励学生之间、师生之间的合作与交流,每个学生解决问题的积极性和创造性才能得到最充分的发挥,这样"合作学习"才能真正体现出实效性。

31. 在音乐课堂教学中如何进行有效提问

课堂提问是师生之间最直接、最常用的一种交流方式,是联系教师教与学生学两方面的重要纽带。精彩而有效的课堂提问,不仅能给学生创设一个想说、敢说、喜欢说、有机会说的参与环境,还能帮助教师了解和把握学生的学习状况,帮助学生开启思路,让他们思而后得。可见,课堂教学提问的技巧与艺术尤为重要。音乐课堂教学,同样如此。

然而在实际的音乐教学中,音乐教师低效、无效提问的现象屡见不鲜,课堂上追求热闹场面,一问齐答或答非所问的现象也时有发生。如何在音乐课堂中进行有效的提问,使思考不再是学生精神上的负担,而是一种身心上的欢乐和享受呢?关键是教师要把握好课堂提问的艺术。

(1)瞄准"靶心",讲求提问的价值

"发明千千万万,起点是一问。"教育家陶行知这一名言,对于教师把握课堂提问具有深刻的启示作用,教师设计课堂提问要着眼于培养学生的思维能力。课堂设计的问题,不能多而滥,地毯式的问题轰炸,会使学生无听赏、思考的时间,表面上学生对答如流,实际上起不到应有的欣赏作用,长久下去学生会对提问淡然处之。

❈ **教学片段一**

听乐曲《苗岭的早晨》,出示课件:苗岭风光,苗族人民歌舞……设计意图:初步了解苗族风情,感受乐曲情绪和段落。

(1)提问方式一

师:"同学们,你们觉得这首歌好不好听?"

生:"好听。"

师:"你感受到的乐曲情绪如何?"

生:"很欢快。"

(2)提问方式二

师:"你有什么感觉?"

生:"这里的风景真美。"

生:"音乐很好听。"

生:"还有小鸟的叫声,很好听。"

生:"音乐清脆、明亮。"

生:"苗族人在音乐中跳舞。"

生:"音乐有时快,有时慢。"

生:"我真想去那儿看看。"

生:"……"

教学点评:提问方式一中,"好不好听""情绪如何"这些不用动脑筋就能回答的"全班性"问题,效果看似和谐,实质上留给学生思维的空间太少,限制了学生的思维,老师一直牵着学生的鼻子走,学生便一味地根据老师的提问(暗示),顺着老师的思路机械地考虑问题,他们的答案也是很单一。提问方式二中,教师只是问:"有什么感觉?"这简单的一问却给了学生很大的思考空间,学生可以从欣赏的音乐、画面、甚至乐曲的音乐要素等方面来回答老师的提问。这样的问题有助于在音乐课堂教学中启发学生去思考和探求。因而,课堂提问设计,必须杜绝无效提问,没有思考价值的问题不提,没有智慧启示的问题不问,每个环节注意提问的有效性,瞄准"靶心",惜"问"如金,让学生真正融入到学习中去。

(2)提问角度由浅入深,展示教学思路

课堂提问要有层次性即递进性,这是一种循序渐进、寻根问底的提问方法。在音乐欣赏课中,教师必须根据教材内容设计好一系列由浅入深的问题,让学生带着问题去倾听,在倾听中寻找答案。当一个问题直接难以回答时,可采取迂回包抄的手段,诱发学生逐层深入思考问题,也常常起到意想不到的效果。

深浅适度、难易适中,可以开启学生心灵,诱发学生思考,开发学生智能,调节学生思维节奏,与学生情感双向交流。

音乐教师在课堂提问时要妥善处理好深与浅的关系,过于深奥的问题会让学生一头雾水,不知如何回答;过于浅显的问题不利于学生思维的发展和学习能力的提高。因此,提问时要做到"由浅入深""深入浅出"。

❋ **教学片段二**

师:听音乐,辨昆虫。请同学们仔细聆听这段音乐模仿的是什么昆虫?(播放《野蜂飞舞》片段)

生:苍蝇。

生:蜜蜂。

师:请问苍蝇和蜜蜂有什么共同点?

生:它们都会发出"嗡嗡嗡"的声音。

师:那它们的不同点呢?

生:蜜蜂会采蜜,它的屁股上还有一根刺,它会蜇人。

师:那让我们再来细细聆听这段音乐,一起来分辨,音乐模仿的到底是苍蝇还是蜜蜂。

生:是蜜蜂。

师:你是如何辨别出来的呢?

生:因为我听见了音乐的速度很快,好像蜜蜂追着人准备蜇他的声音。

师:对。音乐描绘的的确是蜜蜂。因为作曲家描绘的是森林里的蜜蜂,所以确切地说叫"野蜂"。让我们再来听一听,野蜂是单只独个,还是成群结队?

生:是成群结队。

师:怎么知道的?

生:音乐一开始声音的力度很强,好像是蜂群全部飞出窝,发出"嗡"的一声。

生:我发现音乐的音很密,好像是很多野蜂成群在飞。

教学点评:这样设计的问题,有层次、有台阶,前一个问题是后一个问题的基础和前提,后一个问题是前一个问题的深入和继续。激起了学生的学习热情和兴趣,让学生的思维有连贯性和推断性,从而去粗取精、化难为易,让学生在教师高质量提问的带领下思考,分析出问题的真谛。

(摘自 2009 年《儿童音乐》第三期)

(3)一针见血,提问语言言简意赅

一堂课的学习时间有限,教师就应该注意自己提问语言的精炼准确,切忌提冗长繁杂的问题,让学生摸不着头脑,更不知如何回答。

❖ **案例一**

一位教师在上一年级公开课《堆雪人》一课中,有这样一个环节,他把德彪西的《雪花飞舞》作为拓展给学生欣赏。问:"你觉得雪花下得是疏还是密啊?"绝大部分一年级的小朋友还不理解"疏""密"所指,于是一片"疏"的答案让教师措手不及。其实教师应问:"雪花是多还是少啊?"这样一来这个问题必定迎刃而解。

案例点评:教师在提问时要针对小学生的心理特点,言简意赅,提出他们易于理解、容易接受的问题。教师提问模棱两可,或超出学生的认知,甚至与所学内容不着边际,学生必定不得要领,答非所问。长此以往,不但会挫伤学生的学习积极性,对教师提出的问题消极对待,也会使课堂积极的氛围消失殆尽。

(摘自 2009 年《儿童音乐》第三期)

(4)提问要巧妙、新颖、灵活多样

课堂提问作为教育艺术中的一种手段、技巧,当然也是灵活、复杂而多样的。当学生受旧知识影响无法顺利实现知识迁移时;当学生疑惑不解、一筹莫展时;当学生胡思乱想、精力分散时;当学生有所感悟、跃跃欲试时……提问必须巧妙利用好教材中的变与不变,设计出更为科学有效的问题来提高课堂教学效率,同时,也对学生的思维训练起到不可估量的作用。

❖ **案例二**

在欣赏《劳动号子》一课时,教师先出示无声的录像(录像中建筑工人在打桩、抬石板)1.让学生思考他们在不停地劳作,很累,怎样才能使他们可以减轻疲劳?给予充分的时间让学生去思考,去各抒己见,教师不急于对学生的意见表态,2.再让学生实践抬一张很重的讲台,引导学生去体会乐曲与画面之间、与实践活动之间的联系。3.在学生回答的基础上,针对课堂教学的实际情况,随机应变地引导,给出若干段不同风格的乐曲(摇篮曲、进行曲、劳动号子),供学生选择哪一种风格更适合。及时调控课堂节奏,真正使学生在老师灵活自如的点拨下"活"起来。当然,这仅仅是浅层次的,在课堂教学中,还需要教师提高自己的教学水平。

综上所述,课堂教学提问是音乐教学必不可少的一个重要环节,也是提高音乐教学质量的一个重要因素。打开一切科学殿堂的钥匙毫无疑问都是问号。让我们每位音乐教师都重视和提高自己的课堂教学"提问能力",精心设计每一个环节的提问,让

精彩而有效的提问成为通往课堂教学成功的桥梁。

32. 如何使音乐课堂教学语言更美

苏霍姆林斯基说:"教师高度的语言修养,在极大程度上决定着学生在课堂上脑力劳动的效率。"教育家马卡连柯说:"同样的教学方法,因为语言不同就可能相差二十倍。"可见,课堂教学中语言是否优美对音乐教学工作成败具有重要作用,它不但是架起课堂中"教"与"学"的桥梁,而且对培养学生的语言能力和思维方式具有潜移默化的作用。

课堂教学语言除应具备准确、鲜明、生动的共性特征之外,还应具备自身的个性特征:从教学目的看,它应具有高效的教育性;从教学内容看,它应具有明显的专业知识性;从教学对象看,它应具有鲜明的针对性;从教学方法看,它应具有丰富的启发性。那么,在具体的音乐教学实际中,如何让我们的音乐课堂彰显浓浓的语言美呢?

(1)提高教师自身的语言素养

音乐教师虽不是演员,但面对学生讲课同演员面对观众演唱有异曲同工的作用,一个是在舞台上面对成千上万的观众,一个是在讲台上面对全班学生;一个是以歌声打动人的心弦,一个是以语言启发人的思维,演员和教师都肩负着教育人、鼓舞人、塑造人的重任。优秀音乐教师的课为什么人们爱听、爱看,能受到启发,能给听众留下强烈的印象,原因就在于课堂教学语言的"音美"。"音美"就是要求教师注意语调的升降、语速的快慢、长短句的搭配以及语句的简洁,从而形成抑扬顿挫的节奏感。

①音乐课堂语言抑扬顿挫,悠扬婉转

感人心者莫先乎情。音乐课堂上,把握语言的抑扬顿挫,使用学生喜欢的时尚健康的语言,常常能给学生一语三春的感染力量。因此,教师的课堂语言应根据教材的具体内容来恰到好处地采用或轻或重、或缓或急、或高或低、或悲或喜、音强适中的语调和语速来表达教学意图,使语言氛围与音乐氛围相互交融、浑然一体,使音乐课上得更动听、更完美。

如:在教学《愉快的梦》这首歌曲前,老师先用温馨、轻柔的话语和学生交流,在声情并茂的对话中,导入了优美柔和的音乐。在教学《只要妈妈露笑脸》之前,老师先为学生来一段配乐散文诗朗诵,语言时而激昂时而温柔,抑扬顿挫,悦耳动听,不一会儿就将学生带入到音乐情境之中,加深他们对教学内容的印象,引起学生的共鸣,激发他们的学习兴趣,从而用语言粘住学生。正如著名特级教师于漪所说:"语言不是蜜,但能粘住学生。"

②音乐课堂语言应该充满激情,具有优美的节奏感

我们知道,一首好的音乐作品是通过旋律、节奏、力度、速度等因素的完美结合来

塑造艺术形象的。因此,用于音乐课教学的课堂语言,其节奏感与韵律感是非常重要的。节奏感与韵律感把握得好、应用得恰如其分,能使音乐作品塑造的艺术形象更加鲜明,能使学生感到亲切、兴奋,从而打动学生的心,吸引学生专心听课,聚精会神地理解问题,全神贯注地回答问题,达到以情动人,以情感人的效果。如:讲授教学重点、难点时,可放慢节奏,加强语气,给学生理解、吸收的空间;对富有激情的教学内容,可加快节奏,调整语言的力度,做到感情充沛,变化有效,牢牢地吸引住学生的注意力。

③语言精练准确,富有引导性

音乐课毕竟不是语文课,要真正体现音乐课的价值,就必须在音乐课上充分展示音乐的特殊性和不可替代性。课堂上,如果教师没有语言,东拉西扯,还加上一点口头禅,随意发挥的音乐课是难以吸引学生的,会干扰学生对音乐作品的感受和欣赏,难以完成教学目标。所以,教师的教学用语必须准确精练,用最经济的语言表达最大容量的教学内容。

如:在教学《春节序曲》时,听完音乐提问,你们听出音乐的前后有明显变化吗?那是人们在干什么呢?你们能表演一下吗?通过简单的三个问题,达到课堂从听音乐到想音乐、演音乐的过渡。使学生的学习思维保持连贯统一,顺利实现音乐教学的环节转换,提高教学效率。

(2)注重对有声语言和无声语言的精心设计

①课堂语言应生动、形象和富于感染力

我们知道,音乐本身具有极强的表现力和感染力,由于音乐中的很多知识,对于年龄较小、生活阅历浅的小学生来说,理解起来比较困难。因此,教师的课堂语言应尽量使用通俗易懂、生动形象的语言,力求做到化繁琐为简约,化生僻为通俗,化抽象为具体,化模糊为生动,并结合生活实际让学生来理解音乐。如:讲到发声练习的气息运用时,可以让学生体会闻花香、打哈欠、吹蜡烛的感觉,讲到连音与顿音的区别时,可以让学生体会、感受翻越高山和小草发芽时的情景。总之,课堂教学中的语言越形象、生动、富于感染力,选用的例子越贴切,学生就越容易理解,这比起一大堆枯燥的纯技术语言,要实用得多。这样才能激发学生的想象力,使学生能真正地融入音乐中,接受艺术的感染与熏陶,提高学生的音乐欣赏能力,达到一种身临其境的感觉。

②课堂语言幽默风趣,活跃课堂气氛

好的课堂气氛,令学生如沐春风,如饮甘泉,人人轻松愉快,个个心驰神往。因此,音乐教师运用幽默风趣的语言艺术渲染教学气氛就显得非常重要。例如《美丽的圆》一课中,执教者幽默风趣的教学语言引来了课堂上的阵阵笑声,让所有听课者都觉得轻松愉悦。

❉ **教学片段**

导入：有没有同学知道我姓什么？对了，我姓"相"，提到我的姓，同学们首先想到了什么？对，想到大象，大象可是一个庞大的动物，同学们喜欢小动物吗？你们说说看，都喜欢哪些小动物？

……

音乐活动：教师要求学生根据音乐《小猫圆舞曲》律动，在听到最后小狗叫声的时候跑回自己的位置。有一位学生注意力没有集中，没有及时跑回自己的位置，这时，教师一把抱住了学生说："小狗抓住小花猫了，不过不要怕，小狗可是小猫的好朋友，让我们来握握手吧！"

最后小结时：……大家记住我姓什么了吗？可不是大象的象哟！

导入部分，一开始，教师从自己的姓氏入手让不熟悉自己的学生一下子记住了自己的姓，很自然巧妙地过渡到今天的学习内容与动物有关，提示了学习内容；音乐活动部分，学生没有按照教师的要求去做，这时教师用简单的一个动作、一句话，化解了尴尬，而且瞬间拉近了师生的距离；最后小结时，教师又强调了自己的姓，结尾与开头呼应。

(摘自 2009 年第二期《儿童音乐》)

一位美国专家说过："幽默是教师的助手，幽默的力量能使教学过程更轻松，更有乐趣、更有效。"幽默的教学语言既是一种独特的教学手段，又是一种行之有效的教学方法，它有助于调动学生的学习积极性，陶冶学生高尚的情操，有助于学生对问题的理解和记忆，有助于培养学生良好的品行，达到健康、优美的修养境界。

③恰到好处的形体语言设计

音乐课堂上，教师的教学语言除了优美激情的有声语言，还有必不可少的无声语言，它包括我们的眼神、口型与面部表情、手势等。如学生在欣赏一部作品的过程中，教师的一些手势或身体的动作能提示学生把握歌曲的速度、情绪，更好地传达作品的情感，表达歌曲的意境；对学生走神、唱歌走调等不利课堂因素，教师的一个恰到好处的眼神既能提醒学生，又能保持学生的愉快心情，保证课堂气氛的延续性。当然，教师在设计运用肢体语言时，一定要根据教学的对象和内容，做到自然、适度，将有声语言和无声语言和谐运用，会给音乐课带来锦上添花的良好效果。

总之，课堂教学语言作为教学活动中师生之间传递信息的主要工具，直接关系到课堂教学这一双边活动的效果。所以，在音乐课堂教学中，我们只有提高自身的语言素养，设计出符合音乐课特点的精练、生动、富有情感的语言，把握好有声语言与无声语言在每一节课中的完美结合，才能切实让学生感受美，从而达到美育的目的，使音乐课堂取得好的教学效果。

33. 如何上音乐起始课

音乐起始课是指一个学期或一个学习阶段(如小学、初中、高中)中的第一堂音乐课,也是一个学期和一个学习阶段展开音乐学习的初始。中国著名教育家于漪说:课的开始,就好比提琴家上弦,歌唱家定调,第一个音定准了,就为演奏或歌唱奠定了良好的基础。音乐起始课对学生、对教师至关重要,它关系到学生对音乐学习的兴趣、学生学习音乐的习惯、教师与学生之间位置的定位、教师和学生共同开展音乐学习活动的基调等等。

根据时间段,音乐起始课可分为两种类型:一类是学习阶段的起始课,比如踏入小学后的第一节音乐课,进入初中的第一节音乐课;一类是学期的起始课,比如小学三年级下期的第一节音乐课。

根据起始课的具体教学内容和方法,音乐起始课可分为三种类型:一类是激发兴趣型起始课,主要为引发学生学习音乐的兴趣,这种课主要适用于一个学习阶段的开始,比如小学一年级;一类是承上启下型起始课,主要为引导学生温故而知新,适用于新学期的开始;一类是以情动人型起始课,这种类型可以与其他两种类型的课融合在一起,万事情为先,以音乐之"情",去引起学生的情绪,使之感受到学习音乐是一种美的享受,犹如欣赏一件珍品,从而怀着与音乐相同的、美好的情绪进入学习状态,这种类型适合于有一定感受力、理解力的学生。

下面,就这三种起始课,做一个简单的描述。

(1) 激发兴趣型起始课

从心理学角度而言,兴趣是认识事物过程中产生的良好情绪。这种心理状况可以促使学习者积极寻求认识、了解事物的途径和方法,并表现出一种强烈的责任感和旺盛的探究精神。兴趣是学习音乐的基本动力,是学生与音乐保持密切联系、享受音乐、用音乐美化人生的前提。如果音乐起始课充满趣味性,学生便会把音乐学习看作是一种精神享受,会自觉积极地走近音乐、学习音乐。这一点,对于刚进入一个学习阶段的学生,特别是小学一年级的孩子尤其重要。

播放学生熟悉的歌曲或乐曲,带领他们唱一唱、动一动、演一演,使学生"恍然大悟"到——音乐就在我身边;设计一些非常简单的音乐游戏,如拟声节奏、猜声音、看图形学"说话"等,让学生去感受音乐中高低、强弱、长短的奥秘;陈列一些乐器让学生去摆弄,引导学生在有秩序、有目的的实践中去尝试和品味音乐之趣;观看高年级学生或学校艺术团队的相关音乐艺术表演的录像片段,使学生体会到音乐带来的成功和喜悦……这些方法,从激起学生喜爱音乐、愿意走进音乐、参与音乐活动的情感出发,将学生对音乐学习的好奇心上升为浓厚的兴趣,自然成为学习音乐的主人,更使学生感到,音乐学习是一种享受,从而产生对音乐学习的美好向往和憧憬。

(2)承上启下型起始课

美国著名心理学家奥苏伯尔指出,影响学习的唯一重要因素,就是学习者已经知道了什么,要探明这一点,并应据此进行新的教学。由复习旧知识引入新知识是最常用的承上启下的方法,有利于知识间的衔接。

对于进行过音乐学习的学生来说,复习旧知识是对已熟知的歌曲、乐曲和已掌握的音乐技能、技巧等的回顾,可以采用演唱、演奏、综合性艺术表演、聆听并回答问题等方式进行。这些内容最好与新知识有一定联系或密切相关,教师可以用对旧知识的巧妙提问或对已掌握之音乐技能、技巧的点拨提升来引起学生的积极思考;同时,也可以引导学生将本学期将要学习的新知识、新内容做一个简单的浏览。比如,请学生"阅读"音乐课本,看看本期的音乐学习内容,了解本期将要接触到的歌曲和乐曲,看看有什么音乐新知识;同时,教师可以成为"音乐点播台"的主持人,学生可以"点播"自己感兴趣的音乐内容,先听为快,使学生对"新音乐""新要求"心中有数。

(3)以情动人型起始课

音乐教学作为审美教育的一种手段,要求从感性入手,采用体验的方式,以情动人,以美感人。以音乐审美为核心的基本理念,应贯穿于音乐教学的全过程,根据音乐艺术的审美表现特征,引导学生对音乐的情感体验。

教师用各种教学手段,创设出能够激发学生的想象力或引发学生相应情感体验的情景,使学生在聆听音乐的情绪感染中开始音乐学习;引导学生将自己的情感与音乐的情感融合在一起,打动学生的心,激发学生的情感,使音乐与学生的"心"、教师与学生的"心"产生共鸣。音乐情感作为纽带,牵引师生情感推进和延续,一则动情,一则动容,音乐教学变得更富吸引力。

❖ **案例**

北京八中特级音乐教师李存执教高中一年级起始课《歌声——人类最美的声音》的过程中,引导学生用海纳百川的心态去欣赏和体验以各种发声方法演绎的歌曲。在欣赏民族唱法演唱的歌曲时,他选用了民族声乐表演艺术家郭兰英演唱的歌曲《我的祖国》。歌曲开始和结尾的美声合唱与中段的民族演唱形成对比,凸显出民族唱法的特点和魅力,使学生第一时间就深切感受到这纯净、自然、富含浓郁民族特色的声音的美。在欣赏美声唱法时,他选用了莫扎特歌剧《魔笛》中"夜后"的花腔女高音咏叹调,并用最高音域对比的方法,引发在不断用听觉捕捉最高音的过程中不知不觉地欣赏完全曲，不仅愉悦了学生的感官，开拓了学生的视野，而且激动了学生的心灵。

（节选自常晓菲在《中国音乐教育》2008年第6期中发表的文章《先声夺人——起始课》）

以情动人型起始课与激发兴趣型起始课有一定相似，但二者的侧重点不同。前者侧重"情"，以引发学生内心情感的共鸣为主要目的；后者侧重"趣"，以激发学生兴趣为主要目的。

当然，在音乐起始课的教学中，对学生而言，除了对音乐学习任务的了解，也包含了对音乐学习方法的掌握，如：从听觉入手，体验、发现、创造、表现和享受音乐。对教师而言，表达和学生共同畅享音乐的诚意，明确与学生充分协调、合作学习的理念，对学生提出音乐学习的要求，使学生了解音乐学习任务，教给学生学习音乐的方法，激发学生对音乐学习的信心等，都是音乐起始课需要达成的目标。音乐起始课的教学方法丰富多彩，教师可以依据所教学生的身心特点、掌握音乐知识技能情况进行选择和创新。

34. 怎样进行音乐课堂导入

课堂导入即在教学中，通过一定方法引导进入新课，也可称为开讲、开课等。"课堂导入"环节是一堂课的开始环节。良好的开端是成功的一半。一堂课能否让学生积极地投入到学习中，课堂教学的导入是非常关键的。它是整个课堂教学的重要组成部分，是一堂课得以成功的重要条件。好的导入如同桥梁，联系着旧课和新课；如同序幕，预示着后面的高潮和结局；如同路标，引导着学生的思维方向。精心设计的课堂导入，就像一粒小石子，虽然小，却可以击中学生的"心湖"，激起朵朵涟漪，形成"一波才动万波随"的局面，实现从"要我学"到"我要学"的转变。

一个完整的课堂导入应具有五方面的作用：集中注意，引起兴趣，激发思维，明确目的，进入学习课题。我们教师要精心设计导入环节，让导课环节具有针对性、启发性、趣味性。使学生在一节新课的开始，就能迅速主动地进入最佳学习状态，为新课创造良好的开端，从而提高课堂效率。因此，我们在平时教学中要重视抓好课堂教学中导入这个环节，以促进教学效果、教学质量的提高。

下面，列举几种在音乐教学中常用的导入方法。

(1)"开门见山"导入法

"开门见山"导入法是指上课伊始，教师就直奔主题，说明这节课的学习内容和要求，从而引起学生的注意，它是音乐教学中最普通、最常见的导入方式。如：歌曲《愉快的梦》教学中，在课的一开始，老师就问：晚上你做梦吗？你听听这是日本孩子做的《愉快的梦》。请学生聆听范唱。开门见山简洁明快，三言两语就直切正题，使学生一下子明确本节课的学习任务,简明扼要,能引起学生极大的求知乐趣,但它只适宜于学习积极性较高且具有一定意志力的高年级学生,对于低年级学生,不宜采用直接导入的方式。

(2) 复习导入法

复习导入法即所谓"温故而知新",回顾旧知识是导入新课的常用方法。它利用音乐知识之间的联系导入新课,淡化学生对新知识的陌生感,从而为新授课题服务。如:在学习歌曲《牧羊小唱》时,要求学生进一步体会强弱记号在歌曲中的作用。学生在这之前曾学过一单元《歌声多美妙》,让学生初步感受了音的强弱。在学习新课前,让学生演唱《山谷回音真好听》导入,既复习了音的强弱,又为下步学新歌所要掌握的知识做好了铺垫。

(3) 设疑导入法

设疑导入法是教师平时上课最常用的方法之一。这种方法简单易行,它根据学生追根求源的心理特点,通过巧妙的设疑,引起悬念,使学生产生追切学习的浓厚兴趣,使学生带着问题有针对性地去学习。教师应设置恰当适度的悬念,以引发学生的兴趣,启动学生的思维,调动学生学习的积极性。如在《永远的莫扎特》音乐欣赏课中,课一开始,师生一起演唱《我不想长大》,教师问:这首歌曲的旋律,你们曾在哪一首古典音乐作品中听到过吗?学生疑惑不解,教师告诉学生其实这首歌的原曲是莫扎特的《第40号交响曲》。教师接着又问:为什么流行音乐会运用古典音乐的元素呢?由此,学生带着疑问主动积极地投入到音乐探究学习中。

(4) 节奏导入法

节奏是音乐的灵魂。美国哈佛大学音乐系副主任辟斯顿曾经这样科学地去理解节奏的本质:节奏是时间关系和力度关系的不同组合。舒缓的节奏使人心境平和,密集有力的节奏使人情绪跌宕。因此,有的教师在歌唱教学、欣赏教学时,不是先从歌词、旋律入手,而是先从曲调中音乐的节奏入手,让学生先熟悉节奏,从歌曲节奏上对歌曲产生共鸣。以学习《学做解放军》为例,歌曲最有特点的节奏为 $\underline{\times \cdot \times}$,那么,先让学生听歌曲的伴奏带,分辨出歌曲中的节奏,并挑选出一种最典型的节奏来,大家一起拍一拍。学生很快就能选出歌曲中最典型的节奏型,而且因为伴奏带的不断重复,增加了孩子们的无意注意,他们很容易就能记住这个节奏,并能很快将这个节奏拍出来,解决了这一难点。

(5) 歌舞表演导入法

这种方式即通过教师或学生的表演导入新课。如:在教唱《金孔雀轻轻跳》时,教师可以边范唱歌曲边表演,激起学生内心的学唱欲望,提高学生学习的积极性,让学生在欣赏的过程中熟悉歌曲的旋律,了解歌曲的民族特色,为新课做铺垫。

(6)创设情景式导入法

创设情景导入法是音乐教学中最常用的一种导入法。教师有意识地引入或创设具有一定情绪色彩和形象生动的教学环境,以引起学生一定的情感体验,并通过各种教学手段,以实物演示情景,以图画、录像、多媒体或生动形象的语言描述,再现情景,让学生不知不觉进入主题,这种方法形象、直观,容易调动学生的兴趣,是一种引人入胜的方法。如在《过新年》一课的教学中,课前教师用小灯笼、彩带、气球等把教室布置成过年时的场景,并让学生聆听熟悉动听的旋律《新年好》,让学生融入新年的氛围中,这样的情景引入,收到未成曲调先有情的良好效果,是师生间情感共鸣的第一步,是搭起学生、教师、教材三者沟通的第一座桥梁。

(7)故事导入法

故事导入法是指在导课时结合所要欣赏演唱的音乐作品,适当运用故事、传说等形式创设一种情境引入新课的导课方式。由于故事、传说富有一定的趣味性,所以学生都比较喜爱,能引起学生学习知识的浓厚兴趣。

❖ **案例**

教唱《山谷回音真好听》时,采取讲故事的方式导入新课。教师出示一幅图画,并讲解:有一个孩子到山里外婆家去玩。一天他独自在山里唱歌,发现山那边也有人和他对唱,他感到奇怪,就问:"喂!喂!"山那边也立刻传来了"喂!喂!"的声音。他又奇怪地问:"你是谁?"山那边也在问:"你是谁?"他又惊奇又高兴,小孩摸摸头想:我问一句,他也问一句,我唱一句,他也唱一句,不同的是什么呢?(学生回答:不同的是我的声音强,那边的声音弱,而且总是跟在我后面唱)小朋友能告诉他这是什么声音吗?(生:回声)同学们都爬过山,在爬山途中也一定"喊过山",那么现在让我们一起来学唱歌曲《山谷回音真好听》吧!

通过这样的故事情节,既激发了学生学习歌曲的欲望,同时也帮助学生学习和理解歌词、记住歌词,一举两得。在运用故事导入法时要注意,不宜过长,应恰到好处,不能因故事冲击了教学,造成喧宾夺主的后果。

(8)儿歌、猜谜导入法

儿童的思维非常活跃,采用儿歌或谜语的方式导入新课,可以产生悬念,引起学生的好奇心,激发学生的求知欲。如:在教授《春雨》一课时,老师用生动的语言说出谜面:千条线,万条线,落水里,看不见。孩子们聚精会神地听着,兴趣盎然地抢答出:"是'雨'。"从而将学生轻松、自然地引入到歌曲学习中,充分调动了学生学习的积极性。

(9)谈话导入法

在导入新课时,教师运用优美的语言,对学生进行引导性的谈话,使学生很快进入歌曲的意境。如:在《大海啊,故乡》教学时,老师问同学们,你们亲眼见过大海吗?你们亲身体验过海中冲浪吗?(学生自由回答)今天,让我们一同走进《大海啊,故乡》,一起去体验大海的宽广雄伟、波澜壮阔吧!这样导入,既促进了师生关系,又激发了学生的学习兴趣,为整堂课的教学打下了良好的基础。

(10)游戏导入法

游戏对小学音乐教学也很有帮助,可以调动学生参加活动的积极性,先学歌曲后学游戏,这是我们进行音乐教学惯用的顺序和方法,但是有的时候,这种教学方法的顺序被打破,也能够起到很好的效果。如《跳房子》《打花巴掌》等游戏,由于游戏方法简单易学,就可以采用先学游戏后学歌曲的方法进行,从而让孩子们在游戏的过程中播下兴趣的种子,并自然而然地产生学习歌曲的要求和欲望,形成强烈的学习动机。

总之,导入方法多种多样,不拘一格,教师应针对学生身心特点、知识能力基础和本课教学内容要求,从具有创新意识和音乐学科特点的方法入手,让学生更好地去亲近音乐、感受音乐、理解音乐,点燃心灵的火花。让所有的孩子热爱、喜欢音乐。

35. 音乐课怎样结束

课堂结束是课堂教学的尾声,是授课结束时,教师以精练的语言,优美的音乐,通过师生情感体验、角色转换等方式,促进学生对课堂教学内容进行领悟、思考及延伸。提高学生的音乐感受能力、审美能力和创造能力,提升学生的参与积极性和对音乐的兴趣。

精彩的课堂导入能产生"课伊始,趣已生"的效果。同样,巧妙的课堂结束设计可以对整个教学内容、教学活动起到梳理的作用,使得整个课堂教学流畅,起到画龙点睛的作用。同时还能拓展教学内容,激发学生的学习探究欲望。巧妙的课堂结束设计和扣人心弦的导入同等重要,是一堂成功音乐课的闪光点,它应成为每堂音乐课的追求。

音乐课堂教学结束(以下简称结课)的方法有多种,其目的在于调动学生积极性,集中学生的注意力,延续学生的情感和思维并将其吸引到结课环节上来,使得学生在最佳状态下结束课堂。

(1)角色转换——引导学生积极参与课堂

在教师的启发和引导下,教师可以在结课时转换角色,由学生替代老师来完成。

如:总结式的师生互动来引导学生总结学习心得;师生评价与反思等活动来让学生学会自评与他评。通过对话交流,情感碰撞,信息反馈,既锻炼了学生的综合能力,加深了学习内容的印象,同时及时反馈了教学效果。

(2)体验情感——激发学生的审美渴望

音乐教学的结束阶段是师生对音乐审美的共同回忆,是一种富有创造性的审美联想。音乐教育以审美为核心,主要以人的情感世界为出发点。由此,教师在课堂教学结尾时要以紧紧抓住学生的情感为原则,通过运用富有感染力的语言、与教学内容相辅的乐曲等方法来营造一种氛围,激发学生情感的共鸣,使学生再次获得情感体验,充满新的审美渴望。

①精练的语言,升华音乐课堂主题

教师的语言在课堂上犹如一根彩色的丝线把课堂上的环节串成一条美丽的七彩项链。在设计结课时,语言一定要生动、形象并具有启发性。

整堂课最经典的语言应该是教师结课时的最后一段话。既能激起每位学生回味和体验音乐,又能使得学生情感体验升华。如在小学一年级音乐课《能干的手》的课堂小结时,可以深情地说:"孩子们,《能干的手》这节课结束了,但'爱'却是永无止境的,请你记住:妈妈的'爱'就在我们身边,让我们把自己的'爱心'送给妈妈,有这样的一句话'只要人人都献出一点爱,世界将变成美好的人间'。让人间充满亲情的爱。"同时播放歌曲《妈妈的吻》,孩子们手拉手伴着音乐离开教室。当孩子们走出音乐教室之后,仍能清晰地感受到音乐课堂的余韵,并已经产生了对音乐课的新的期待。

②使用歌(乐)曲,激起学生情感波澜

在结课时,师生共同歌唱或聆听本课的歌曲、乐曲或与本课内容相关的歌曲乐曲,再次体验音乐给人带来的情感愉悦,用音乐自身的美,激起学生的情感波澜。例如:学习《妈妈格桑拉》一课后,结课时,可以这样设计:"人世间最伟大最无私的爱就是母爱,我们每个人都享受过妈妈的爱,并且都离不开妈妈的爱!我们在妈妈哼唱着《摇篮曲》的期盼中一天天长大,现在请同学们闭上眼睛,让我们再一次回味、感受那一时刻的宁静与温馨。"教师和学生共同闭上眼睛欣赏《摇篮曲》。此时,课堂弥漫着浓郁的情感气息,孩子们脑中满是回忆,充满着想象,产生对音乐情感新的审美渴望。

(3)主动创造——让学生感受音乐的神韵美

①实践体验

拓展学生想象空间,锻炼学生创编能力,使其在音乐实践中巩固新知和表现音乐。如西师版小学音乐教材《摇篮摇着一个梦》,在结课前教师可以设计安排学生利用课本上的音乐及图片素材,自己做导演和同学合作,准备一幕小小音乐情景剧,并在课堂结束时表演。这样,学生用自己对音乐的感受来表现音乐,并在趣味中结束课堂。

②发展延伸,留下悬念

在结课时提一些有思考价值的问题,让学生通过寻找后再回答。如《生活中的音乐》的结束部分,教师提问为什么生活是音乐的源泉?为什么音乐离不开生活?让学生们在课后思考。

让学生带着问题离开教室,把课堂延伸到课外。

(4)音乐教学结课的注意点

音乐教学是以音乐审美为核心,这一基本理念应贯穿于音乐教学的全过程。在潜移默化中培育学生美好的情操,健全的人格。因此,结课这一环节也应注意体现其审美理念。结课时应注意体现以下几方面的美。

①科学与情感相结合

音乐结课要以科学为指导,从符合学生生活实际、学生音乐情感出发,寻找青少年身心发展特点和音乐审美教育规律,教师应从教材中挖掘情感因素,用和谐的情感氛围向学生传授科学的审美知识和技能。情感渗透要显得自然。

②语言、情趣、形式美

结课时,教师的语言需重点突出,画龙点睛,干净利落地引导学生,给学生以启发。在设计结课时,教师重在"趣""美""情"三字上下工夫,让设计显得巧妙自然,语言要充满感情色彩,富于感染力。激发学生学习音乐的兴趣,点燃学生的情感火花,为音乐审美教学服务。

总之,结课有法,但无定法。教师在设计结课时,一定要考虑到教学内容的不同、学生的特点等各方面情况,根据教学内容和对象灵活运用,机智应变,更应根据实际需要探索求新,创造出各种有效的结课方法,真正体现音乐课程的价值。

36. 怎样进行双基教学

(1)什么是双基

在音乐教学中,音乐基础知识和音乐基本技能被简称为"双基",《全日制义务教育音乐课程标准》将知识和技能设置为课程总目标的第三个层面。音乐基础知识被表述为"学习和了解音乐基本表现要素(如力度、速度、音色、节奏、旋律、和声等)和音乐常见结构(曲式)以及音乐体裁形式等基础知识,有效地促进学生音乐审美能力的形成与发展";音乐基本技能被表述为"培养学生自信、自然、有表情地歌唱;学习演唱、演奏的初步技能；在音乐听觉感知基础上识读乐谱，在音乐表现活动中运用乐谱"。

从狭义上说，双基专指音乐基础知识和音乐基本技能；从广义上说，双基还包括音乐创作与历史背景，音乐与相关文化。

(2)进行双基教学的意义

双基教学是实现音乐教育最终目标的必备条件，是实施审美教育的根本途径。

素质教育的第一要义是"面向全体"，音乐教育的最终目标是使每一个学生的音乐文化素养得到提高并为他们终身爱好音乐奠定基础，将学生培养为一个音乐爱好者；作为一个音乐爱好者需要具备一些最基本的音乐常识和技能，双基教学必不可少。

马克思说："对于没有音乐感的耳朵来说，最美的音乐也毫无意义。"音乐教育以审美为核心，其主要目的是培养学生的音乐表现力、欣赏力、审美能力和创造力。如果没有相应的音乐基础知识和基本技能作后盾，表现、欣赏、创造音乐的美就如无源之水，无根之木。因此，双基教学是实施审美教育的根本途径，双基教学是学生学好音乐非常重要的动力因素，只有具备了良好的双基，学生对音乐学习才没有畏难情绪，才有充足的信心，并且始终保持一种自信和渴求的愿望。

(3)双基教学中现存的误区

在课程改革之前，双基教学领域呈现出专业化倾向；在课程改革的探索和实验过程中，音乐教学又走入了另一个极端——对双基教学的忽视甚至是不敢开展双基教学。

误区一：进行音乐审美教育只需要"动之以情"，不需要"晓之以理"。

有的教师认为：开展双基教学是老一套，不能体现《全日制义务教育音乐课程标准》"以审美为核心"的理念。在教学中，教师过分强调情感教学，忽视双基教学。比如，在音乐欣赏《天鹅》的教学中，教师让学生一遍又一遍的欣赏，既没有介绍主奏乐器大提琴，也没有让学生哼唱乐曲旋律，更没有引导学生从音乐要素入手，体会乐曲的魅力。只是反复问学生"你从音乐中听到了什么？""你感受到了什么画面？"等，学生漫无边际地想象一番，对音乐形象的感受毫无帮助。

教学中以情动人，本是无可厚非的，但这种"陶冶情感"的方式仅仅却步于表面和形式上。真正的音乐审美体验，在于引导学生对音乐表现形式和情感内涵的整体把握，为音乐所吸引、所陶醉，与之产生强烈的情感共鸣。音乐审美不能只"知其然，不知其所以然"。为了更好地体验音乐，音乐基础知识和技能的学习是必需的。

在上述课例中，如果教师能创设一个与乐曲相关的情节，或用生动的语言，或用形象的画面，让学生充分进入大提琴圆润柔和音色描绘的动人情景之中，在感悟体验音乐时,再自然而然地融入音乐知识的学习,效果会大不一样。

误区二:双基教学枯燥乏味,会降低学生的音乐学习兴趣。

"以兴趣爱好为动力"是《全日制义务教育音乐课程标准》的基本理念之一。有的教师认为:要激发学生对音乐的兴趣爱好,就要让学生高兴,要采用学生喜闻乐见的、丰富多彩的教学形式开展教学;学生最不喜欢的就是拍节奏、唱谱子、听音乐知识,双基教学会降低学生的关注度和参与度,没有必要进行。比如:老师为了让学生学唱一首歌曲,设计了不少有趣的活动让学生参与,有讲故事、做游戏、歌表演、演小品、朗诵……结果整堂课闹哄哄的。学生确实很有兴趣,也很有激情,但整节课中,学生根本没心思也没有时间去听音乐、唱歌曲,到最后大部分学生还是不会或没唱好歌曲。

音乐在很大程度上是那种"只能意会,不可言传"的东西,只有当学生"身动""心动"全方位参与音乐活动,与音乐融为一体,亲自主动去探索、领悟、体验、感受时,才能对音乐有真正的理解和把握。当实际教学中片面强调音乐的趣味性,过分注重学生的愉悦性,背离了音乐本体,学生音乐课中所产生的"兴趣"还是对音乐的兴趣吗?这种"兴趣"还会成为学生学习音乐的动力吗?真正的音乐学习兴趣还是要把握住音乐的"魂"(即音乐的要素)。

《全日制义务教育音乐课程标准》明确指出,要达到"培养音乐兴趣,树立终身学习的愿望"这一目标,就应当通过各种有效的途径和方式引导学生走进音乐,在亲身参与音乐活动的过程中喜爱音乐,掌握音乐基本知识和初步技能,逐步养成欣赏音乐的良好习惯,为终身爱好音乐奠定基础。由此可见,双基教学不可或缺,它与音乐学习兴趣并不相悖,而是相辅相成的,两者既是原动力,又是催化剂。

(4)怎样进行双基教学

双基教学要在音乐实践中开展,以情感、审美、兴趣为主线,结合音乐教学内容,自然巧妙地开展,有机地把知识性、趣味性、审美性和道德性融合起来,使学生在轻松愉快的心境中掌握知识技能,开启智慧,陶冶心灵。

①在审美体验中进行双基教学

从感性入手,采用体验的方式,把双基教学作为一个音乐审美感知和审美探索的过程,在审美体验中开展。

※ 片段描述一

欣赏《回旋曲》时,教师准备了一些不同颜色的帽子。在学生熟悉主题音乐A后,开始了欣赏。每当音乐进行到A主题时,教师将红色的帽子戴在学生的头上;当音乐进行到其他主题时,教师将其他颜色的帽子戴在学生的头上。音乐结束后,教师请戴帽子的学生按戴帽子的先后顺序排队,代表A主题的红帽子以奇数顺序呈现在学生眼前。教师问：你发现了帽子排列的规律吗？学生兴致勃勃地说了起来。教师再向学生简单地解说回旋曲 A＋B＋A＋C＋A＋D＋A＋E＋A……的曲式结构。

评析：在这节课中，为让学生形象地理解回旋曲的曲式结构，教师采用了为学生戴帽子、学生按顺序排队的形式，既激发了学生的兴趣，又巧妙地将曲式结构的知识融入并贯穿于学生的欣赏活动中，使学生清楚明了又印象深刻。

当然，在音乐审美体验中，还可以进行声乐演唱形式的感受和分辨，进行乐器音色的体验和分辨等。

②在音乐游戏中进行双基教学

游戏是儿童非常喜欢的一种活动形式，儿童能在游戏中以最纯真、最自然的方式表现自我、抒发情感、发挥想象力，满足其好玩好动的天性。音乐游戏是以音乐及音乐元素为载体，以学习音乐元素、提高音乐素养和能力为目标，以游戏为呈现方式的一种音乐活动形式。

※ 片段描述二

音乐游戏《找位置》中，教师请学生戴上"XX""X""小节线"及"终止线"的头饰，出示乐句《黄桷树下》歌谱，带领学生听唱乐句；听唱中，戴节奏头饰的学生按歌曲节奏出现顺序排列，戴小节线和终止线头饰的学生在应当出现的位置排列（每两拍"填入"一根小节线，节奏最后"填入"终止线）。

评析：教师抓住学生乐于游戏的心理，采用节奏及音乐符号头饰作为辅助手段，让学生在演唱简单乐句的同时，感受、辨别并排列节奏，在节奏排列后，请"小节线"和"终止线"找准自己的位置，也排列进节奏队伍中。学生在听旋律、唱音乐短句、分辨节奏及其出现顺序、带头饰找位置的过程中，饶有兴致地克服一定困难找到自己的位置，完成了游戏，既进行了节奏的训练，也从中感受、体验和认识到小节、小节线、终止线的音乐知识，并留下了深刻的印象。

音乐游戏的形式多种多样，应用的范围非常广泛，基本可以涵盖各领域。要善于找准切入点，利用音乐的基本要素，进行课堂音乐游戏活动，使学生在兴趣中、在有秩序的玩耍中获得音乐的基本知识和技能。

③在创设情景中进行双基教学

通过对特定情景的创设与营造，帮助学生更加自然地融入到音乐的情感世界之中，把那些抽象的音乐基础知识和技能转化为鲜活的更加贴近生活的形象和体验。

※ 片段描述三

在学习歌曲《打花巴掌》之前，教师通过多媒体播放"春天来到花满园"的图片，用优美的语言引导学生：春天到了，百花盛开，一阵和风吹来，花香扑鼻，你闻到了吗？然后，带领学生一起深呼吸，要求学生模仿老师，同时张开口、鼻，将淡淡的花香"吸"到肺部深处，再将花香慢慢"吐"出，并将它"吐"得又细又长。教师说一个花名，学生就做一次呼吸。

评析：教师结合歌曲内容，用多媒体图片和语言创设了一个春天的场景，引导学生学习了自然的呼吸方法，学生在不知不觉中进行了呼吸训练，并在老师的带领下，开口吸气、胸腹式呼吸、控制气息，正确掌握了歌唱的呼吸。

双基教学中运用创设情景的方法，以特定情境感染、影响学生的感情，使学生在短时间内，自然进入学习状态，顺着情境中事件的自然发展，延伸自己的认知程度，在情景交融中，深化自己的体验，拓展自己的情感层面。

④在探究中进行双基教学

给学生提供开放式和趣味性的音乐学习情景，激发他们对音乐的好奇心和探究愿望，引导学生进行以即兴式自由发挥为主要特点的探究与创造活动，重视发展学生创造性思维的探究过程。相对而言，这种探究活动必定是建立在一定的音乐知识和技能之上的，在探究中进行双基教学有两个作用——运用和加深理解。

※ 片段描述四

一次课上，学生们正在进行小组讨论，忽然传来卖瓜人响亮的叫卖声，同学们哄堂大笑。教师迅速按下录音机上的录音键，并做了一个夸张的"听"的动作，说："注意听，看谁能准确地模仿这叫卖调。"叫卖声消失了，同学们自发地模仿起卖瓜人的叫卖调。教师让学生以小组为单位，集体回忆并写出乐谱。学生非常兴奋，经过一番激烈争论和反复比较，各小组拿出了自己的乐谱。教师在钢琴上逐一弹奏乐谱，引导学生找出各组的异同，让学生反复聆听录音，一起修改，最终选出最贴近叫卖调的乐谱。

评析：在这个探究活动中，学生们通过听、唱、写、听、唱的循环过程，在聆听、尝试、比较中记忆乐谱、识读乐谱、运用乐谱为目的服务。

对力度、速度、音色、音响、曲式、体裁等也可以运用探究的方法进行。在运用这种方法时，应当注意：探究的对象必须是一个有价值的未知，所采用的必须是一种自主的方式，所要求的必须是一个独立的学习过程。唯有如此，才会激发学生去努力，才能引起学生成功的体验与热情。

⑤在合作学习中进行双基教学

合作是一种契机，合作是一种锻炼，合作也是一种能力。合作中，学生可以不断地"发现"他人，重新审视自己，在音乐合作学习中进行双基教学，对学生的音乐学习与成长大有裨益。

※ 片段描述五

教师弹奏《我的祖国》旋律片段，为旋律分乐句。将学生分成10组，自学歌曲旋律，1～4组的同学学唱旋律一，5～7组的同学学唱旋律二，8～10组的同学学唱旋律三。学唱完毕后汇报表演，由教师伴奏，学生分组依次演唱各部分旋律。教师请学生分小组分句教唱旋律。第一组教唱第一乐句，第二组教唱第二乐句，顺序往下排。如果演唱没有问题，其他同学马上接唱；如果有的地方演唱不太准确，就指出来进行纠正。

评析：教师采用了学生合作学习的方式，让学生互教互学乐谱。合作过程分为自学和互教两部分。自学部分中，学生的自主性得到充分发挥，识谱的能力得到增进；互教部分中，负责教的学生既要注意自己演唱正确，又要注意其他学生的学唱是否正确，音乐的耳朵得到了充分的锻炼。这样做，既降低了学习的难度，又使识谱过程变得轻松、自然。

双基教学渗透于音乐合作学习中，能有效地促进学生的音乐学习，提高音乐学习的能力；并且，学生会成为音乐学习中的"挚友"，在通向音乐的道路上携手共进。

《全日制义务教育音乐课程标准》淡化了音乐基本知识和基本技能，实际上只是淡化了音乐概念的记忆，强化了音乐中的感受和理解，不是不要"双基"，而是更要重视和加强。把握好音乐本体，创造多元活动化的音乐双基教学，把双基教学变得丰富多彩，让学生在生动活泼的音乐活动中接受知识和技能的训练，为学生进一步学习音乐奠定基础。

37. 怎样开展视唱教学

2011年修订的《音乐课程标准》明确提出：要加强学生的音乐识谱能力。要求学生通过九年义务教育音乐课程学习，能流畅地独立视唱歌曲。这一要求明确表明了音乐教育既要重视审美教育，也不能忽视双基教学，双基教学应有机地融合在审美教学中。

视唱教学是中小学音乐教学中有关音乐基本技能训练的重要内容之一。视唱即看谱唱歌。它要求学生在看乐谱的同时准确地唱出音的高低、长短及强弱，并能在较短的时间内体会到乐谱的基本情绪。视唱教学是在识谱教学的基础上，通过实践应用，使读谱逐步转化为熟练技能的过程，能有效地培养学生独立识谱能力，帮助学生准确掌握音高、节奏、节拍、速度、力度等，能发展学生良好的内在音乐听觉感受及音乐表现能力，对培养与提高学生的音乐素养与音乐基本能力有着十分重要的意义与作用。因此，在我们音乐教学中视唱教学不可忽略。

当然，新课程提倡的视唱教学必须在以审美为核心的基本理念指导下开展教学。无论在选材、方法训练上，都必须突出审美，注意以兴趣为动力，结合单元内唱歌、欣赏、识谱等教学内容循序渐进地进行。让学生在快乐学习中掌握音乐基本技能。

那么怎样才能有效地开展好视唱教学，以下一些方法可供教师参考：

(1) 从节奏入手

节奏是音乐的骨骼。掌握好准确的节奏是视唱的关键。节奏训练本着由易到难、循序渐进的原则，与识谱教学同步进行。可先从基本节奏 X、X －、XX、XXXX、X －－－构成的各种节奏型开始，逐步过渡到附点节奏、切分节奏、三连音等较难的节奏。在节奏训练时，要注意培养学生内心匀速的节奏感，要求学生边念节奏，边坚持用手击拍或划拍。

视唱教学应从小学低年级开始，有计划有步骤地进行。由于小学低年级学生对音高、节奏都处于一个初步感知阶段，所以低年级视唱教学仍以感知为主，从最基本的节奏训练入手，让学生通过各种节奏游戏活动，感知节奏就在我们的生活中。音乐节奏就是生活中各种节奏的总结。

例：小猫叫　X －　　　小青蛙叫　X　X
　　　　　　喵　　　　　　　　　呱　呱

小闹钟声音　X X　　　机关枪声音　X X X X
　　　　　　滴 嗒　　　　　　　　哒 哒 哒 哒

让学生在认、记住这些基本节奏后，再把它们组合起来，用游戏的方式，让学生反复巩固练习。

例如：西师版音乐课标教材小学二年级上册三单元《游戏歌》中有一个音乐游戏《丢卡片》，就是让学生在愉快的《丢手绢》音乐中，通过"丢卡片"这一音乐游戏活动，让学生进一步复习巩固所学的 X XX X － XXXX 节奏，老师用不同节奏组合的卡片让学生反复读、认，使学生感受到节奏的无穷变化。又如：西师版音乐课标教材小学三年级上册四单元中的音乐游戏《丰收锣鼓敲起来》，就是通过节奏接龙的游戏，让学生在熟悉掌握好老师给的节奏后，还要自己发展创作新的节奏。例：

(老师)　X　X　　X　X　│X X X X　│
　　　　咚　咚　　咚　咚　　咚 咚 咚 锵

(学生甲)　X X X X　│X　X　　X　│
　　　　　咚 咚 咚 锵　　咚　咚　　锵

(学生乙)　X　X　　X　│(自由往下接)
　　　　　咚　咚　　锵

节奏训练方法有很多，可视学生的年龄特征及知识水平而定。小学低年级可从基本节奏入手，以游戏方法为主，也可用打击乐器为歌曲伴奏等方式，中高年级可随音乐知识的加深,逐步深化。如可加入附点节奏,三连音,切分节奏弱起小节等节奏训练。方法还要注意丰富多样、生动有趣。如采用节奏模仿、活动节奏房子、节奏接龙、节奏卡农、多声部声势节奏训练等,让学生直观、生动、有趣的训练中感受到节奏的无穷变化及由此产生的生动的艺术效果。

在节奏训练的同时,我们还要注意让学生掌握好节拍的强弱规律。视唱节拍的训练应先从 $\frac{2}{4}$ 拍开始,然后是 $\frac{3}{4}$、$\frac{4}{4}$ 拍,这三种节拍是常用拍子,应较熟练掌握。然后在这基础上,再加入 $\frac{3}{8}$、$\frac{6}{8}$ 拍子的训练。$\frac{3}{8}$ 拍与 $\frac{3}{4}$ 拍强弱规律一样,不同点是 $\frac{3}{8}$ 拍比 $\frac{3}{4}$ 拍速度要快一点。$\frac{6}{8}$ 拍可看作一小节内两个 $\frac{3}{8}$ 拍子组合,不同点是第一拍是强拍,第四拍是次强拍。掌握好不同节拍,关键是要掌握好节拍重音,以及单位拍时值的准确感和对拍与拍之间的均匀感。

在教学中,教师可通过听辨、比较,让学生感知不同节拍的强弱规律。

(2)强化音准训练

音准是视唱的基本要求。要掌握好音准,首先要让学生多听辨、模唱。可先从听老师模唱,听琴模唱,逐步过渡到独立视唱。音准训练一般是从唱名、音听、音程到音乐短句,是一个循序渐进的过程。通过看、认、想、唱,培养学生内心听觉感受和基本音高概念。小学低年级的音准训练要从认识 7 个唱名开始。唱名视唱顺序应符合儿童自然音调,先从 sol、mi 开始,然后加入 la 再加入 do、re,最后加进 fa、si。西师版音乐课标教材小学二年级上期一单元有一个音乐活动《小音符真有趣》,就是唱名的音准视唱练习。

在音阶视唱中,五声音阶比七声音阶容易掌握。因此,应从五声音阶开始,七声音阶中半音关系,mi——fa,si——do 不易唱准,在视唱时,可用手势或形象的图式帮助学生找准音高,提醒学生 fa 和 do 上行时不要偏高,si 和 mi 下行时不要偏低。

尤其值得一提的是,在音准练习时,不要忽略学生听觉培养。因为要唱准一个音,必须内心要听到、想到这个音。在唱好唱名、音阶的同时,可以加入旋律音程视唱。旋律音程主要练习常用的音程级进,大小三、四、五度音程。其他音程应结合歌曲练习。较难唱准的音程,可采用桥梁音过渡练习。

例: $\dot{1}$ - 3 可用音阶过渡: $\dot{1}$ 7 6 5 4 3,也可用和弦分解过渡: $\dot{1}$ 5 3。

音程视唱除结合歌曲练习外,还可采用发声练习,或音乐游戏来进行。例,西师版音乐课标教材二年级下期四单元有个音乐游戏《孔雀开屏》,就是旋律音程听琴模唱练习。在视唱时教师要注意倾听,发现音不准,要及时纠正。

在唱好旋律音程的基础上,可逐步加入二声部和声音程训练,常用的大小三度和声音程应作为练习重点。

视唱时,可让学生先听两个声部的音高,然后先唱一个声部,在音准准确的基础上,另一个声部加入进来。

例:

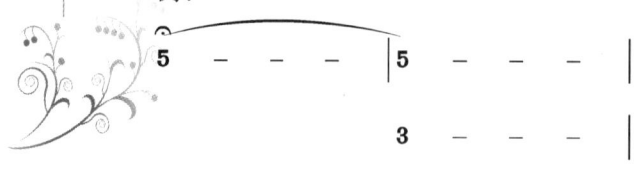

```
5 - - - | 5 - - - |
            3 - - - |
```

西师版音乐课标教材三年级下册四单元《黔岭飞歌》中,音乐活动《远山的呼唤》就是这样一个二声部音准视唱练习。

多声部视唱,可从卡农二声部入手,卡农即是重复,又是变化。学生在唱自己声部,同时又聆听到别人并不陌生的声部,便于调整自己的音准和节奏,感受相互和声关系。

总之,训练音准的方法也很多,教师要结合本课教学内容,采用音乐游戏、发声练习、音乐活动等有趣方法把视唱音准练习有机结合进去,让学生在快乐学习中掌握视唱音准。

(3)视唱教学要与本单元其他教学内容整合,体现知识训练的综合性

视唱教学内容,不是独立其他音乐内容之外,而是有机地贯穿融合在唱歌、欣赏、识谱等教学之中。唱歌、欣赏、器乐教学既是识谱教学的最好范例,也是视唱教学的基本内容。唱歌、欣赏与识谱视唱练耳教学是相辅相成、互相发展的,那种把两者完全分割成对立起来的教学是不好的。

在音乐欣赏中,作品主题是视唱的最好内容,学生在欣赏音乐作品的同时,反复视唱作品主题,不仅进一步感知、体验作品的情感内涵,同时又提高了识谱视唱能力。

在进行唱歌教学时,视唱教学也可同步进行,具体方法可分为以下几个步骤:

①聆听歌曲,初步感知音乐的基本情绪及音乐要素。
②分析曲谱结构及音符组合情况。
③读节奏谱,熟悉基本节奏。
④唱唱名,把歌曲中出现的唱名按高低顺序排列唱一唱。
⑤节奏与音高结合视唱全曲。

下面以歌曲《音乐在空中回荡》(西师版音乐课标教材四年级下册一单元)为例进行说明。

音乐在空中回荡

1=G 4/4

中速 稍快

[美]G. F. 鲁 特 词曲
萧翔晓 储芳冷 译配

（曲谱）

听 音 乐在 空 中 回 荡， 曙光 初露在 东 方， 那 1、2乐句

朝霞 染 红了 天 空， 天空 显得更 晴 朗。 3、4乐句

到 处 响 起 竖琴 声， 使人 听了 喜若 狂， 5、6乐句

此 刻 音 乐 最 迷 人， 它在 空 中 回 荡。 7、8乐句

①聆听歌曲：感知这首歌曲情绪是愉悦欢畅的，速度中速稍快，力度中强。

②分析曲谱：歌曲为 $\frac{4}{4}$ 拍，弱起小节，全曲有8个乐句，第1、2乐句与第3、4乐句基本相同，只是第2乐句与第4乐句最后一小节最后一拍稍不同；第5、6乐句与第7、8乐句也是基本相同，只是第8乐句最后一小节稍有变化为终止结束句。全曲一共用了三种不同时值音符，二分、四分和八分音符，还有一个四分休止符。

③读节奏谱：用划拍法重点练习不同的第1、2乐句与第5、6乐句。

注意弱起小节的节奏：

第1、2乐句：X |X X X X |X - X - |X X X X X |X - - X|

第5、6乐句：X X X X |X X X |X X X X |X X X -|

在练习上面节奏后，再把第3、4乐句，第7、8乐句中不同点单独进行练习。

④唱唱名：找准音高

歌曲中共有7个音，按音高顺序排列一音一拍并唱一唱。

5 6 7 1 2 3 4

⑤节奏与音高结合,视唱曲谱:

在解决节奏和音准后,全曲视唱,在视唱时可采用师生接龙视唱,如老师唱第1、2乐句,学生接唱第3、4乐句,也可用琴声与学生接唱,领唱与齐唱,男同学与女同学接唱等方式进行。在视唱时不仅要注意节奏、音准,还要注意音乐情绪、速度、力度,把歌曲要表达的情感唱出来。

视唱的步骤和方法不是固定模式,应根据年级的高低,学生程度和教材难易等实际情况采取各种不同方法。开始阶段可将乐曲进行分解,先分后合,随着教学进展、情况和程度加深,也可用直接视唱、默唱等方法。总之,视唱教学方法应丰富多样,从兴趣切入,要注意符合学生年龄特征与认识水平及能力,低年级多采用听琴模唱,师生接龙或先词后曲;中高级可采用出声唱与默唱结合,小组合作与个人独立视唱结合等方式进行。

(4)视唱教学的基本要求

①培养良好的视唱习惯与音乐感。音乐是情感艺术而不是一些高低长短不同音符的机械组合,在视唱教学中既要注意音准、节奏,更要注意音乐的美感,首先心中要有音乐,在乐与谱两者中,必须以乐为本,重视音乐的艺术性和感染力。

②视唱教学开始就要培养学生边唱也击拍(划拍)的习惯。

低年级可用击拍法,中高年级学了指挥图式,可用指挥划拍法。掌握稳定的节拍、节奏和速度。开始视唱时,可适当放慢速度,一旦唱会后,就应按乐曲要求有感情地视唱。

③视唱要与听音训练结合进行,尤其是小学低年级学生,多听、多模唱,对建立准确的音高概念有较大帮助。视唱要注意发声自然,多用轻声唱为宜。

④在视唱教学中,教师不宜过多用琴,一般在起音、定调时用琴,难点地方用琴适当带一带。当学生唱得比较完整后,可用琴伴奏,烘托情绪,提高学习兴趣,同时增强视唱的感染力和表现力。

38. 怎样开展合唱教学

合唱是音乐教学中的一个重要教学内容。从小学三年级开始,直到中学九年级几乎都涉及合唱教学。它既能培养学生的节奏感、音高感、织体感,帮助学生进一步掌握演唱方法,提高学生音乐综合素养,同时又能增强学生集体观念、合作意识。

在实际教学中,由于合唱教学有一定难度,音乐课的教学课时有限,往往有不少教师把合唱歌曲简化为单声部歌曲进行教学,合唱课形同虚设,学生失去了亲身感受合唱魅力的机会。怎样才能有效地上好合唱课,让合唱的艺术美荡漾在学生心中?可以从以下几方面去尝试。

(1) 以学生爱好的曲目为切入点，提高学习合唱的兴趣

兴趣是最好的老师。在合唱教学之初，要打消学生的畏难情绪，首先从听觉入手，选取一些具有一定艺术价值、贴近学生生活、旋律动听、节奏活泼的合唱歌曲，让学生欣赏。同时还可以找一些中小学生合唱视频材料给他们看，尤其是本校合唱队演唱视频材料。另外，一些优秀的合唱组合，如梦之旅合唱组合演唱的《外婆的澎湖湾》《校园的早晨》等，尤其是近年来，全国青歌赛上，优秀合唱团如"武警合唱团""空政合唱团"精湛、近乎完美的合唱艺术表演，让学生视听结合。歌曲流行的音乐元素、轻松的节奏、优美近似话语的旋律、丰满和谐的和声音响、天籁般美妙和谐的音色十分贴近学生的审美水平与情感需求，同时合唱中一些恰如其分的演唱表演也深深感染着他们。通过这些提升他们对合唱的认识，激发学生学习合唱的欲望。再让学生感悟教材中的经典合唱作品，如《回声》《牧歌》等，享受合唱无穷的魅力。

(2) 建立统一和谐的歌唱声音概念

合唱教学是一项合作性很强的音乐活动，是由集体共同创造的音响来表达歌曲的情感，塑造音乐形象，是集体的声音艺术。它追求的是"合"而不是"个"，要克服个性。个人的声音再美也得服从集体、融入集体之中，不然是杂音，各声部之间不和，再好也乱。在教学中，可采用比较的方法让学生感知什么是正确的声音，什么是要注意避免或需要克服的声音，只有建立起正确的声音概念，正确的合唱意识，才能获得正确的合唱声音，体现合唱的艺术美。

(3) 加强音准训练

良好的听觉是合唱的基础，往往学生唱不准是因为没有敏锐的"音乐耳朵"，在合唱教学中坚持用几分钟时间进行听音模唱练习是十分有必要的。听音模唱练习坚持由浅入深，先从听单音入手，逐步过渡到双音、三音，从旋律音程过渡到和声音程。在听辨模唱中，可采用各种游戏性音乐活动贯穿其中，让学生在快乐中学习。

例：西师版教材小学三年级《黔岭飞歌》中，结合单元内容让孩子们围坐在一起，先听辨"喊山"的声音 $\widehat{3}$ _ _ _ $\widehat{1}$ _ _，然后学生一个一个传递模仿延续下去，形成二声部和声。学生在游戏中既体验了合作的快乐，又进行了音准训练。

另外，通过乐器吹奏来帮助学生学习合唱也不失为一种有效方法。在教学中，可先请学生练习吹一吹需要学唱的合唱部分，让学生熟悉两个声部的旋律，聆听两个声部和谐统一的声音，帮助学生找准音高。在此基础上再进行合唱教学，会收到事半功倍的效果。

(4)加强节奏训练

节奏是音乐的骨架。在合唱教学中,掌握好合唱的节奏是合唱的关键。加强多声部的节奏训练十分重要。

①在教学中,教师首先要帮助学生树立起内心节奏感,不抢拍、不拖拍、不赶速度。可采用声势和内心默念相结合来培养学生内心节奏感。

例:师生一起练习下面三拍子和四拍子节奏,注意在强拍上拍手,弱拍上内心默数拍。然后再把学生分为两组,分别按三拍子和四拍子在强拍上拍手,弱拍上内心数拍,注意两个声部在第几拍上第二次齐拍。

Ⅰ(三拍子):X O O X O O X O O X O O X

Ⅱ(四拍子):X O O O X O O O X O O O X （第十三拍齐拍）

②从朗诵入手。奥尔夫认为语言是音乐的根,如小学低年级开学初的"叫人名",或模仿自然界的声音构成多种节奏多层次声态模拟游戏。

例:叫人名

Ⅰ: X　X ｜ X　X ｜ X　X ｜ ……
　　 李 明　 王 强　 晓 军

Ⅱ: X X X ｜ X X X ｜ X X X ｜ ……
　　张 小 兰　陈 小 庆　杨 文 婷

例:钟表之声

Ⅰ(表): X X X X ｜ X X X X ｜ ……
　　　　嘀 嘀 嘀 嘀　嘀 嘀 嘀 嘀

Ⅱ(小钟): X　　X ｜ X　　X ｜ ……
　　　　　嘀　　答　 嘀　　答

Ⅲ(大钟): X　　— ｜ X　　— ｜ ……
　　　　　当　　　　 当

③声势节奏训练。这种训练是将拍手、拍腿、跺脚等各种能发出声响的人体声势通过有节奏的方式结合起来,进行多层次的节奏训练。让学生在活动中积极调动各种感官,培养学生节奏感,为多声部歌曲学习打下基础。总之,节奏训练的方法很多,教师要根据学生的实际与教学内容的需要有选择进行。

(5)指挥的作用

指挥是合唱队的灵魂。一个差的指挥,很难带出一支高水准的合唱队。而在合唱教学中,我们老师往往忽略指挥的作用,一些合唱要求和训练方法宁可用语言去解释、提醒,却不用指挥手势去规范,这是不可取的。在合唱教学中,音乐教师应尽量用手势去说话,把对歌曲的理解、处理,以及对音高、节奏、音色的要求通过手势、指挥传达给学生,让学生在老师的表情、眼神及指挥中受到感染、启发,从而更好地表现音乐。

总而言之,要上好合唱课,音乐教师要循序渐进地坚持,要善于动脑,采用多种方法激发学生学习兴趣,优化合唱教学,使学生面对合唱课愿唱、乐唱、想唱、会唱。

39. 在欣赏教学中怎样培养学生主动欣赏音乐

(1)什么是主动欣赏音乐

音乐欣赏,是欣赏者通过听觉对音乐进行聆听,体验蕴涵于音乐音响形式中的美和丰富的感情,从中获得音乐美的享受与情感的满足,并从感性欣赏到理性欣赏的审美心理活动。主动欣赏音乐,是指欣赏者对欣赏的内容有欣赏的愿望与需求,能自觉、有目的地欣赏音乐。在欣赏时,全身心地投入,并主动参与其中,不仅动觉参与,更重要的是思维心灵参与,在参与中感悟音乐、体验音乐、理解音乐、表现音乐。在主动欣赏中,逐步提高对音乐的欣赏能力。

(2)主动欣赏音乐的方法

①把握学生音乐欣赏的心理活动,引导学生主动参与

音乐欣赏作为一种审美的心理活动,对于教师来说,只有准确把握学生这种心理活动的规律,让学生的"心"真正动起来才能有效地引导学生主动欣赏音乐。心理学家告诉我们,在具体的审美欣赏中,主要表现为三个层次,审美需求、审美兴趣、审美思想,由低到高,组成一个有序的多层次的审美心理定向。对于每个学生来说,他们都有一种了解、欣赏音乐的期待,对于老师所授内容已有所了解的,他们本能地产生一种亲切感,并在情绪上马上表现出急于先听为快的强烈欲望。有的学生只一味想听一些通俗流行音乐,对经典音乐作品不感兴趣;有的学生对较陌生的器乐作品产生畏难情绪,认为它不像声乐作品那样有文字作借鉴,怕听不懂。无论处于怎样心理状态的学生,在他们的原初意识中,都有一种追求音乐美感的期待。那么作为教师,应该及时把握各种心理,并通过各种教学手段,不但满足他们的期待,而且要进一步激发、增强这样的期待,使他们对音乐的审美需求上升为审美兴趣,从被动到主动,进一步产生一种投入、参与的欲望。

例如:有位教师在组织学生欣赏广东音乐《旱天雷》时,这个作品学生比较陌生,但"打雷、下雨"这一大自然的普遍现象,每位学生都非常熟悉,因此,在欣赏之前教师先让学生分组讨论对雷雨的感受。有的组描绘了"久旱逢甘霖",表达农民喜悦的心情;有的组表现"暴风骤雨"造成家园被毁,人们悲伤的心境;有的组创作出"夏日急雨",描写植物、小动物及人们盼雨、观雨、喜雨等复杂心情。这样一来学生对作品产生了亲切感,表现出了欣赏欲望。欣赏了这首乐曲后,教师又让学生分析作者在音乐创作中使用了哪些表现手法,表达了作者怎样的心情。最后,以小组为单位由学生自己选择表现与雷雨主题相关的乐器:如沙锤表示雨,钹表示闪电,鼓表示雷等等,进行表现雷雨的音乐创作。学生显得十分激动,在他们眼里,无不闪耀着喜悦与兴奋的光芒。所以把握好学生的心理活动,就能更好地引导学生积极主动地去欣赏音乐。

②重视欣赏音乐与表现的结合,让学生在艺术表现活动中体验感知音乐

中小学生尤其是小学低年级学生多是行为学习者,让他们安静地坐着并集中精神是一件很困难的事情。听到音乐,手舞足蹈,是孩子的自然反应。瑞士音乐教育家达克罗兹认为:在音乐上,凡声音的强弱、速度的快慢、节奏的长短、声音的高低之各种变化的动感,均可以身体的动作予以外显。但单一的随意的动作,注意力容易从音乐转移,因此活动方式就显得尤为重要。

❋ **教学片段(贝多芬《土耳其进行曲》)**

教师出示一张如下的图:

‖:)) ~~~ ...)) ~~~ .)))))))) ~~~ ..

~~~~~)))))) ~~~~~))))))) :‖

)) ~~~ ...)) ~~~ .)))))))) ~~~ ..

)))))))) ~~~ ...)))))

1. 老师提问:

(1)这张图上有几种不同的符号?

学生答:三种,")""~""."

(2)请注意观察,哪两行相同?

学生答:第一行和第三行相同。

2. 老师讲述:这是为贝多芬的著名音乐曲《土耳其进行曲》所设计的打击乐队伴奏谱。

这里的")"读"迥",用大钹、三角铁等能发出较强、较长音响的乐器;"~~~"读"得儿",用串铃、手鼓、沙球等能发出沙沙响声的乐器;"."读"冬",用木鱼、小鼓、小钹、碰铃等适合点击的乐器。

3. 老师带领学生读伴奏谱：迥迥、得儿、冬冬冬
4. 放录音，老师逐个指点着图谱上的符号，学生随音乐读谱。

土耳其进行曲

1=D 2/4
中快

贝多芬曲

5. 放录音,随音乐进行。一位学生模仿老师指谱,全班学生用打击乐按图谱分组演奏。

6. 换一位学生指谱,再演奏一遍。

7. 再换一位学生,要求作一点变化,不要逐个符号指谱,而是一行一行地指谱。

8. 拿掉图谱,听音乐演奏。

点评:一面欣赏音乐,一面看清图谱,看着来指挥演奏,孩子们会觉得这样欣赏音乐很有意思,也很愿意这样做。如果让孩子一直静坐着不动,他会觉得很难受的,要么不听,要么心猿意马,很难自始至终十分集中精力地去认真听完一曲。这样边演奏边欣赏,孩子必定在努力使自己的演奏能力与乐曲吻合,他就必然要高度注意听音乐了。通过反复地聆听与演奏,这首乐曲给孩子们留下了深刻印象。乐曲的精神气质也就渗透到孩子的心里去了。

——选自《元素　音乐教育》南京大学出版社秦德祥著

③挖掘音乐作品的内涵,加强学生对音乐的感受

在欣赏教学中,教师要关注音乐本体,深入挖掘每一首音乐作品的内涵。要帮助学生正确理解作品的风格、创作动机、创作手法,作品的思想性,表达了怎样的情感,音乐的高潮在何处,运用了哪些音乐要素、音乐表现手段等。

例如:欣赏《二泉映月》时,引导学生结合对曲作者——"华彦钧"身世的了解,帮助学生理解《二泉映月》的情感变化和发展;引导学生运用所学过的音乐表现手法简单分析作品的情感内涵,通过听一听、唱一唱、看一看、想一想、说一说等多种方式参与活动,引导学生从音乐作品中获得较深刻的情感体验,加深对音乐的感悟,引发心灵共鸣。

④采用多种教学手段,引导学生带着问题、有目的地聆听音乐

在欣赏教学中,要充分尊重并信任学生的创造力和想象力,充分尊重并欣赏学生自身对音乐的独特理解和感悟。帮助学生分析和把握音乐形象和音乐内涵的表达方法,把音乐想象与自然、与学生生活、情感联系起来,丰富和满足他们的内心直觉和情感体验。只有当学生的创造性和想象力得到最大限度张扬,学生的主体地位才能得到充分肯定,教师的主导作用才能得到充分发挥。

美国艾伦·科普兰在《怎样欣赏音乐》一书中说:"如果你要更好地理解音乐,再也没有比倾听音乐更重要的了,什么也代替不了倾听音乐。"在音乐教学中应该注意引导

学生带着问题去"听"音乐,培养学生学会主动聆听音乐、体验音乐、理解音乐,使他们通过倾听音乐和在音响的世界中,进入更高的精神境界。同时在引导学生倾听音乐时,教师设计的问题十分重要。每一次提问都应有助于学生进一步理解、感悟音乐,有助于学生音乐欣赏能力和审美能力的提高。反之不能引起学生思考、共鸣的提问要尽量避免。

例如:有位教师在执教乐曲《红旗颂》时,欣赏始终以"听"为先导,采用提问式听、对比式听、想象式听、理解式听等教学方法,引导学生在聆听中准确、深刻和细致地体验音乐作品的情感内涵。

(1)采用提问式"听"。每次分段欣赏前先提一些带有启发性的问题,如:《红旗颂》第一部分主题旋律出现了几次?这部分音乐使你想到了什么情景?感受到什么情绪?……让学生带着问题有目的地聆听,能使学生全神贯注,思维想象也因此积极主动,充分发挥学生审美功能的直觉力和知觉力,获得初步的感性认识和理解,效果很好。

(2)采用对比式"听"。欣赏第二部分的主题旋律片断时,先提问:这段音乐在节拍、节奏、速度、力度、风格、情绪上同第一部分对比有什么变化?这段音乐旋律跟哪里的旋律相同?欣赏第三部分时问:第三部分是乐曲哪一部分的再现?主题旋律共出现了几次?乐曲的节奏、速度、力度、情绪有什么变化?通过在同一作品中进行对比,进一步提高学生的判断分析能力、音乐记忆能力和欣赏能力。

(3)采用想象式"听"。在导入新课后听引子和主题旋律、逐段欣赏中教师都设计了问题让学生随音乐进行想象,如:欣赏乐曲引子和第一部分的主题旋律,这段音乐仿佛把我们带到了怎样的情景?第一部分音乐主题共出现了几次?主题旋律第二次出现时在音调上有什么变化?这种变化在音乐情绪上起到什么作用?你仿佛又看到了什么情景?……鼓励学生在特定情感的基础上大胆地去"猜想",对学生正确感受音乐情感起到很大促进作用,对音乐特征和音乐形象的内在联系有更深的认识,开阔了学生的音乐视野,发挥了学生的音乐想象力,让学生获得更美好的享受。

(4)采用理解式"听"。在逐段欣赏后教师安排了完整欣赏全曲《红旗颂》,由课件展示文字帮助学生理解乐曲的内涵。结合欣赏内容的提示让学生完整欣赏,使学生更好地对作品的结构、情绪、节奏、速度、力度、风格进行对比和理解,领会音乐要素(如节拍、节奏、旋律、音色、速度、力度等)与音乐情感的关系,理解音乐要素在音乐中的表现作用。进一步激发学生对音乐不同情景展开联想和想象,从而提高学生的欣赏能力。

当然,无论我们采用何种方法引导学生欣赏音乐,最根本的仍是关注学生是否在认真聆听,是否用"心"在聆听。只有养成良好的聆听习惯,才能培养学生有一双真正的"音乐耳朵",使他们成为音乐的知音。

40. 如何引导学生体验、品味不同风格的音乐作品

黑格尔曾说:"音乐是灵魂的语言,灵魂借声音抒发自身深邃的喜悦与悲哀,在抒发中取得慰藉,超越于自然感情之上,音乐把内心深处感情世界所特有的激动,化为自我倾听的自由自在,使心灵免于压抑和痛苦……"音乐是情感艺术,音乐的魅力在于能给人们一个驰骋的想象空间,没有想象的人生是苍白的人生。

不同的音乐作品受时代、国家、民族和地域的影响,加之创作者在生活经历、思想性格和音乐语言等诸多方面的差异,就形成各具特色风格的音乐作品。如何引导学生体验品味不同风格的音乐作品?

(1) 了解作品背景

从哲学普遍联系的观点来说,世界上的任何一件事物都不是孤立存在的,它们是一个普遍联系的有机整体。音乐作品当然也不例外。在欣赏它之前,首先必须对它有所了解,这里的"了解"不只是力度,表情术语……更重要的是它的背景,其中包括作品产生的时代、作曲家的生活经历、艺术道路、创作个性以及作品的创作意图。这些才是作品的"根"。

另外,还应该了解作品的"双重性",即地域性与时代性的统一。地域性,就是指不同的地区、不同的生活习惯、不同的地理环境所形成的具有地方特色的乐曲。"一方水土养育一方人",如各民族的方言、各地的民歌、各地的地方音乐等,音乐作品的创作提供了多样化的地方音乐素材。例如:江南的语调柔和,自然环境优美,它所形成的音乐都有着细腻、柔和的特点;那么相对于南方来说的北方音乐,由于北方人的语言粗犷、性格豪爽,那里没有江南水乡的秀雅,但却有冰天雪地的北国风光,这便形成了刚劲、有力、豪放的北方音乐风格。所谓时代性,是指不同的乐曲在不同的时期、不同的社会背景下所突出的时代意义。例如,有述说个人不幸人生,憧憬着美好未来的;也有歌颂大好河山,激励人们永远向前的。它所反映的是时代的脉搏,时代的精神。

从"双重性"来说,任何一首作品都有其地方风格,这种风格与时代性相结合;反过来说,任何一首时代性的作品都呈现出其地域上的风格特征,二者是相辅相成、不可分割的。因此,在了解作品时,一定要注意地域性与时代性的相互结合,忽略任何一方都不能完整地表达乐曲的内涵。

以《二泉映月》为例,从题目上看是在写江苏第二泉的优美景色,感觉宁静、优美,但作者却是"醉翁之意不在酒",他寓情于景,情景交融;寓情于乐,以乐言志。向世人展现了作者饱经沧桑的人生及对命运的抗争。从地域性来看,作者华彦钧是江苏无锡人,此乐曲具有浓郁的江南韵味,乐句中也呈现着江南小调的色彩及细腻的演奏技巧。从时代性来看,当时阿炳所处时代是军阀混战、日寇入侵的战乱时期,政局腐败、民不

聊生。作为社会最低阶层的民间艺人,他的一生是痛苦凄凉的,而在这种情况下,他却表现出了宁折不弯的坚强性格,向黑暗的社会提出控诉,他是处于阶级压迫、民族压迫之下的反抗精神力量的代表。这首作品苍凉中见挺拔,宁静中见刚直,蕴涵着大气朴实的美感,有强烈的时代意义。所以,在引导学生欣赏这首作品时既应抓住作者的个人阅历和时代背景,又不能忽视江南地区所特有的音乐风格,注意两者的相互统一,这一点对于表现作品的完整性是极为重要的。所以欣赏音乐作品时教师要首先引导学生了解作品的这些"根",学生才能对音乐作品感兴趣。

(2)抓住特色

①运用多种教学手段感受音乐作品风格

运用多种教学手段,在听赏过程中,引导学生通过聆听具体感受音乐作品的旋律、节奏、情绪等体现音乐特色的重要因素,以使其更好地把握作品的风格。同时引导学生通过听、唱、思、议等方法来感知音乐作品的风格特点,在主动欣赏中感知音乐的魅力。

例如人音版(五线谱)二年级下册第四单元的教材,欣赏《加伏特舞曲》。"加伏特"原是法国古代民间舞曲,后传入宫廷。荷兰作曲家、指挥家戈塞克把这种传统的舞曲改编成了器乐曲《加伏特舞曲》。学生对该作品来说还是比较喜欢和感兴趣的,其旋律轻快活泼,音乐风格典雅。但在教学中真正让学生感知作品的高贵典雅还是有一定的难度。教师在设计教学目标时,把"通过聆听《加伏特舞曲》感受并体验音乐高贵典雅的特点,并通过动作和表情体现音乐的风格"作为本节课的主要教学目标。根据《加伏特舞曲》A—B—A 的曲式结构,采用在分段欣赏的基础上让学生整体感知的方式进行教学。

在教学欣赏音乐的第一乐段时共设计了三个环节:

第一个环节是初步感知。让学生随音乐律动,随音乐的旋律进行手势练习,并通过动作与哼唱乐曲的旋律与音乐进行对话,目的是让学生熟悉音乐的节奏和旋律,并对音乐产生兴趣,从情绪上体验作品。

第二个环节是探究尝试。教师通过图片等介绍加伏特舞曲的起源及特点,并从图片中人物舞蹈表演的动作造型入手,直入音乐风格的主题,然后让学生说一说造型的特点——即加伏特舞蹈的特点:高贵典雅。说一说乐曲节奏有什么特点,速度上有什么特点。并试着让学生进行表演,让学生在音乐表演中体验高贵典雅的音乐风格。学生兴趣正浓时,教学转入第三个环节。

第三个环节是欣赏表演。教学中先让学生观看一段优美典雅的加伏特舞曲视频,然后在教师的示范下进行体验学习加伏特舞曲的动作,边聆听音乐边表演。教师充分发挥引导作用,在教学示范中突出表现与作品音乐风格相吻合的几个基本动作:男同学脱帽邀请，女同学拉着衣裙，如何彬彬有礼，如何用自己的眼神与舞伴交流，如何自然大方地表演等。教师本人不断与学生进行表情、动作的交流，把音乐作品的风格融合在自己的教学示范中，融合在学生的自我探索、学习、切磋中，让学生充分感悟，并通过表演引导学生品味加伏特舞曲的音乐风格。

②反复吟唱体验风格特色

有人把欣赏现场音乐会比作享受新鲜的大餐，而听加工过的 CD 唱片则是吃罐头食品，这就说明现场交流激发出的情感体验是无法替代的，教师声情并茂的范唱应该是课堂上点睛之笔。很多教师在课堂上不喜欢范唱，也许认为自己的声乐技巧不高，也许自己并不喜欢所教的歌曲，更有可能，对所教的歌曲还不熟悉。试想，如果教师都没有把歌曲特色风格唱好听好，又如何要求学生把握歌曲的风格呢？例如：《花木兰》《穆桂英挂帅》中的片断等等，模仿其唱腔去演唱会使学生很轻松地掌握河南地区这类个性音乐的特点。歌剧《江姐》中的《红梅赞》，这首作品具有浓厚的地方色彩和乡土气息，并以四川民歌基调为主，广泛吸取了川剧、婺剧、越剧、四川清音、京剧等各种风格语汇加以创作而成，有强烈的戏剧性，又有优美的流畅的歌唱性，它保留了原歌剧的音乐风格，所以教师多范唱《红梅赞》会使学生真正地了解"红梅"的精神，以及全曲的主题。对待国内的作品是这样，对待国外音乐作品也应该是这样。例如：《卡门主题幻想曲》，它来源于歌剧《卡门》中的咏叹调。对待此类作品，教师多引领学生演唱不同风格的作品片段是十分有益的。

③朗读歌词，把握风格之美

歌唱的基本功体现在咬字、吐字、归韵、收声等方面。要使学生的歌声纯、清、远、美，就必须在咬字、吐字上下工夫。"书读百遍，其义自现。"我们可以通过歌词的朗读，学生反复读，教师加以适当指导，让学生细细揣摩，体会歌词的内在韵律，深刻的内涵以及所蕴涵着的丰富情感，通过感情的体验去把握歌词语调、语气的轻重缓急，让学生在语言、语调的变化中体会旋律的变化。运用这种方法可以启发学生在学谱时用歌词去解释音乐的某种意境，领悟音乐的风格。例如在教歌曲《剪羊毛》时，可以先让学生随着歌曲伴奏，按节奏有感情地朗读歌词，这样既容易让学生掌握附点八分音符的节奏，降低学谱的难度，又能让学生通过歌词的朗读，去体会旋律变化和歌曲的意境风格。通过这种方法，学生可以很轻松地学会歌谱，让优美的曲调与诗般的语言完美地结合起来，使学生读出韵，读出情，读出诗情画意，让他们陶醉其中，感受歌曲的风格美。

（3）感悟作品的情感特色

音乐艺术是情感的艺术，是人们情感的凝聚。任何一首作品都应从意境着手，以情感为切入口，这样才符合艺术审美活动的规律。音乐的两个更为重要的特点：一个是"声"，即音响；另一个是"情"，即"情感"，两者缺一不可。成书于汉代的《毛诗序》中说:"情发于声,声成文谓之音。"可见,情感在音乐中的作用是举足轻重的。

感悟音乐作品的情感首先要为学生创设情境,这是"情感化"的基础和前提。这就要求教师必须积累各种类型的素材,为情感的演绎做好充分的准备。积累素材的途径很多,例如:从电影、戏剧、舞蹈……积累各种丰富的图像,并在情节中感受音乐,了解每个地区的风土人情,生活中的喜怒哀乐,使这些事和像与学生的情感相结合,这是培养情感的第一步。其次,要培养学生的想象力。每首作品都有其特定的情绪,特定的图像画面。创设情境,让学生融身于事,融情于景,在联想中产生共振,情发于其中而产生共鸣。例如:《空山鸟语》是一首技巧性较为突出的乐曲,重在突出画面与意境,它向人们展现了空旷的山岭,清脆的鸟鸣,更是动与静的完美结合,在想象中欣赏此乐曲,会发现其别有一番风味。再以《葡萄熟了》为例,它描写了新疆葡萄园里的丰收景象。一串串可人的葡萄诉说着人们的辛勤劳动,一幕幕忙碌的场景表现着又一年丰收的喜悦。伴着舞蹈性的节奏,想象丰收的喜悦,会调动学生每一个律动的细胞,使学生在轻松愉快中感受那种收获的美好。想象的重要性可见一斑。有了想象,才会有"莫扎特的作品是永恒的阳光""贝多芬是矗立的高山""巴赫是小溪、是大海"的种种感叹。乘着想象的翅膀去欣赏,去理解,让学生心中有诗情,眼前有画意,流淌在耳中的音乐也就充满了生命的灵气。

情感是渡水的飞舟,登天的云梯。但丰富的情感不是一天能形成的,它需要教师引领学生从学习和生活中去点滴的积累。"不积跬步,无以至千里;不积小流,无以至江河。"只有日积月累,才会使学生的感情丰富,情思细腻,才能成熟地去感受音乐风格的美,从而挖掘出作品中的音外之音、景外之景所蕴涵的丰富内涵。学生迈着富有情感的脚步,会发现音乐的魅力之所在。

总之,掌握音乐作品风格的方法是多样化的。综上所述的三个方面,即:了解作品、抓住特色、感悟情感是教师引领学生敲开音乐风格"大门"的关键,它有助于学生欣赏音乐、思索音乐、理解音乐、走进音乐、欣赏音乐,培养学生对音乐的终身热爱情感。

41. 在音乐教学中如何开展创编表演活动

创造性发展是音乐课程的主要价值;重视音乐实践,鼓励音乐创造,是《全日制义务教育音乐课程标准》的基本理念之一。如何体现音乐课程的创造性发展价值?如何在音乐实践中进行音乐创造?开展音乐创编表演活动就是一种行之有效的方法。

(1)音乐创编表演活动的内涵与理念

①什么是音乐创编表演活动

创编,就字面上而言,可拆分为创造、编排。编排是按一定的次序排列。音乐创编表演活动是学生在一定的情景和环境下,受某种气氛或情绪感染、触动、启发而产生音乐创造的活动。它是音乐课堂中的音乐实践，更是音乐课堂中的音乐创造。从内容上说，音乐创编表演活动包含于音乐即兴创造中，更突出、更直接地表现在创编表演上；从形式上说，音乐创编表演活动常常体现在以律动、歌表演、集体舞等形式表现歌曲，以即兴创编为主，增强对音乐的艺术表现力。

②音乐创编表演活动包含的理念

A. 音乐创编表演活动应关注学生兴趣

兴趣是人积极探究事物的认识倾向。当学生感到有趣时，才会主动参与；当学生充满乐趣时，才会更加积极；当学生饱含热情时，才会具有创新活力。没有一定环境和气氛，就不能激发学生的兴趣；没有学生的兴趣，就难以有创造性的发挥。教师要围绕音乐主题，采取以音乐为主线的、丰富多彩的各种形式，调动全体学生的积极性，为学生的音乐创编表演活动提供条件。

B. 音乐创编表演活动与综合艺术表演紧密相连

感受与欣赏是一种音乐感知，表现与创造是一种音乐表达，音乐与相关文化是一种触类旁通的音乐拓展。从表达音乐的角度说，创造是一种音乐表现，表现也是一种音乐创造。综合艺术表演以演唱教学为主，以律动、歌表演、集体舞、简单的音乐剧等艺术表演活动教学为辅，共同的外在形式决定其与音乐创编表演活动密不可分。将两者有机地融合在一起，发掘学生的音乐表演潜能和创造性意识，实现对音乐的独特演绎。

C. 音乐创编表演活动需要合作

音乐课程目标提出：充分利用音乐艺术的集体表演形式和实践过程，培养学生良好的合作意识和在群体中的协调能力。一方面，合作作为课程目标，是进行音乐教学需要达到的，音乐教学中要因势利导，恰当地开展各种形式的合作，培养学生的团结协作能力，除合唱、合奏外，音乐创编表演活动也是学生合作的有效载体；另一方面，交流产生对接，碰撞迸发火花，音乐创编表演活动需要课堂参与者运用各种感官，调动集体智慧，进行优化组合，撷百家所长，扬独特感想。

D. 音乐创编表演活动因评价而提升

评价具有教育、激励和改善的功能。音乐创编表演活动中的评价应当发挥其特有的导向功能和激励功能，让学生在认识自我、完善自我的同时，积极接纳他人、学习他人，分享合作的快乐，促进其潜能、个性、创造性的发挥，使学生具有进行音乐创编活动的自信心和持续发展能力。这种评价可以看做教师学法指导的一部分，促使学生自觉地"反思"，逐步认识并掌握音乐创编表演活动的规律和方法，提升整个活动的质量和水平。

(2)音乐创编表演活动的开展

①引导想象,激发创造

即兴创造,好比在一个巨大的格子里,竭尽全部创造性的才能,临时组织表达方式的能力;只要在这个格子里,随便怎么碰撞都可以。巧妙引导学生理解所要表达的音乐内涵,围绕音乐创编的主题展开想象,有兴趣用自己的表现方式表达音乐主题,音乐创编表演活动就有了一个良好的开端。教师对学生进行引导的方法多种多样,紧紧抓住音乐内容,使学生用耳听、用脑想、用口说,为创编做内容、形式上的铺垫。在这里,情景的创设、语言的启发、对学生思想的点拨、激励和肯定,都是必要而重要的手段。

❖ 案例片段一

小学一年级《青青竹子会唱歌》

A. 教师:今天游老师想带大家到我的家乡——罗源县霍口畲族古老的乡村去看一看,我们和那里的畲族小朋友一起玩游戏好吗?(出示课件,介绍畲乡)

教师:从画面上你们都看到了什么?

学生:……

B. 教师:大家说得真好!在那里你能看到秀美、清澈的岱江水,奇特的岩石,竞相争艳的山花和郁郁葱葱的竹林。(教师边口述边在黑板上用简笔画的方式勾勒出畲乡的景象)

说到畲乡的竹子,你们知道吗,它的用途可大了,它不但能用来编竹席、竹器,给畲族人民带来财富,而且还能唱歌呐,不信你听……(多媒体播放打击乐的节奏声……认识竹制工具,师示范"打枪担"舞蹈并带生熟悉节奏及练习)

C. 教师:都说畲乡每片竹叶都有一个美丽的故事、每根竹子都能唱出动听的歌谣,让我们来听听。(播放课件:朗读声——青青竹,会唱歌;什么歌?仔细听……)

请你们先听听游老师心中的竹子唱的是什么歌……畲族、汉族是一家,是一家。接下来老师也想听听你们心中的竹子唱的是什么歌?

(教师把学生创编的歌词写在黑板上)

点评:案例中,教师通过视觉观察、语言表达、勾勒图画等方式为学生展示畲乡的美丽景象,从介绍家乡的竹制劳动工具入手,对将要出现的节奏型进行预知,引导学生想象竹子和劳动工具所能发出的音响,逐步进入节奏,从音响听觉的模仿到八分和四分节奏的听辨,从用劳动工具表演的"打枪担"舞蹈到新词的自由创编,充分激发了学生的创造热情和潜能。

福建省罗源县实验小学游方硕(第五届全国中小学音乐教学现场评比一等奖)

②积极参与,小组合作

音乐创编表演活动可以以个人的方式展现,也可以以小组的、集体的方式展现。个人表达的方式稍显单薄,表现音乐内容的力度不够;集体表达的方式又略为繁复,难以兼顾全体,操作不够灵活。小组合作创编的优势在于每个学生有独立思考、自主探索的时间和空间,又有与组员合作交流的机会;既能够形成自己对音乐的独特理解和表达,又能够在思维的汇聚中得到逐渐完善。在小组合作前,教师要有意识地将不同层次、不同类别的学生组合在一起,使每组学生的音乐创编表演水平大致相等;教师必须使学生明确学习任务,提示学生既要敢于发表自己的见解,也要善于倾听他人的意见,优势互补。

◆ **案例片段二**

小学三年级音乐表演课——童话剧《黄桷树的故事》片段

(在学生熟悉了黄桷树和棕树的音乐,同桌同学设计了对话、语气、表情、动作后,将学生分为四组)

教师:让我们分别来创编表演前四幅图的其中一幅,创编时可以将我们所知道的有关黄桷树的歌曲、快板、欣赏曲表演、自编儿歌等运用在其中,比比哪一组编得好,有自己的独特之处,也比一比哪组能在组长的带领下认真、和谐、合作地开展活动。(教师巡视指导,学生进行编排)

学生:分为四个组,选四幅图中的一幅进行创编。每组中学生两人分别扮演黄桷树和棕树的角色,其余学生扮演背景,扮演背景时突出家乡的地貌特点。

(以下是各组的创编)

A. 第一幅图

在主题音乐中,黄桷树和棕树来到重庆(律动进入);扮演背景的学生以快板《黄桷树高又高》的节奏为基础,配以自制打击乐器,编儿歌说家乡的美景;黄桷树和棕树听完后进行简单对白和配乐动作表演,示意要在重庆安家。

B. 第二幅图

黄桷树和棕树先进行简单对白,棕树示意黄桷树在路边休息,自己先选选地方;两个主题音乐依次响起,棕树表演四处游走的动作,黄桷树表演落地生根的动作;扮演背景的学生进行歌表演《黄桷树下是我家》。

(以下略……)

点评:在这个片段中,教师提供给小组合作创编表演的机会,规定其活动规则:教师使每个学生非常清晰地知道自己(或本组)将要完成的创编活动,也明了自己手中可以运用的现有资源,给小组提供了交流、讨论、共识、演练的时间和空间;向学生阐明小组活动的注意事项,避免了无效的小组合作。同时,在学生开展创编表演的过程中,教师走到学生中间,在组间针对学生创编中的各种问题进行及时有效的指导:如对开展得好的小组加以表扬并提出更高的要求,对遇到问题的小组进行点拨等,保证了小组合作创编的顺利进行。

C. 展示交流,共享成功

每个人都有表现的欲望,希望得到别人的承认和赞许。学生的音乐创编表演需要展示的舞台和成功的激励:有展示才有发现,有发现才有发展,学生的音乐创编表演潜能总是在不断的展示、发现、发展中成长起来的;有成功的喜悦才有后来的兴趣,有成功的经验才有再试的信心。

D. 巧妙评价,拓展思维

音乐创编表演活动的评价重在"导向性",即使学生了解自己在创编表演上的进步,看到自己在创编表演上的不足,学习到创编表演的有效方法,为学生今后的创编表演活动指明路径,起到激励和拓展创编思维的作用。

❖ **案例片段三**

小学六年级《地球,人类的家园》

(分组展示中)

主持人:请同学们分组展示准备的资料,表达感想。

A. 朗诵组(学生自己创作小诗,采用配乐诗朗诵的形式)

女:只有一个天,

男:只有一个地,……

教师:他们采用了配乐诗朗诵,从音乐上、朗诵上带给我们不同的感受。

学生:音乐选择得当,朗诵声情并茂,表达了对地球的珍惜之情,这种方式既是诗歌,也跟音乐相关,还非常美。

教师:这种将诗歌朗诵和音乐结合起来的方式,使我们的课堂有了延伸。

B. 自然音乐组(学生们带来了自制的音源:用矿泉水空瓶装上沙子制成沙锤,用方便筷把铁片穿起来,制成串铃,还自带木鱼、铃鼓,有的学生用"口技"学鸟,等等)

教师:我享受了一场听觉的盛宴,你们呢?

学生:他们用矿泉水空瓶、沙子、铁片、口哨模仿了很多大自然的声音,充分展现春天里小鸟呼朋引伴在枝头跳跃的情景,很有创意。

教师:我觉得从整个音响上还有一些细节应当注意,比如力度、速度的处理,音响效果还可以更好。

学生:我们这组的各种声音强弱可以有一定层次变化,各种音响出现的先后也可以不同,这样更能表现春天万物复苏的活泼与生动。

教师:他们的表演还告诉了我们,可以利用各种资源进行无尽的探索。

点评:从教师的评价中,学生收获到许多东西,创编表演的思路大为开阔,知道从哪些方面来完善自己的创编,如创编表演需要的音乐、合理的表演形式、创意的表演构思等,也学会了如何去评价别人的创编表演;从学生的评价中,学生得到了中肯的意见和建议,得到了别人的认可和鼓励,让他们有兴趣和信心去开展音乐创编表演活动。评价把合作创编领入了探究实践、创造更新的新境界。

河南商丘师范学院音乐系潘龙华

42. 在音乐教学中如何进行节奏训练

知识与技能作为三维目标之一,明确提出应当让学生学习和了解音乐基本表现要素,节奏就是其中不可或缺的一员。《全日制义务教育音乐课程标准》下开展课堂节奏训练有哪些要求和注意事项,怎样开展节奏训练等等,都值得我们去探讨。

(1)节奏的定义和节奏训练理念

①节奏及相关概念

把不同长短的音组织起来,使音的运动轻重缓急形成一定的规律,成为声音长短与强弱的组合,这就是节奏。对长短音与强弱音的感觉及反应能力,称为节奏感。对学生进行节奏训练,也就是培养学生节奏感的过程。节奏感的基本能力包括听辨音的长短、听辨音的强弱。

②节奏的重要性

节奏在音乐中的地位十分重要,它和旋律是构成音乐的两个基本成分。节奏是曲调的骨骼,音乐的生命,音乐可以没有曲调,不用乐音,但永远离不开节奏。节奏可以脱离旋律而存在,表现为不定音高的疏密、断连的点、线组合形式,比如打击乐演奏时用的节奏;但旋律却离不开节奏。音乐课堂对学生进行音乐知识与技能的培养,节奏训练的重要性不言而喻。

③《全日制义务教育音乐课程标准》对节奏训练的要求及开展节奏训练的注意事项

A. 音乐审美与知识技能的有机统一

节奏是音乐基础知识的重要构成,音乐审美是音乐教育的重要价值,两者相悖吗?音乐教育的理想目标是丰富学生的审美情感体验,使其具有一定的审美能力,让生活变得丰富多彩,让行为举止变得文雅和充满爱心。音乐审美教育的基本原则之一就是:教学中,充分揭示音乐要素(节奏、旋律、音色、和声、力度、速度等)在音乐中的表现作用。可以这样说,音乐审美是音乐教学的目标,知识技能(包括音乐要素,包括节奏等)的掌握是一种"方法论",是为音乐审美服务的。两者是相辅相成的有机统一体。

B. 节奏训练蕴涵于各个音乐教学领域之中

作为一种音乐基础知识,节奏自始至终贯穿在音乐教学中,贯穿在学生学习音乐的过程中。进行节奏训练不能是灌输死记硬背的知识,而应当融入音乐教学的各个领域。

感受与欣赏是重要的音乐学习领域,是整个音乐学习活动的基础,它可以发展学生的听觉,培养学生良好的音乐感受能力。感受与欣赏的内容标准直接包括感受和听辨节奏的变化。表现这一教学领域包含了演唱、演奏、综合性艺术表演和识读乐谱四项内容,演唱和演奏需要准确的节奏;在律动、集体舞等综合性艺术表演中节奏感是必须具备的;乐谱是记载音乐的符号,是学习音乐的基本工具,识读乐谱离不开节奏。创造领域首先呈现的是探索音响与音乐,要求学生能用打击乐器或自寻音源探索声音的强弱、音色、长短和高低;而即兴创造则要求学生能将语言用不同节奏加以表现。节奏在音乐创造中随处可见,可圈可点。舞蹈、戏剧与音乐融为一体,如果没有节奏为载体,就无法表现;诗歌是无韵之音乐,讲求音韵美、节律美;乃至于书法、建筑等等,都和节奏有着千丝万缕的联系。因此,节奏训练蕴涵于音乐教学的各个领域之中。

C. 创设音乐情景,在音乐实践中展开节奏训练

音乐是实践性和操作性很强的学科,新课程需要的是学生具有适应终身学习的音乐基础知识、基本技能和方法,它摒弃了以往系统的音乐知识的教学内容和单纯的基本功训练;新的音乐教学倡导开放性和生成性,注重学生的音乐兴趣和音乐体验,注重学生的音乐实践。在节奏训练教学中,教师应当创设音乐情景,尽可能地为学生提供参与音乐实践活动的机会,引导学生对音乐节奏作出反应,以增强学生的节奏感,而不是进行枯燥的、单纯的训练。

(2)节奏训练的方法

节奏训练的方法有很多,在这里,只列举其中的一部分。

①节奏模拟训练

节奏模拟训练包括听读节奏、听奏节奏、听辨节奏、律动(节奏动作)等,这些节奏训练方法主要从听节奏长短、判断和模仿等方面入手,使学生感知节奏。

◈ **案例片段一**

小学一年级《广东狮子锣鼓》

A. 播放锣鼓乐,教师组织学生做舞狮动作进教室。

学生随着广东狮子锣鼓音乐片段做简单舞狮动作——按节奏走步,进入教室。

(解读:用走步的动作形象感受锣鼓节奏)

B. 教师问:大家刚才听到的音乐是用什么乐器演奏的?

学生说出自己的感受,并初步了解锣、鼓、钹乐器。

C. 教师敲鼓,学生聆听鼓声,看谁抢记节奏最快。

(解读:以游戏方式听辨锣鼓节奏)

D. 教师问:谁能用手拍出这些节奏?

学生试着跟着锣鼓点用手拍出锣鼓的节奏。

(解读:以击拍方式听奏锣鼓节奏)

E. 教师演奏锣鼓的同时,口念锣鼓谱,问:有什么变化?看谁能念出来。

学生观察老师的演奏变化(加口念),首次感受锣鼓的原始鼓谱。

(解读:听读锣鼓节奏,听辨其节奏变化)

F. 教师问：谁能边敲边读鼓谱？

个别学生尝试边敲边读鼓谱，其余学生边读鼓谱边拍手。

（解读：听读、听奏锣鼓节奏）

点评：在上面的案例片段中，教师运用了听读、听辨、听奏的节奏训练方法，学生以听为媒介，把听到的节奏短句用读、奏等方式再现出来，从用走步方式感受节奏，到游戏方式听奏，以击拍方式感受节奏，再到听读、听辨节奏，在这里，教师运用了口念锣鼓谱的方式，增加了节奏训练的趣味性，学生也由浅入深地熟悉了广东狮子锣鼓的锣鼓节奏。

广州市海珠区昌岗中路小学伍毅韵（第四届全国中小学音乐课现场评比一等奖）

此外，律动也是节奏模拟训练的一部分，它是在音乐或节奏乐器的伴奏下，根据音乐的性质、节拍、速度做有规律的律动性动作。律动一般可以做形象模仿动作，还可以模仿成人的劳动以及基本舞步练习；律动可以是单一动作的重复，也可以是相关的几个动作连接组合成律动组合。

②内心节奏训练

内心节奏训练包括视读节奏、视奏节奏、听写节奏等，从看谱、听辨、拍读入手，在学生感受节奏的基础上，培养学生的节奏感。

❖ **案例片段二**

小学四年级《土耳其进行曲》

教师编上歌词，演唱《土耳其进行曲》的主题音乐，同时出示带词节奏谱。

教师：今天我们又见面了，大家高兴吗？李老师也非常高兴，我想唱一首高兴的歌。

节奏谱例：

真高 兴呀｜真高 兴呀｜哈哈哈哈 哈哈｜哈哈 哈！｜
真高 兴呀｜真高 兴呀｜哈哈哈哈 哈哈｜哈！0｜
你也 来呀｜我也 来呀｜哈哈 哈哈｜哈哈 哈哈｜
真高 兴呀｜真高 兴呀｜哈哈哈哈 哈哈｜哈！0‖

学生学唱，再创编歌词唱一唱。

（解读：学生将看到的带节奏符号的语言短句唱读出来）

广州市东山区先烈中路小学李秀娟

点评：在这个导入环节的片段中，教师运用了带节奏符号的语言短句，加上《土耳其进行曲》的音调，带领学生视读节奏并唱自编歌词，学生在熟悉乐曲的节奏型时，也熟悉了乐曲的主题音乐，可谓一举两得。

在这类训练中,节奏谱作为不可缺少的成员出现,教师展示的节奏可以是图形谱、节奏符号、带节奏符号的语言短句、带节奏符号的数字短句等;教师还可以带领或引导学生把看到的节奏用乐器奏出来,这里的乐器可以是身体乐器、打击乐器、音源"乐器"等;听写节奏时,教师要根据学生的认知情况把握好节奏的难易程度,可以读节奏、奏节奏、拍节奏让学生听写。

◈ **案例片段三**

小学六年级《老鸟小鸟》

教师出示歌谱片段:

高声部 { $\frac{4}{4}$ 3 5 2· 3 | 1 2 1 6. — | 1 6. 3 1 3 | 2 — — — ||
　　　　 小　鸟　　小的时候,　　　老鸟喂小　鸟。

低声部 { $\frac{4}{4}$ 0 0 0 0 | 0 0 6 6 | 0 0 0 0 | 0 0 6 6 6 ||
　　　　　　　　　　　　　啾 啾　　　　　　　　　啾啾啾

合唱中,要求低声部在休止时心中默数休止的拍数,在应唱时准确地唱出。

点评:教师利用歌曲低声部填充节奏,采取让学生默念节奏的方法,获得准确的休止时值,在使学生熟悉两个声部旋律的同时,训练了学生的内心节奏感。

内心节奏感是节奏训练的最终目的,在教学中,要有意识地训练学生的内心节奏感。要在击拍、划拍、读节奏的基础上,逐步转化为不靠音响、形体的帮助,而凭心智准确地掌握节拍、节奏。

③协同合作训练

协同合作训练指节奏声部合奏,包括卡农、二声部节奏合奏、多声部节奏合奏等,主要通过合作进行节奏练习,增强节奏感。

◈ **案例片段四**

小学一年级《找春天》

1. 教师播放课件:雪融滴水声,春雨沙沙声,春雷轰隆声,小鸟鸣唱声。

教师问:这是什么声音?你能学一学吗?

学生分别猜一猜这些声音,并模仿读一读。

2. 教师出示小图标并贴于黑板上,组成图形谱。(四个声部排列:春雨沙沙,春雷轰隆,春水滴答,小鸟喳喳)

3. 教师问:你还知道有哪些声音是春的脚步声?

学生观察课件《春景》——配乐曲目为《春之声圆舞曲》,内容为:冰雪融化,细雨飘洒,树叶萌芽,小草泛绿,百花盛开,鸟儿鸣唱……想想、说说,并边读模仿其声音的象

声词边模仿动作。(如:青蛙醒了,春风轻轻吹,蜜蜂嗡嗡等)

教师按照学生所找的声音用小图案标记在图形谱上。

教师:让我们把春天的声音重叠起来,汇成春天的小合唱吧!

学生在教师引导下将找到的声音进行组合,在教师和小老师的带领下进行二声部的模仿。

点评:教师创设春天的情境,启发学生用象声词模仿节奏,并带领学生将图形节奏进行组合,在模拟自然界音响的同时,也尝试了二声部节奏的合奏,培养了学生的内心节奏感。

节奏合奏时,教师可以将学生按声部需要划分,各自负责自己的声部,组与组之间协作训练;也可以不分组,每个学生都要负责两个声部的节奏,比如手和脚拍击不同节奏、口与手发出不同节奏的音响等;还可以做固定节奏的练习。

音乐可以没有旋律,但音乐不能没有节奏,节奏训练对学生至关重要,音乐教师应当将节奏训练贯穿于教学的整个环节,不断探讨增强学生节奏感的有效方法和途径并运用到课堂教学中。

43. 音乐课堂教学中运用讨论法应注意什么

随着课改的不断深入,"讨论法"应用在中小学音乐课堂上早已不是什么新鲜事,很多教师都习惯用这一方法。什么是"讨论法"?"讨论法"是指在教师指导下,学生以全班或小组为单位,围绕教材的中心问题,各抒己见,通过讨论或辩论进行教学的一种教学方法。在音乐教学中,讨论法能更好地发挥学生的主动性、积极性,有利于培养独立思考能力、口头表达能力和创造精神,能促进学生灵活地运用知识,提高分析问题、解决问题的能力。但是,由于在音乐课堂教学中"讨论法"运用不当,也造成了"讨论走过场""讨论无效果"等一系列的问题。因此,我们在音乐课堂教学中运用"讨论法"要注意以下问题:

(1)讨论的内容要恰当

课堂讨论,就是教师展示某个问题和现象,引导学生发表自己的见解或进行论证。要想让学生有话可说,有理可辩,出现真知灼见,选择讨论的问题应该是精心策划、深思熟虑,而不是信手拈来、随随便便。首先,讨论的内容要能够引起学生的学习兴趣与注意,并且能够帮助学生更好的学习、理解音乐作品和音乐知识、技能。其次,讨论的内容难易要与学生程度水平相当。内容不能太简单,张嘴就能回答的问题没有讨论的价值;但问题也不能过于繁难,太难的问题没有学生能够发言,引不起学生的争辩,讨论的意义也就不存在了。例如:学唱歌曲《青春舞曲》,在学生唱熟歌曲之后,教师提问:"除了唱歌,我们还能用其他的什么方式来表现歌曲?"这时候,学生各抒己见,有的说用舞蹈载歌载舞;有的说用器乐合奏等等,这时候教师就让学生根据自己的意愿结组讨论、练习、创作,最后在教师的指导下展示他们的成果。

(2)讨论的时间要充分

讨论的程序为提出问题——自由讨论——发表见解——教师小结四个阶段。要完成这个过程,教师必须给予学生充裕的讨论时间,环环相扣,真正调动学生的积极性和内在潜力,这样课堂上才有可能出现激烈的争辩,引发精彩的奇思妙想。切忌讨论时间不充分、走过场,讨论时间长短视具体情况灵活掌握。这就需要教师应对学生的知识储备、接受能力有所了解,对问题引起的反响有预见性。问题提出后应让学生阅读有关的教材和必要的参考资料,做好充分的背景知识准备;对于有些议题也可以提前告诉学生,指导学生在课外收集资料,使学生有思想和素材方面的准备。例如:讨论"音乐与生活的关系"在课前应提前告诉学生,让学生在课外收集有关资料,然后课堂上交流、探讨自己对"音乐与生活的关系"的看法、见解,讨论时间根据具体情况,让学生有充分讨论和发表见解的时间。

(3)讨论的组织形式要合理

固定的课堂模式,讨论一般都是同桌二人或前后左右四人讨论。但是,这种组织形式结论多,学生在课堂不能充分展现,会打击未发言小组参与讨论的热情和积极性。另外空间组织固定,缺乏灵活性也不利于讨论和讲授的自由转换。但是,如果整堂课都是讨论也适用此方式。讨论的空间组织虽然仅是形式,但空间安排合理的话,能调动学生的主动性和积极性,所以讨论形式多以圆形、U字形为主,目的是不仅听到对方发言,还要观察到对方的神态表现,从更多的角度获取信息。总之空间组织要有利于调动全体学生的参与热情,要有利于精辟言论的凸现。

(4)讨论人员的构成要灵活

讨论的过程,是一种团结协作的过程。教师应关注讨论人员的合理构成,人数多少无关紧要,关键是如何根据学生不同的知识结构、学习成绩、学习风格等来优化组合,也可以根据学生的音乐兴趣自由组合。一般来说,同桌相互熟悉,前后关系融洽,这样组合会合作愉快,顺利完成任务。"兴趣相投"的学生在一起,观点容易一致;有"活跃分子"的,能引发侃侃而谈,掀起高潮;学生互补地搭配在一起讨论,能相互促进、扬长补短,提供综合性的见解。讨论人员中,教师也应积极主动地参与其中,引导学生围绕讨论内容进行发言并促进学生之间相互作用的发挥。

(5)讨论的结果要评价

对讨论结果的评价是音乐课堂讨论中不可缺少的一环。因为学生充分发表自己的意见后,并不知道正确的观点是怎样的,所以,教师的评价是十分必要的,也是十分重要的。德国教育家第斯多惠曾说过:"教育的艺术不在于传授本领,而在于激励、唤醒、鼓舞。"所以,对学生讨论结果的评价,应以激励为主。对学生正确的观点特别是对有独特见解的发言以及对平时不爱说话同学的发言,应给予肯定和表扬。可以说一些简洁但具有支持性的语言,比如"不错""说得对""好观点"等;也可以把学生的正确观点重复一遍,甚至直接引用学生的用语。对不正确的观点,不能无情地否决,而应先称赞其发言的积极性,然后再采用诱导的方法,将其错误观点一步一步引到正确观点的"轨道"上。不妨用"你很有想法,再好好想一想"等诸如此类的话语。最后,要指出此次讨论中存在的普遍性问题和今后讨论中应注意的问题。总之,激励性的评价,能使学生感受到成功的喜悦,从而对自己有了信心,对讨论充满热情和期待。

总之,在音乐课堂教学中运用好"讨论法",让"讨论有效果"使它真正成为发挥学生主体作用、培养学生创新思维和提高学生能力的一种有效途径。

44. 音乐教师如何唱好歌曲的范唱

范唱,指教师的示范演唱。在音乐教学中,范唱是音乐教师经常采用的一种教学方式和手段。良好的范唱,能激发学生学习音乐的兴趣,调动学生学习音乐的积极性;能帮助学生把握歌曲的情感,进入歌曲的意境;能拉近师生间的距离"亲其师,信其道";能让学生有直观、真实的模拟对象,缩短与艺术间的距离。

那么如何唱好歌曲的范唱呢?

(1)熟悉作品

要范唱好一首歌曲,首先要熟悉它、了解它,做好范唱前的准备。试想如果对作品的创作背景、内容、感情、节奏、力度、风格特点等,一无所知或者一知半解就无法真正领会作曲家要表达的深刻内涵,范唱也就不准确,毫无感染力。范唱前应从以下几方面入手:

①反复朗读歌词,深入挖掘它潜在的内容,认真分析歌词语言的节奏、韵味、语气、语势的规律和特点,遇到不认识的字要查字典,不能含糊其辞。

②唱熟唱准歌曲,做到旋律、节奏、节拍准确。而且能够根据乐句要求,正确换气,歌曲熟练、流畅。

③分析歌曲的旋律线特征(平行、上行、下行),根据旋律线条做不同的处理。例如:上行级进趋于渐强情绪逐渐高涨,下行级进趋于渐弱情绪逐渐缓和。

④掌握歌曲调式,一般来说,大调式歌曲常常表现雄壮明朗或喜悦自信的情绪,而小调式歌曲常表现柔和、忧伤,或暗淡悲哀的情绪。

⑤了解作品创作的时代背景、创作意图以及所要反映的生活内容、思想内涵和情感。在整体上感知和把握作品。

⑥把握歌曲作品的演唱风格,每首歌曲都有其地域风格的属性。例如:南方地区的民歌柔婉秀丽,北方地区的民歌则粗犷豪放。应该能够区分和掌握各种风格的歌曲。

◆ **案例**

一位音乐教师上《渴望春天》一课时,为范唱做如下准备工作:

(1)通过查阅资料和分析,了解到作品《渴望春天》是一首抒情的少年儿童歌曲,是奥地利著名作曲家莫扎特(1756~1791)在1791年用诗人奥弗贝克的一首短诗写成。歌曲节奏轻快、明朗,旋律优美,表现出春天大自然蓬勃向上的朝气,到处充满无限的生机。歌曲为大调式,八六拍,带再现部的单二部曲式结构。

(2)在唱熟歌曲的基础上安排换气。

1 | 1 3 5 i | 5· 5 3 ᵛ1 | 4 4 4 5 4 | 3· ᵛ0 1
来 吧,亲 爱 的 五   月,给 树 林 换 上 绿 装,   让

1 3 5 i | 5· 5 3 ᵛ1 | 2 2 2 3 2 | 1· ᵛ0(后略)
我 们 在 小 河   旁 看 紫 罗 兰 开 放;

(3)根据作品内容确定演唱情绪和风格,明朗愉快,表达了对春天的向往热爱之情。

评析:本节课教师为了范唱好歌曲,在课前做了充分的准备,做到了熟悉作品、了解作品。这样在范唱时就能有把握地、准确地、声情并茂地演唱好歌曲,引起了学生的学习兴趣,为学习歌曲打下了基础。

(2)感情到位

要范唱好歌曲,教师首先要感动自己,才能感动学生,拨动学生的心弦。要以情带声,才能使听众感动。再好的声音,如果缺少了真情实感,歌声也是苍白无力、平淡乏味。感情表达是一个非常重要的问题,既是一种技巧,更是一种修养。它发挥得好,可以弥补演唱技巧的不足,技巧稍差但是唱得很有感情,学生也会听得津津有味。因此,要注意以下几个方面的问题:

①教师不断提高自身艺术修养,多听、多实践、多欣赏各类艺术品种的表演,扩大艺术视野,丰富艺术情感。

②教师对歌曲所表达的思想感情要有深层次的理解,加上自己在演绎中对歌曲的

再现,声情并茂地把表达的思想和情感传递给学生。

③教师在范唱时,要面对学生站在醒目的位置,同时态度自然、亲切、生动,可附带一些表情动作。

④教师在范唱时要随时关注学生,眼神和学生要有情感交流。

(3) 提高声乐技巧

唱好歌曲的关键就是,掌握科学的歌唱发声的基本方法,提高声乐技巧。声乐艺术不是纸上谈兵,美的声音也不是一下就能唱出来的,而是经过长期经常的练习才能具有深厚的功底。教师每天至少保证发声练习半个小时以上,将自己声音调整到最佳状态。发声练习时要重视以下几个方面的问题:

①明确呼吸的重要性,重视练好歌唱呼吸的基本功。

②打开喉咙,稳定喉头,是歌唱基本功训练的核心,这是歌唱者声乐技巧能否顺利发展的关键之一。

③要恰当地运用好歌唱的共鸣,要使声音传得远且圆润,优美动听。

④通过字、声结合的练习来提高唇、齿、舌的灵活运动能力,使之更完美而生动地表现歌曲的情感和内容。

⑤在歌唱发声时,通过发声练习,逐步掌握连、顿、强、弱等全面的歌唱发声技巧,丰富歌曲的表现手段,增强歌曲演唱能力。

⑥在每次练习时,都要保持正确的歌唱姿势,正确的歌唱姿势是进入良好歌唱状态的前提。

通过有规律、有步骤的发声练习,逐步提高歌唱发声的生理机能,调节各歌唱器官的协作运动,养成良好的歌唱状态,使歌唱发声的技术成为歌唱表现的有力手段,为达到声情并茂的演唱服务。

总之,教师的歌曲范唱是学生和教师间的桥梁,是激发学生歌唱兴趣、提高歌唱水平的重要手段,作为一个音乐教师应该不断提高范唱水平,让范唱发挥更大的作用。

45. 怎样为音乐教材歌曲配伴奏

一首歌曲的思想内容和艺术形象,是通过演唱者的再创造来完成的。在音乐课堂教学中,教师如何准确地将歌曲的内涵诠释给学生,教师的范唱就显得至关重要。音乐教师范唱时的伴奏,又通常是使用钢琴,采用即兴自弹自唱的形式来完成,这就需要教师在较短时间内,掌握歌曲的思想内容、音乐形象和音乐风格等,选择恰当的和声、音型,一边编配,一边弹奏,一边演唱,为歌曲的演唱起到恰当的烘托作用。

为歌曲配好钢琴伴奏,按照一般的程序应从以下几个方面入手:

(1)歌曲分析

为歌曲编配伴奏,首先要对歌曲的题材、内容、体裁、结构、旋律等进行分析,这样才能准确地表达歌曲内涵,塑造音乐形象。作为现行的中小学生教材歌曲,其题材和内容丰富多彩,体裁既有颂歌、抒情歌曲、叙事歌曲,又有进行曲、舞蹈歌曲等,其结构既有简单的一段式,又有形成对比的带再现的三段式,因此,在编配伴奏时既不能过于复杂,也不能单调乏味。

(2)和声处理

和声是伴奏的重要组成部分,通过不同和弦的连接、对比、变化和发展,可以更完美地表现歌曲的思想内容和塑造音乐形象,所以,一定要掌握好和声的基础知识和技能。

一般来说教材歌曲尤其是少儿歌曲旋律较简单,在选择和弦时老师们多选Ⅰ、Ⅳ、Ⅴ级和弦,这样做简单可行,但如果只用这三个和弦,弹奏的歌曲就只有一种色彩,歌曲情绪变化也随之消失,不同和弦色彩产生的歌曲力度对比消失。如何为教材歌曲选择和弦呢?

①明确常用和弦的色彩。大三和弦明亮坚定,小三和弦暗淡柔和,属七和弦对主和弦有明显倾向感,了解这些和弦色彩有助于根据歌曲情绪对比选择不同的和弦。

②根据歌曲内容、形象的需要选和弦。

③根据调式的特点选和弦。

④根据歌曲的体裁选和弦。

⑤根据歌曲旋律的风格选和弦。

⑥根据儿童歌曲的年龄特征选和弦。

和弦的选择除了要根据以上几个方面外,还要考虑弹奏者的钢琴演奏水平,多年的实践表明:在用好正三和弦的基础上,力所能及地使用副三和弦,多从伴奏音型上来弥补钢琴演奏技巧上的不足。

(3)伴奏音型的处理

歌曲的伴奏音型能使作品的内容和艺术形象得到更准确、更生动的揭示,有利于作品艺术表现形式的统一。选择伴奏音型应力求简洁、鲜明,便于弹奏。钢琴是一件多声部乐器,音域宽广,表现力非常丰富,其低音厚实沉重宜配单音或空八度重复;中声区音色明亮丰满坚实有力,是钢琴的最好音区,既可弹奏旋律又可弹奏和弦,应该多用;高声区音色清亮,伴奏中常弹旋律,如果要加强力度可以用八度或者是八度和弦等。

伴奏的类型分为带旋律的伴奏和不带旋律的伴奏。

带旋律的伴奏能增强歌曲的气氛与力度,演唱者不容易跑调并容易与伴奏者配合,常采用的方法有单音旋律(可以用高音旋律与低音旋律相结合的方法来避免单调乏味)、和弦音衬托旋律、伴奏音型衬托旋律以及混合使用旋律伴奏等。不带旋律的伴奏(节奏型伴奏)只用和弦、音型衬托,常用于节奏自由、复杂和速度较快的歌曲,给演唱者更多自由发挥的空间。

常用伴奏音型有:

①颂歌体裁的伴奏音型。通常采用平均节奏,并用密集和弦加强力度,速度适中、音域宽广、气势宏伟。

②进行曲体裁的伴奏音型。为了体现节奏铿锵有力、旋律进行平稳的特点,通常采用柱式和弦的伴奏音型。

③抒情歌曲通常采用的伴奏音型有:分解和弦、琶音和弦、震音和弦等。

④舞蹈性歌曲常用的伴奏音型,通常与歌曲所特有的舞蹈音乐节奏结合起来,如新疆音乐所特有的切分节奏,圆舞曲的"咚嚓嚓"等。

(4)前奏、间奏、尾声的处理

前奏是歌曲开始前用乐器演奏的一段音乐,它为歌者起到预示歌曲的主题内容、音乐形象和风格特征的作用。它的出现立即给出了一个具体的音乐形象,为演唱者提示情绪、速度、力度、调式等,使之在思想上做好充分准备,更好地表现歌曲的内涵。前奏不宜过长,一般4~8小节,对于中小学教材歌曲前奏而言,其织体尽可能与首句织体一致,这样便于学生能准确掌握演唱速度,前奏素材可选用歌曲首句或尾句。间奏通常是指歌曲的段与段、句与句之间用乐器演奏的部分,在歌曲中起连接、过渡和承上启下的作用。尾声是歌曲结束时出现的器乐补充,它能增强歌曲的结束感,使歌曲内容表达得更加充分完整。

(5)钢琴踏板的运用

钢琴踏板的运用是一个非常重要的技术问题,踏板运用是否恰当,直接影响到对歌曲艺术性的正确表达。不少音乐教师缺乏对踏板运用的正确认识,要么不用,要么一踩到底。怎样运用好踏板为歌曲增色,这是音乐教师在进行即兴伴奏时应思考的问题。首先应充分了解钢琴踏板不同的用途,其次要掌握好踏板的使用方法,然后根据歌曲内容、情绪、风格特征及和弦配置,设计好踩和放的地方。一般来说,抒情优美歌唱性的歌曲,使用踏板稍多,反之少用。

在为歌曲配即兴伴奏的过程中,要遵循即兴伴奏为教材服务的宗旨。在教学过程中老师的即兴伴奏也不是一成不变的,应根据教学进度和学生实际而有所调整。当学生面对一首新歌曲,老师在第一次示范时,除了声情并茂地歌唱外,钢琴伴奏一定要起到为歌曲增色的作用,要把伴奏与歌唱融合到最佳状态,给学生带来享受,激发学生的学习兴趣。当进入歌曲教学开始阶段,老师的伴奏应简化,突出旋律,采用伴奏不宜花哨,但和声补充不容忽视。当学生已学会歌曲,老师对学生声音、情绪及演唱方法进行分析处理时,钢琴伴奏的提示作用就十分重要,要对学生的歌唱起到融合、烘托以及对歌曲情感强化和升华的作用,以此提高学生对音乐的理解和审美能力。

总之,为歌曲配钢琴伴奏,是我们音乐教师必须具备的专业基本功之一,它要求我们在具备了一定的钢琴弹奏能力、音乐理论、和声基础知识的基础上,经过认真的理论与实践的反复练习,才能达到熟能生巧的地步,同时在平时备课时,也不能忽视对钢琴伴奏的准备,希望年轻的音乐教师们一定要一步一个脚印地坚持练习,持之以恒,最终达到随心所欲的境界。

46. 如何把握多媒体课件制作的音乐性

在新的教育理念的引领下,人们不难发现,运用先进的现代化技术手段进行教学绝不是一种时尚,而是教育发展的必然。计算机多媒体所拥有的声、光、像、彩的效果及承载的信息量是传统教学无法比拟的,它能拓展学生视野、提高学生学习兴趣、激活学生多种感觉,促进思维发展,为学生感知、理解和记忆知识创造条件。

在音乐教学中,多媒体的运用及课件制作必须以音乐为中心,为音乐教学内容服务,突出音乐学科特点,不能光为了吸引学生眼球,而忽略了音乐本身。那么如何把握多媒体课件制作的音乐性,使其更好地为音乐教学服务呢?可以从以下几方面入手:

(1)认真收集筛选与音乐教学内容相关的音乐课件素材

认真收集筛选素材是音乐教师在制作课件时要做的第一步。素材选择的质量直接影响到音乐课件的质量以及教学效果的实现,同时也体现了音乐教师自身的审美素养及对教材的把握。

在教学中,有些老师往往因为平时缺乏收集资料,又不愿花更多的时间与精力准备,临到教学需要时,就只好将就手头仅有的资料,或随便在网络上下载,音响质量和影像画面效果无法得到保证,这样的课件不能起到为教学增色的作用,与其凑合不如不用。

因此,音乐教师平时要多留意收集音乐相关素材,建立自己的音像资料素材库,并多和其他音乐教师交流,尽量做到资源共享。只有这样,在需要制作音乐课件时才会得心应手、左右逢源,才能保证音乐课件的质量。

(2)音乐课件制作应注意把教师在音乐教学中无法实现的教学效果与教学意图凸现出来

在音乐教学中,丰富的教学内容、精美的视听效果往往是音乐教师自身无法达到的。而正确合理运用音乐课件却能起到画龙点睛的效果与作用。例如在介绍乐器分类时,传统的教学只能让学生看一些相关图片,无法把乐器形状与音色联系起来,而通过音乐课件的运用,就十分容易把乐器名称、形状与音色很好地统一起来,视听结合,让学生对这些乐器有更形象、直观、深入的了解。如在欣赏《青少年管弦乐指南》时,教师通过音乐课件,直观地把乐队的乐器、编制及位置呈现在学生面前,在学生有一定了解的基础上,教师让学生模仿乐队编制队形坐好,随着音乐的变化,让学生模仿乐手演奏,使整个课堂马上充满了动态,学生在集体表演的气氛下感同身受。使学生对交响乐队的乐器、编制及位置编排和曲式结构都有了进一步了解,取得了事半功倍的效果。

(3)音乐课件制作应注意使教材中静止的、单一的音乐内容鲜活、丰富起来

例如在欣赏德沃夏克的《第九交响曲(自新大陆)》音乐作品时,通过音乐课件可从多侧面、多角度进行欣赏。除了辅助一些必要的相关画面激发学生学习兴趣、丰富学生的联想外,还可从不同速度、力度、不同音色方面,如不同人声演唱、不同乐器演奏进行比较欣赏,使学生感受不同的艺术处理带来的不同表现力,加深学生对音乐作品的理解,在有限的教学时间里扩大学生的音乐视野,大大激活了教学内容,拓展了学习空间,提高了学习效率。

(4)音乐课件制作应注意把抽象的音乐知识形象化、趣味化

基本音乐知识在教学中是必须要传授给学生的。但在传统的教学中,音乐教师多半是通过抽象的讲授来完成,学生觉得枯燥乏味,也不易记住。而通过音乐课件,可以把音乐知识形象化、趣味化。例如在讲授旋律线时,音乐课件可音像同步,随旋律的音高变化呈现出旋律线条进行的方向,让学生形象、直观地感知与理解什么是旋律线,以及什么是平行、上行和下行等音乐基本知识,同时也提高了学生的学习兴趣。

总之,音乐课件的制作一定要为音乐教学服务,一定要以音乐为主,以培养和发展学生对音乐感知、理解、表现等综合能力为前提,只有这样才能发挥其真正的效用。

47. 音乐教学中多媒体运用应注意哪些问题

当前,随着计算机技术的迅猛发展和普及,多媒体技术在音乐课堂的应用也非常的普遍,它改变了"一支粉笔、一架钢琴、一台录音机"的历史。以其画面丰富、声形并茂、生动有趣等特点,给学生提供直观的感受;通过画面、图片、声音等多媒体技术,带给学生生动的、真实的形象;并引导学生发散思维,帮助学生突破难点,提高教学质量。

但是,多媒体仅仅是教学活动中的工具和手段,不能"赶时髦"为了使用多媒体而用多媒体,在课堂教学中多媒体的应用要恰到好处,让它在教学中起到"画龙点睛"的

作用。因此,在运用多媒体教学时应注意以下问题:

(1)切忌过多依赖多媒体,而代替教师基本功

[**现象**1]某区中小学音乐教学研讨课,有四位教师上唱歌课。但是,出现了一种怪现象,就是四位教师没有一位教师范唱(包括嗓音条件很好的老师)。而且,其中也只有两位教师用了钢琴伴奏,钢琴弹奏也显得不熟练和流畅。他们只是不停用手点鼠标,播放多媒体教学光盘上的范唱和伴奏。怪不得,事后有位其他学科的教师说:"音乐课我们也能上,反正范唱、伴奏都有光盘,用鼠标点一下就行了呀。"

现代教育技术改变了音乐教学的单一手段,开阔了学生的音乐视野和音乐范围,能使抽象音乐理论形象化,具体化。但是,却不能代替教师的基本功。教师在教学中应充分发挥自身优势范唱和范奏,这样才会让学生更加佩服你,拉近师生距离,让他们更喜欢上音乐课。笔者每次上音乐课除了给学生听录音范唱外,总会边弹边唱歌,每次都会引起热烈的掌声,学生说"老师你唱得真好听,我们也想像你一样唱得好听",于是学生上课更加认真了,这可是多媒体不能做到的。教师范唱,不仅仅是教师个人演唱技能的展示,更是一种歌唱情感的表达和激发。教师声情并茂地范唱,不仅能拨动学生心弦,更能激发学生的演唱欲望,用歌声开启心灵,尽情地感受美、展示美。因此,教师应该提高自身基本功的水平,上课多范唱、范奏,不能过多依赖多媒体。因为,教师和学生之间的情感交流是无法用多媒体音像代替的。

(2)切忌注重外表,忽略本质

[**现象**2]青年教师上展示课——欣赏《彼得与狼》,在欣赏乐曲时,教师给学生播放的全是有动画情节的音乐。因为乐曲的内容情节性很强,教师将《彼得与狼》的欣赏曲做成了有精彩故事情节的动画片。课件制作得非常花哨、热闹,大大提高了学生欣赏的兴趣。但整堂课下来,学生记住的是课件中精彩的动画情节,而最重要的乐曲旋律、乐器的音色却没有注意和记住。

实践证明,当音乐与画面并存时,学生最终的注意力在画面要比在音乐多一些,这时候学生听觉就会相对减弱或模糊,会出现"视而不听"的现象。事实上,音乐是听觉的艺术,如果过于强调视觉体验"注重外在的形式"而忽视音乐听觉体验的重要性,忽视了对音乐内涵的关注,不仅不能起到促进学生积极地参与音乐实践活动的效果,而且分散了学生对音乐本身的注意力,教学效果适得其反。其实,音乐教学必须"以听为中心",应围绕着"听"来进行和展开音乐教学活动,不要因为采用了多种多样的"辅助形式"而忽视了"倾听音乐"这个主要的环节。因此,切忌注重外表的"辅助形式",而忽略音乐本质。我们应该有效地发挥多媒体技术对教学的积极作用,设法避免其负面效应,克服一哄而起的形式主义,让音乐课远离虚伪的美丽。

(3)切忌"滥用"多媒体课件

[现象3]音乐的公开课、观摩课、展示课、优质课中教师一律都使用课件,有的老师将课本上的插图、实物教具,甚至歌谱都通过扫描制成课件。一些教师认为"使用课件是时尚、是潮流",认为"没有多媒体教学的课就不是好课""没有多媒体教学的课,也不上档次",真的是这样的吗?

美国大众传媒学家施拉姆指出:"如果两种媒体在实现某一教学目标时,功能是一样的,我一定选择价格较低的那种媒体"。也就是说,选择媒体必须遵循"低成本、高效能"的原则。要追求实实在在的效果和事半功倍的效率。

笔者上《二泉映月》这一课时就深有体会,在讲二胡这一乐器时,我把二胡这件乐器的实物拿到课堂中让学生用手摸一摸,拉一拉,让学生感受二胡的音色,再播放《二泉映月》这首乐曲,学生的学习兴趣一下被激起,对二胡这件乐器也有了更形象直观的了解和认识。这可比将乐器的图片扫描之后制成课件播放,更能激起学生学习的兴趣和积极性。因此,切忌"滥用"多媒体课件,而排斥一些常规教学手段和教学方法。教学中多媒体课件的选用一定要遵循就低不就高、就简不就繁、就易不就难的原则,合理运用、用到实处,要体现出多媒体的效果和价值。

总之,多媒体教学手段的运用给音乐教学带来了生动活泼的新局面,是教育教学发展不可阻挡的趋势。但是,无论计算机技术如何完善,它始终不能完全代替传统的音乐教学方式。这就要求我们音乐教师不仅要有扎实的基本功,还必须掌握多媒体这一技术,把传统教学的优势和多媒体的优势结合起来"扬长避短",为提高音乐教学质量服务。

48. 如何写音乐教学反思

教学反思就是教师自觉、主动地把自己的课堂教学活动作为认知对象,而进行的一种全面深入的思考和总结。教师专业成长的途径包括:专家引领——同伴互助——个人反思;其中个人反思是最基本最重要的环节,因为教学具有独立性;教学反思可以充分唤醒教师的主体意识,重建教师的教学行为。它是提高教师自身素质、改进教育教学方法、提高教育教学质量必不可少的过程,是最值得研究、思考、总结的地方并有助于今后自己教学方法改进、教学思想形成、教学质量提升。教学反思一般可以从以下几个方面进行:

(1)总结成功之处

将教学过程中顺利达到预先设计的教学目的、引起教学共振效应的做法,课堂教学中临时应变得当的措施,层次清楚、条理分明的板书,某些先进教育思想的渗透与应用,教学方法的改革与创新,教学内容等等,这些课堂教学中的点滴闪光之处,详细得当地记录下来,供以后的教学作参考,并可在此基础上不断地改进、完善、推陈出新。

(2)写不足之处

即使是成功的课堂教学也难免有疏漏失误之处,对它们进行系统的回顾、梳理,并对其作深刻的反思、探究和剖析,使今后的教学更上一层楼。同样以反思《将军令》为例,"在最先的教学环节设计中,我缺少了一个比较重要的部分,就是旋律学习与再听赏,这个部分可以放在节奏训练后面……"

(3)写教学机智

在课堂教学活动中,随着教学活动的展开和教学内容的深入,往往会因为一些偶发事件而产生瞬间灵感,这些"智慧的火花"常常是不由自主、突然而至,若不及时利用课后反思去捕捉,便会因时过境迁而烟消云散,令人遗憾不已。教案只是"纸上谈兵",真正要等到实施了教案你才会知道效果如何,因而往往就在实施的过程中产生灵感。

例如在音乐课《将军令》中,原来的设计只有让学生听、唱的环节,而在上课时,有的同学在课堂上随着音乐的律动情不自禁地模仿乐曲中的打击乐等等,在接下来的教学中,就可以设计成分组模仿不同乐器音色,利用口技表演一边欣赏一边表演,从而把教学推向高潮并取得非常好的效果。

(4)写学生创新

在课堂教学过程中,学生是学习的主体,学生总会有"创新的火花"在闪烁,教师应当充分肯定学生在课堂上提出的一些独特的见解,这样不仅使学生的好方法、好思路得以推广,而且对学生也是一种赞赏和激励。同时,这些难能可贵的见解也是对课堂教学的补充与完善,可以拓宽教师的教学思路,提高教学水平。因此,将其记录下来,可以成为补充今后教学的丰富材料养分。

(5)写"再教设计"

一节课下来,静心沉思,摸索出了哪些教学规律,教法上有哪些创新,知识点上有什么发现,组织教学方面有何新招,解题的诸多误区有无突破,启迪是否得当,训练是否到位等等。及时记下这些得失,并进行必要的归类与取舍,考虑一下再教这部分内容时应该如何做,写出"再教设计",这样可以做到扬长避短、精益求精,把自己的教学水平提高到一个新的境界和高度。

总而言之,写课后教学反思,贵在及时,贵在坚持,贵在执著地追求。一有所得,及时写下,有话则长,无话则短,以写促思,以思促教,长期积累,必有收获。

教学反思

　　《噢！苏珊娜》是一首轻快、活泼的美国乡村歌曲，音乐非常富有感染力。考虑到学生此前从未接触过美国乡村音乐，为了能在教学中带给学生更直观的音乐感受，我对教学素材进行了重新整合：1. 播放美国著名的乡村歌手演唱的英文版歌曲，让学生感受原汁原味的乡村音乐；2. 亲自用吉他弹唱《噢！苏珊娜》这首歌，让学生近距离感受乡村歌曲的风格特点；3. 借助吉他、牛仔帽两件教具让学生直观地了解乡村音乐在表演、服饰上的特点；4. 播放美国乡村周末开 party 的影片，体现乡村音乐的人文性，调动学生参与音乐 party，用歌声和邀请舞传递友谊的热情。为了更好地表现音乐轻松、愉快的情绪，我还设计了两条节奏为歌曲伴奏，并以这两条节奏为主线贯穿全课，将以上教学资源和教学活动串联起来。在教学中我注重用亲切的语调、即时的评价和鼓励拉近师生间的距离，树立学生参与音乐活动的信心，从孩子们关注的眼神、灿烂的笑脸和投入的表演中，看得出他们喜欢这节课。当然，在教学中也留下了一些遗憾，比如在解决歌曲弱起节奏这一难点时，通过指挥手势帮助学生虽然有效但巩固的还不够；在歌曲演唱声音的指导中，节奏把握欠紧凑。

　　　　　　（选自《中国音乐教育》2008年第7期　浙江省杭州市学军小学　高　荣）

评价篇

49. 什么是音乐教学评价

音乐教学评价是在收集音乐课程教与学信息的基础上根据音乐学科的教学目的和教学原理,运用切实可行的评价方法和手段,对音乐课程整体或局部的教学系统进行全面考察和价值判断。音乐教学评价涉及教学目标、教学过程、教学方法、课程发展、音乐教师的授课质量、学生的音乐学习情况和智能、品德发展等各个领域,是教学过程中不可缺少的反馈环节,对整个教学活动起着十分重要的导向作用,是提高教学质量的重要手段。

本着全面推进素质教育的思想,着眼于学生的全面发展,音乐学科的评价主要包括对学生、教师、音乐课程管理这三个方面。在本书中,音乐学科的教学评价又主要包括音乐课堂教学评价和学生的音乐学习评价两个方面。

50. 传统的音乐教学评价的弊病在哪里

在传统的音乐课堂教学中,不少教师在音乐教学中的评价思想和行为违背了真、善、美的本质要求,不重视教育动机和效果,不重视教育公平和效率,这对学生的发展极为不利。其表现主要在:

(1)评价功能比较单一

音乐教学评价只是对学生个体音乐素质进行对比、比较,具有比较单一的甄别功能。只注重学生的横向比较,而对学生自身音乐学习能力的纵向发展则关注不够,很少考虑学生的认知水平和音乐学习兴趣所在,很少考虑帮助学生理解和表现音乐,也难以拓展学生表现音乐的渠道,对学生的学习态度和学习习惯的养成极为不利。

(2)评价内容比较单一

只重视音乐知识和技能目标,只重视知识掌握的水平和技能,忽视对学生在教学过程中的情感体验、态度的变化及价值观的形成的评价,忽视学生在音乐学习活动中的合作与交流意识的形成及能力的评价,或者片面强调音乐学习过程的情感体验、态度的变化及价值观的形成,而忽视了音乐"双基"的学习,忽视了学习的过程与方法。这种评价内容比较单一,不利于学生的全面发展。

(3)评价主体比较单一

以前音乐评价跟其他学科一样,受科学主义的影响,多采用标准测验等量化评价方式,评价只关注终结性结果,对知识和能力的形成过程不大关注,评价的主体是单向的教师对学生的评价。学生作为学习的主体不能自己评价自己的学习过程和学习水平。这种评价强调客观、科学、严格,便于操作,但容易把复杂的教育现象作简单处理,忽视了变化多端的学习过程和学生丰富多彩的个性特征,把学生的发展状况归结到一两句干巴巴的评语或简单的几个数字,根本不注重学生多方面潜能的发展。

(4)评价结果比较单一

评价结果只用单一的"优、良、中、差"几个等级,甚至是以一个象征性的"5"分制或"100"分制的分数量化方式呈现,不能切实反映学生的整体学习情况,没有针对学生在音乐学习中的个性特征和不同发展。在教学中往往用思维定势去约束学生,学生的思考必然受到压抑,使学生无法勇敢地表达自己的情智,没有很好地保护和鼓励学生在音乐体验中的独立见解,很容易挫伤学生的自信心,作出的评价也就只重形式而轻视了内容。

51. 什么是发展性评价

发展性评价是音乐新课程教学评价的趋势之一,它区别于以往的选拔性评价和水平性评价,是在整个音乐教学发生、发展的过程中进行的,旨在促进被评价者不断发展的评价。也就是说在实施发展性教育评价的过程中,要用发展的眼光看待评价对象,尊重评价对象的主体性和差异性,强调评价对象的自我评价、自我反思、自我监控,注重评价对象发展变化的过程,使评价成为促进评价对象不断发展的教育活动。

52. 发展性评价的基本理念有哪些

新课程音乐课堂教学评价主要应体现和遵循以下几个重要理念:

(1)以学生为本

强调评价对象执教教师和学生的主体性和评价活动的交互性,要求评价的双方必须建立在平等、相互信任的基础上来实施评价,共同制定双方认可的发展目标,注重评价对象的自我评价和反思。这是新课程评价的基本理念。

(2)以发展为本

强调教育评价的激励性,实施评价的根本目的是为了更好地促进学生的全面发展,促进教师教育教学水平的提高和专业化成长,促进学校对音乐课程的管理与发展,促进音乐教育教学、教学科研进一步深入实践。这是新课程评价的核心理念。

(3)以学论教

新课程课堂教学要真正体现以学生为主体,体现以学生的"学"来评价教师的"教",以学生在课堂教学中呈现的状态包括情绪状态、注意状态、参与状态、交往状态、思维状态、生成状态等为参照来评价课堂教学质量,这是新课程课堂教学评价的关键理念。

(4)重视多元评价

强调评价对象的个性特征,每个评价对象都有多种潜能和表现方式,都存在着差异性。评价要用积极的眼光,从多个角度多方面去审视被评价者,发现其优点和长处。因此,评价的主体、评价的标准、评价的方式和方法等都是多元的、立体的。

(5)重视过程

强调评价不仅要关注评价的结果,更要关注评价对象发展变化的过程,注重发展过程中多次、及时、动态地实施评价,把静态的评价与动态的评价、终结性评价与形成性评价有机地结合起来。

53. 音乐课堂教学评价的方式有哪些

课堂教学是教学过程的中心环节,是教师对学生进行教育和教学的基本途径和主要形式,开展课堂教学评价的研究,是促进课堂教学改革,提高课堂教学质量的一个重要手段,也是当前研究教学评价的重要内容,主要有以下几种方式:

(1)量表式评价法

量表评价法就是根据"评价表"上各项评价指标对教师的教学和学生的学习进行评价。音乐课堂教学量表评价法首先是要确定评价指标和评价等级,然后制定出评价量表,这个过程要求较高。制定量表时,指标要科学合理,与《全日制义务教育音乐课程标准》的精神一致。在使用时,可以采取多方综合评价。比如上课者自评、听课者评、专家评等。然后给出各类评价者权衡,最后将几者结合成一个量化分数,给出等级。由于量表评价方式过于量化,分值显得抽象,可以事先给出该等级的课堂定性描述语言,使定量评价与定性评价有机结合,弥补量表评价法过于量化的不足。

❖ 案例

下面是某校对音乐教师课堂教学的评价指标。

①学生学习状态评价(略)

②教师教学行为评价

A. 教师的教学目的是否明确,三个维度的目标落实状况如何。能否以平等的参与者身份,帮助学生制定适当的学习目标,确认和协调达到目标的最佳途径,与学生分享自己的感情和想法。

B. 教师是否能够恰当地处理教材，创造性地使用教材，充分开发和利用生成性的资源，给学生提供一个挑战性的教学情境，实现因材施教。是否能用审视和探究的目光来对待教材，在质疑中探究，在探究中认同或标新立异。

C. 教师是否能够为学生提供各种便利，营造一个接纳的、支持性的、宽容的课堂气氛，给学生以心理上的安全和精神上的鼓舞，使学生的思维更加活跃，探索热情更加高涨。是否能把学生的困难、问题和经验当做课堂教学的生长点，同时给学生自尊、自信。

D. 教师是否能够引导学生形成良好的学习习惯，掌握科学的学习策略；引导学生用自己的身体（眼睛看、耳朵听、手操作）去亲身经历，用自己的心灵去感悟，从而激发学生的生命活动，促进学生成长。

E. 教师是否能够提供一种跨越时空和突破教与学界限的学习平台，教育学生遵守纪律，与他人友好相处，善于在竞争中合作，在合作中成长。

F. 教师是否能够帮助学生对学习过程和结果进行反思，学会对自己的学习进行评价、调节、控制和总结，在学习中学会学习。

③教师基本功评价

教师的基本功自然是一堂好课的重要因素，因此评价课堂教学必须对教师基本功的发挥进行评价。教师的姿态表情要乐观且具有感染力；教学语言清晰流畅、规范风趣、启迪思维；善于启发和倾听学生的意见，有效组织学生讨论，并根据学生实际与需要即时生成和利用课堂教学资源；板书中心突出，概括性、条理性强；电教手段的运用和演示熟练准确；手势、站位及走动适中。

④综合评价与等级

不同的听课者对具体指标的理解存在差异，不同的教学内容也可能影响课堂教学的评价得分，因此需要设定综合评价和等级。综合评价与等级是对课堂教学的总体评价，其中综合评价栏内填写评课者对施教者课堂教学特点的概括性描写，一般填写突出的优点及明显的缺点，可以供施教者反思与改进。等级用A、B、C、D四级进行描述，作定性的评价。

(2) 访谈式评价法

访谈法是质的研究中的一种重要方法，当然也是通过相应的信息采集而进行课堂教学评价的一种方法。它具有如下特点：

第一，访谈是在评价者与评价对象之间进行的，评价者可以根据评价的需要自由发问，从而获得尽可能详尽的材料。

第二，访谈是自由进行的，被访问者可以充分表达自己对音乐教学的看法、感想及感受。

第三，由于访谈的真实性，评价者可以了解被访问者的动机、情感和态度等内在情形，使获得的信息真实可靠。

第四,访谈不受文字能力的限制,因而可以在任何环境下采用这种方式对教师的音乐课堂进行评价。

第五,评价者可以控制时间、内容等,使访谈不脱离评价的主题,从而获得较好的评价效果。

访谈法有两种类型:即预防型(即评价者预先设计了访谈的主题、谈话的提纲以及记录的方式)和非预防型(即评价者预先设计了访谈主题,而谈话提纲和记录方式是随机生成的)。

由于访谈式评价不是一种单向的"评定式"的语言交流活动,而是一种双向的"商讨式"的语言交流活动,因而,它能获得一些课堂中不能获得的信息,有时更能纠正评价者由于个人的局限性得出的不正确评价。

(3)庭辩式评价法

庭辩式评价法改变以往评课中听课者评、授课者听的模式,让授课者在课后解说自己的教学思路,并针对听课者提出的问题进行答辩,从而促进听课者与授课者之间的交流。这种评价方法是模拟法庭辩论的一种评课方式。这种评课方法能打破以往评课的模式,改变授课与评课相脱离的现象,避免评课的片面性和主观性,尽可能公正、客观地评价。

(4)寄语式评价法

寄语式评价法一改评说优缺点的做法,是一种激励性的评价方式,常用于老师对学生的评价。这儿指评价者对上课教师提出寄望,希望教师在以后的教学行为中发扬什么优点,努力达到什么要求。比如,"你的嗓音真好,希望你保护好你的歌喉,用动听的歌声去感染孩子们的心灵""你对音乐的节奏……只要你多加……下次你在课堂上一定会表现得更好"……

(5)行为跟进式评价法

行为跟进式评价法是指教师在上完一节课后,评课者与授课者共同讨论教学中的优点、缺点,提出修改意见后,授课者在修改的基础上再进行教学,再进行评价和修改,如此反复几次,使教师的教学行为不断改进、教学水平不断提高。这一评课方式更加关注教师的行为跟进,更加关注通过评课促进教师的成长。

行为跟进不仅仅是针对评价者的行为跟进,更针对被评价者的行为跟进。行为跟进式评价法是在展示→评价→反思的过程中循环,这个过程有利于评价者与被评价者互动交流,它的出发点首先就建立在促进教师发展这个基本点上。行为评价不仅仅表现在评价功能上,同时,它也便于运用优势力量为上课者提供资源、智慧等方面的保障,也便于在这个过程中对上课者进行扎实的专业引领。

(6)情景式评价法

情景式评价之所以这样命名是因为它的载体是教学情景。这儿所提及的情景式评价单指在课堂上，教师与学生之间发生的事件，包括课堂内的行为选择、方法选择、多方互动策略选择以及判断等等。

情景式评价的过程，可以分为引导和发展两个阶段。引导阶段是指上课者事先对预设课堂情景进行自我评价。他可以通过自己或评价者制定的各种评价方法，如填写问卷用课堂评价指标等来检验自己的预设课堂情景是否科学、合理，是否符合《全日制义务教育音乐课程标准》的要求。发展阶段是指课后利用录像、录音、照片、课堂笔记、课堂实录等再现课堂教学情景进行评价，上课者和评价者可以通过交流，分别填写各类问卷等进行情景评价。不难看出，情景式评价具有直接性、真实性、交互性和发展性的特点。

情景式评价是一项较复杂的评价工作，它是以教师在教学过程中的定性的充满个性的自我评价为主，充分利用教学情景，以提高教学实践能力为目的的评价方法。

(7)知己式评价法

所谓知己式评价法，就是评价者与被评价者之间完全平等的，朋友式的交流。

知己式评价具有如下特点：一是两者之间平等互尊。这是知己式评价促进教师发展的根本。二是两者之间能够相互欣赏。这是知己式评价促进教学发展的动力。三是知己式评价伴随着较强的个人喜好。四是评价的结果往往令被评价者更容易听取。

(8)网络式评价法

随着互联网的发展，网络式评价成为现实。课堂教学是一个动态的系统。课堂教学是学习活动的主要渠道。由于互联网上有众多专门针对教学的网站、聊天室、群空间等，使得人们可以将课堂教学录像、课堂实录等发送到相关评价者手中，他们乐于对这些课堂教学进行评价，以促进课堂教学技能的提高。这种基于互联网的评价，具有两大特点且是其他评价方式所不具备的：一是评价是双向主动的，二是评价者可以抛开功利和情面进行客观公正的评价，而被评价者也没有被指出不足而感到伤面子的后顾之忧。因而这种评价方式往往能收到更大的效果。

音乐课堂教学评价的方式有很多，这些方式都是可以综合进行的，不一定是孤立进行。无论哪种方式，都要以优化课堂教学、促进课堂教学、促进教师发展、促进学生发展为目标。评价既要尊重被评价者，又要使评价真实、有效，这样才能达到评价的目的。

54. 音乐课堂教学评价应关注的主要内容有哪些

音乐教学要以实施新课程方案和执行《全日制义务教育音乐课程标准》为契机，按照新的音乐课程理念,强化以审美为核心的音乐教育,加强感知、表现、欣赏、创造等音乐基础能力培养,拓宽音乐文化视野,推动音乐教学改革,那么,什么样的音乐教学是好的教学,评价一堂好的音乐教学课应关注哪些方面呢?

(1)教学目标

①教学目标的确立

确立教学目标要遵循《全日制义务教育音乐课程标准》中的总目标"音乐课程目标的设置以音乐课程价值的实现为依据。通过教学及各种生动的音乐实践活动,培养学生爱好音乐的情趣,发展音乐感受与欣赏能力、表现能力和创造能力,提高音乐文化素养,丰富情感体验,陶冶高尚情操"。

目标要从"知识与技能、过程与方法、情感态度与价值观"三个维度来确立,教学目标的设计应体现全面、具体、针对、恰当性原则。

②教学目标的实施

教师在教学中是否紧紧围绕教学目标来组织教学,是否关注学生的个体差异及个性发展,教学重点是否突出了审美教育和兴趣的培养。

总之,在确定教学目标时,教师应根据学生的实际情况和各自特点,既要考虑预设目标也要考虑课堂生成目标,应该结合本节课的具体内容,以过程、方法为主线,将知识与技能、情感态度与价值观有机地渗透在其中。因此,确立目标要做到:认知目标明确、具体、有层次、可操作。能力目标和情感目标在达成认知目标的过程中生成。

在实施教学目标时,教师应根据预设的目标及教学过程中生成的目标,来关注课堂教学过程中任何阶段、任何步骤、任何活动是不是紧扣所定的教学目标,有没有达成所定的目标。因此,教学目标应该建立在学生经过努力可以达到的高度上。

(2)教学内容

音乐教师只有在理解和掌握《全日制义务教育音乐课程标准》的基本内涵的基础上,才能更好地理解教材,准确地把握教材内容,才能更好地完成教学任务。通过课堂教学,使学生在掌握音乐基础知识与音乐基本技能的基础上,提高审美能力、表现能力、创造能力及综合实践能力。

随着信息时代的到来,艺术更为广泛地进入电影、电视、计算机网络等大众媒体,因此,音乐教师必须学会利用以上资源为教学服务。另外还要开展校本教研,根据本校、本班实际,开发利用本地资源,包括学生本身资源的开发和利用来完善课堂教学,同时要处理好文本与课外材料的关系,做到"依靠文本又不依赖文本,超越文本又不脱离文本"。

(3)教学方式

"倡导学生主动参与、乐于探究、勤于动手"的学习方式。这就要求教师要改变以往的教学现状,变"灌输者"为"组织者、引领者、激发者"。课堂教学充分体现"以学论教"和以学生为主体,以学生发展为本的思想。

教师要有效地组织和引导学生开展以"探究"为特征的"发现学习",使"接受"和"发现"相辅相成,达到最高的学习境界。教师要做到授之以"鱼"不如授之以"渔"。

在这一项评价中要着眼以下两方面:

A. 教师教的方式

教师要做到角色的转换,从知识的传授者转为学生学习的组织者、引导者、激发者。

B. 学生学的方式

学生要在教师的指导下,自主学习、合作学习、探究学习。

(4)教学效果

该项评价主要从教师的课堂教学和学生反馈中体现出来,即教师是否遵循了以下原则:

A. 启发性原则

教师在课堂中是否调动了学生的主观能动性,鼓励学生大胆质疑,把发展学生的思维能力当做重点,努力为学生创造一个宽松和谐的学习氛围,促进学生主动学习。

B. 主体全面性原则

教师在课堂教学中是否做到了面向全体学生,面向学生发展的每一个方面,把学生当做认识发展的主体。

C. 因材施教原则

教师是否根据学生的个性差异,有的放矢地进行分层教学,使每一个学生都能有所收获,得到发展。

D. 创新发展性原则

教师在课堂教学中是否做到了给学生创设"问题"的时空,教给学生解决"问题"的方法,是否能处理好知识积累与能力培养的关系,能否全面调动学生的积极性。

E. 情感教育性原则

教师是否关爱每一个学生,以饱满的热情和健康的心态组织教学活动,创设宽松、和谐的教学氛围,使学生主动、活泼地参与教学活动。

总之,新课标理念的音乐课,应该是也必须是"美的体验,美的探索,美的熏陶,美的享受,美的成长"。评课不是教研员和学校领导的专利,评课是每位音乐教师应有的业务素质。在新课改的春风下,将音乐还给音乐,将音乐还给学生,将音乐还给课堂!

55. 怎样设计音乐课堂教学的评价量表

音乐课堂教学评价量表的设计内容应包括教师的一般基本功和音乐教师的专

基本功、音乐教学的设计能力、教学过程、学生的学习过程和教学效果。教师的一般基本功是指普通话水平、板书设计、组织教学和制作运用课件的能力。音乐教学的设计能力是指教师领会《全日制义务教育音乐课程标准》的情况,理解、运用、开发教材的能力和教学设计能力。教学过程应重点关注是否突出以审美为核心的音乐学科特点,是否以培养学生的音乐兴趣为主,是否重视音乐实践和音乐创造,教师的角色定位,教学方法的有效性。学生的学习过程应重点关注学生对音乐的兴趣、情感、参与程度、合作能力。教学效果应从学生的三维目标进行评价。

音乐课堂教学评价量表的每项内容应分解为若干个具体的评价指标,每个指标按优、良、中、差四个等级进行评价。在评价方式上应体现多样化,尊重教师、学生的自评,重视听课者和同伴的评价。为了更好地发挥评价促进发展的功能,在每个指标的他评中应记录一个典型案例,并进行认真评析,让上课教师明白自己哪些方面有待努力,哪点做得不好,应该怎样改进,从而促进教师专业能力发展。

以下是音乐课堂教学评价实施的分项细则,可供参考:

(1)音乐课堂教学评价细则一——教师基本功

学　校		班　级				时　间		年 月 日		
课　题						执教者				
评价内容	评价项目	评价指标		评价等级			评价方式			案例与评析
		指标名称	标准分	优	良	中	差	自评	他评	综合	
教师基本功	一般基本功	普通话	1								
		板书	1								
		组织教学	1								
		制作运用课件	1								
	专业基本功	唱	6								
		奏									
		跳									
		指挥									

说明:

1. 教师专业基本功考核指标分唱歌课、唱游课、欣赏课、器乐课、综合课。

2. 唱歌课考核唱、奏基本功;唱游课考核奏、跳基本功;欣赏课考核奏、指挥基本功;器乐课考核奏、指挥基本功;综合课根据上课内容选择两项基本功考核。

3. "优"占标准分的 85%～100%;"良"占标准分的 75%～85%;"中"占标准分的 60%～75%;"差"占标准分的 60% 以下。

4. 评价方式中的综合分 = 自评×20% + 他评×80%

(2) 音乐课堂教学评价细则二——教学设计

学　校			班级				时　间		年　月　日	
课　题							执教者			
评价内容	评价项目	评价指标		评价等级			评价方式		评价方法	案例与评析
		指标名称	标准分	优	良	中	自评	他评	综合	
教学设计	教学目标	情感态度价值观	2							查课程标准、教学参考书、教案
		方法与过程	2							
		知识与技能观	2							
		教学重点难点	2							
		有利于目标达成	2							查教案、听说课、听课
		安排合理科学	2							
		重点突出难点突破	2							
		教学环节设计紧凑	2							
		内容适度	2							
		挖掘有深度设计有创意	2							

说明：1. 表中评价等级"优"占标准分的 90％～100％；"良"占标准分的 80％～90％；"中"占标准分的 70％～80％。2. 评价方式中的综合分＝自评×20％＋他评×80％

(3) 音乐课堂教学评价细则三——教师教学方法与过程

学　校			班级				时　间		年　月　日	
课　题							执教者			
评价项目	评价指标		评价等级			评价方式			案例与评析	
	指标名称	标准分	优	良	中	差	自评	他评	综合	
方法与过程	学生有效学习的组织者、引导者、合作者、激励者的角色情况	5								
	尊重学生、关注学生个体的差异和学生个性张扬的情况	3								
	民主、平等、宽松学习氛围的创设与提供	3								

续表

方法与过程	现代教育技术、手段在教学中的有效应用	2						
	注重学生音乐兴趣的培养	5						
	突出音乐学科特点以审美为核心	7						
	有效实施双基教学、双基教学渗透在音乐实践活动中	6						
	教学内容和教学形式有机结合	4						

说明：1."优"占标准分的85%～100%；"良"占标准分的75%～85%；"中"占标准分的60%～75%；"差"占标准分的60%以下。

2. 评价方式中的综合分 = 自评×20% + 他评×80%

(4) 音乐课堂教学评价细则四——学生学习方法与效果

学 校		班 级			时 间	年 月 日
课 题					执教者	
评价项目	评价指标		评价等级		评价方式	案例与评析
	指标名称	标准分	优 良 中 差		他评	
方法与过程	对音乐的兴趣爱好与情感反应	5				
	音乐实践活动中的参与态度、参与程度、合作愿望及协调能力	5				
	音乐的体验与模仿能力、表现能力、创造能力	5				
学习效果	知识目标达成	7				
	能力目标达成	7				
	情感目标达成	8				

说明："优"占标准分的85%～100%；"良"占标准分的75%～85%；"中"占标准分的60%～75%；"差"占标准分的60%以下。

56. 怎样评课

评课是指对课堂教学的成败得失及其原因做出切实中肯的分析和评价,并且能从教育教学理论的高度,对课堂里的一些教学现象做出正确的解释,从而提出改进的建议。

(1)评课的意义

①可以调动教师的工作积极性和主动性,帮助指导教师总结教学经验,提高教学水平。

②通过评课转变教师的教育观念,促使教师用新的教学理念,生动活泼地进行教学。

③通过评课促进教师对教育教学理论的学习和掌握。

④通过评课促进课堂教学质量的提高。

(2)评课的原则

①主体性原则

评课要充分发挥上课教师的民主、主体作用,让其参与到评课中来。评课前可让上课教师"说课":分析一下教材,讲讲教法、学法,介绍一下教学程序。了解这些情况后,再对这节课做恰当的评价。

②平等性原则

评课者应以平等的姿态来评课,不要居高临下,不要以"说教者"的身份出现,而应以学术探讨、研究、商量的态度与老师交谈,创设一种民主、平等、和谐的评课氛围。在评课过程中上课教师可作简单自我评价,并就其他老师的意见谈谈自己的看法。

③激励性原则

评课要从调动教师教学的积极性、主动性和创造性出发。要善于发现教师教学过程中的闪光点,要充分发掘优点、肯定优点,给教师以足够的信心和希望调动教师研究教学的积极性、主动性。要给教师理论上指导,方法上点拨,过程上反馈,使教师在评课的过程中得到启发,受到教益。

(3)评课应关注的问题

①评课要注重学生的学习状态和情感体验

评课要从学生全面发展的需要出发,注重学生的学习状态和情感体验,注重教学过程中学生主体地位的体现和主体作用的发挥,强调尊重学生人格和个性,鼓励发现、探究与质疑,以利于培养学生的创新精神和实践能力。

②评课要坚持"评教"与"评学"相结合

改变传统的以"评教"为重点的现象,把评课的重点转到"评学"上面,即要把评课的关注点,从注重教师怎么教,转到教师组织下的学生音乐活动过程,即学生怎么学,即学习的过程、方法的指导和学生的学习效率等"以学论教"。

(4)评课的方法

①评教学目标

A. 教学目标要明确、具体,体现《全日制义务教育音乐课程标准》的要求,符合音乐学科的教学特点。

B. 教学目标恰当,切实可行,绝大多数学生经过学习能达到要求。

C. 教学目标行为主体必须是学生而不是教师。

D. 教学目标富有科学性、思想性与艺术性,并贯穿始终教学过程。

◈ **案例一** （对音乐课《太阳出来喜洋洋》教学目标的评析）

教学目标

A. 分析、了解作品形成环境——人文、地理环境,感受民族歌曲的魅力,并能喜欢这些民歌。

B. 乐于参与分组活动,尝试用不同的手法和方式表现音乐作品。

C. 了解四川民歌的特点及我国传统民族音乐的五声调式的有关知识。

评析:

此课教学目标分别按三个维度设计:一是分析、了解作品形成环境——人文、地理环境,感受民族歌曲的魅力,并能喜欢这些民歌——体现了情感态度与价值观目标;二是乐于参与分组活动,尝试用不同的手法和方式表现音乐作品——体现了过程与方法目标;三是了解四川民歌的特点及我国传统民族音乐的五声调式的有关知识——体现了知识与技能目标。

上述音乐教学目标的表述方式行为主体是学生,突出学习者学习情感的需要,强调学习过程与方法。本课教学目标的设计层次很清晰,三个维度的目标有机地整合在一起,很好地体现了《全日制义务教育音乐课程标准》的要求。

②评教学内容

A. 对音乐教材的分析与处理妥当。要在正确分析、吃透教材的基础上大胆地对教材进行合理的加工、处理与组合,创造性地使用教材。

B. 教学内容的分量和繁简安排适当,做到合理充实。

C. 教师教材处理和教法选择上应突出教材重点,突破教材难点,抓住关键。

D. 教学内容体现"以音乐审美为核心"的基本理念,寓艺术性、思想性于音乐教学中。

③评教学过程

A. 以学生为主体,构建开放性、创新性的音乐教学形式(主动吸收、发现探究、讨论交互、合作共进、开放生成等形式)。

B. 教师有效地调动学生自主学习音乐的积极性,对学生进行"启迪开导",灵活调控教学过程、完成教学目标,教学避免随意性,具有规范性。

C. 营造师生互动、生生互动和谐宽松的课堂教学气氛。

D. 音乐教学环节之间安排有序、环环紧扣,教学节奏张弛有度、动静适宜。

④评教学方法

A. 教学手段灵活多样,轻松活泼,切合学生年龄与心理特征。

B. 教学方法的选择科学合理,不同教学对象采用不同的教学方法。

C. 注意激发学生学习的兴趣,充分调动学生学习的积极性和主动性。

D. 要体现教师角色的转变,突出学生是学习的主体,教师是学习活动的组织者和引导者。

E. 教学方法的选择突出音乐学科的特点,体现音乐教学的艺术性。

⑤评教学基本功

A. 有较强的学科基本功,范唱、演奏、指挥准确、规范、流畅,具有艺术感染力。

B. 教态自然大方,举止得体,有亲和力,富有激情。

C. 语言规范、准确、语言表达清楚准确,思路清晰。

D. 有较强的课堂调控能力,灵活地处理课堂上出现的各种问题。

⑥评教学效果

A. 三维目标得以落实。

B. 学生学习兴趣浓厚,全体学生能主动参与到音乐学习活动中,获得相应的审美体验。

C. 学生思维活跃、大胆想象,有独立的见解,能主动发现问题和解决问题,有主动探究的精神。

D. 学生受到音乐教学的感染,审美能力得到培养和提高。

E. 每个学生都学有所得,同时也获得心理上的满足。

❖ **案例二** (对《青青竹子会唱歌》现场教学的两点思考)

"教育不是灌输,而是点燃火焰。"这是古希腊哲学家苏格拉底对教育的解释。音乐教学亦是如此,它是点燃学生智慧火花、激发学生生命活力的师生心灵互动的过程。

2007年11月举办的第五届全国中小学音乐教学现场评比中,福建省罗源县实验小学的游方硕老师为小学一年级学生上的《青青竹子会唱歌》一课,就在这方面做了可喜的尝试。

游老师从介绍家乡的竹制劳动工具入手,对将要出现的节奏型进行预知,由生活中的声响模仿逐步进入节奏符号的练习;从音响听觉的模仿到八分和四分节奏的听辨;从用劳动工具表演的"打枪担"舞蹈到新词的自由创编。其中有听辨、有学唱、有表演,有思考、有伴奏、有创作,全面参与,层层深入。

至此,这堂课的两个主要的教学目标:一是体验、学习"打枪担"的动作及节奏特点,对畲族歌舞产生兴趣,产生继续探究的欲望;二是运用新学节奏进行歌词创编,为学生充分展示自己的个性提供空间,都得到了较好的完成。

这堂课,我认为有两点是值得我们学习的。

首先,是她的两次提问。第一次提问,是在复习《乃哟乃》之后。为了导入新课学习,老师提问:"我们畲乡的竹子也会唱歌吗?"学生马上反应:"咦? 不信! 不信!"由此引出了运用竹竿、柴刀和刀鞘的"打枪担"节奏的表演。

这个提问使学生在质疑的同时,更加专注地观察和听辨,思考问题:到底"青青竹子"是如何唱歌的。因此,这个提问不仅能引起注意,起到课题点睛的作用,同时也引起了学生继续探究的兴趣。

第二次提问,是在学生创编新词之前。老师又问:"你想让竹子唱什么歌呢?"这里不仅提示了学生的创编与规定的节奏型(ⅩⅩ ⅩⅩ｜和ⅩⅩⅩ｜)相融合,提供运用所学知识的特定情境,促进迁移;并且通过提问刺激学生的表达欲望,使学生较为顺利自然地从接受模仿学习转向主动参与创编活动。

这两次提问无不体现出教师课堂教学提问的艺术。一般化的课堂提问,学生的回答往往只停留在"是不是""对不对""知道不知道"这类简单应答水平上,这种提问很难展示出教师对提问预设和问题解决的目的,难以引起学生的积极思考和富有个性的反应。

因此说,教师一定要善于设计提问,设计出能引燃学生灵感的提问。这种提问,一定是教师在充分了解学生的学习特征及其水平和深入分析教材内容的基础上提出的,是能引起学生兴趣,激发学生思考,引导学生寻求办法解决难点的有意义、有价值的问题。

其次,是这堂课的教学设计,它看似传统,却具有耐人思考的内在联系。包括回顾导入、复习旧知、创设情景、拓展知识等几个环节。如,游方硕老师用学生学唱过的歌曲《乃哟乃》作复习式导入,这是建立在学生的已有学习水平的基础上的;师生以接龙形式巧妙、轻松地"对歌",这一教学方法显得灵活、生动,紧接着运用"青青竹子"作为新话题,使前后环节自然衔接,在演唱和创作的教与学中培养了学生解决问题的能力。

这使我联想起课改之后,有些音乐教师为使教学出新,绞尽脑汁、翻新花样来设计教学环节,看似设计细致、考虑周到,可一堂课下来,学生眼花缭乱、目不暇接,教学任务并未很好地完成。出现此问题的关键就在于教学设计中的各个环节之间缺乏内在联系,可以说只是一些教学方法的拼盘。

那么,课程改革后的音乐课堂教学究竟该是什么样子呢?这个话题不仅涉及教学法研究层次的内容,更是对教师的教学理念的进一步提升。课堂教学的创新不只在于教学方法的变化和教具的更新,更是教师教学理念更新。如果你的教学理念是以学生为本,以学生的兴趣爱好为动力,那不论你采用的是何种教学方法,都将会展示出这样的情景:学生有兴趣——愿意参与——积极参与——能获得成功的感受和喜悦。如果从学生的角度来描绘学习过程,那就应该是从好奇心、兴趣开始,经过知识的探索,达到领悟概念、提高创造力及解决问题的能力的过程。《青青竹子会唱歌》的教学设计正是如此。

(尹爱青《中国音乐教育》2008 年第 10 期)

在具体评课时,由于上课教师的教龄、经验、素质的差别,因此要分层次评课。新教师、青年教师、骨干教师,评课的要求和重点不一样,要注意抓教学闪光点和提教学建议,不必面面俱到。

57. 学生音乐学习评价的主要方式有哪些

对学生音乐学习的评价必须立足发展、注重过程、提倡多元,使每一位学生在学习与评价过程中全面了解自己的学习状况,发现和发展音乐潜能,培养对音乐的兴趣,提高审美能力,建立自信,享受快乐,体验成功。主要有以下几种方式:

(1)激励性评价

激励性评价是指教师在教学过程中,通过语言、情感和恰当的教学方式,不失时机地从不同角度对不同层次的学生给以充分的肯定、鼓励和赞扬,使学生在心灵上获得自新、自信和成功的感受,激发学习动机,诱发学习兴趣,进而使他们能积极主动地参与学习的一种策略。激励理论研究表明:"一个人的积极性与心理满足的程度有密切联系。"所以,在音乐教学中,教师应该注重把握学生学习过程中的每一个闪光点,及时捕捉称赞学生的时机,使他们形成主动积极的学习态度。激励的方法可以用语言、眼神、体态、物质等等。当然,不管我们采取哪一种激励方法,都应该千方百计地让学生对这个激励评价留下深刻的印象,达到有效地激励学生积极主动地参与音乐学习的目的。

(2)诊断性评价

诊断性评价一般选择在学期初或学年度开始时进行，主要目的是了解学生的学习性格特征、学习风格、能力倾向及对本学科的态度，还包括了解学生前一阶段学习中知识储备的数量和质量，对学校学习生活的态度、身体状况及家庭教育情况等，以此来分析学生的学习准备情况，识别学生发展的差异，诊断个别学生在发展上的特殊障碍，为采取补救措施、选择教学策略提供依据。诊断性评价采取的一般方式，是在学期前进行音乐基本素质摸底测试、交流访谈、观察学生的学习态度和学习情感、查阅他们的成长记录等，以此为依据，制定学期教学计划，并适时调整行动方案，区别对待学生的差异，采取相应的补救措施。

(3)过程性评价

这是在课程实施过程中对学生的学习状况进行评价的一种方式，一般分为课堂评价、阶段性评价和终结性评价三类。基本方法是采取目标与过程并重的价值取向，对学习过程、效果以及与学习密切相关的非智力因素等进行全面的评价。过程性评价主张内外结合、开放性的评价方式，主张评价过程与教学过程的交叉和融合，评价主体与客体的互动和整合。过程性评价的功能包括对学生的学习质量水平做出判断，肯定成绩，查找问题，促进学生对学习过程进行积极深刻的反思，从而更好地改变学习态度、掌握学习方法。

①课堂评价

课堂评价即随堂评价，可在课中随机进行，也可在课堂结束时作一个评定性小结。评价可由老师进行，也可让同学点评，或在小组内互评。对于学生的点评，教师应准确把握、正确引导，有效规避学生之间可能产生的心理矛盾，对已产生的不相容的心理情结及时予以疏导。评价内容针对性要强，面可大可小，注重即时性的效果，从学生的学习态度、情感表现、参与过程、与人相处等方面进行圈点，突出优势，多一些表扬和鼓励，给学生一个心理肯定的领域和发展空间。在面对缺点或不足时，切忌全盘否定，而应一分为二看待。

②阶段性评价

采用这种评价方式的目的是为了反馈教学效果，掌握学生学习的进展情况和存在的问题，以便教师及时调整和改进教学工作。这种评价通常由教师通过按教学目标编制的形成性测验来进行，或者由学生按学习任务的要求来进行自我评价。

具体可采用表现分析法、观察法、谈话法等方式进行评价：

A.表现分析法：教师对学生的音乐学习评价不只是简单地记个等级或给个分数，

而应从尊重、爱护、平等的角度出发,对学生实施积极、适度的鼓励性评价,维护和强化学生的学习内驱力。如用欣赏性的话语指出音乐表现中的优点,用鼓励性的语言提出表现中的不足,客观公正、热情诚恳,使学生体验到评价的严肃性,帮助他们发现问题、解决问题、提高水平。

B. 观察法:随时观察学生的学习愿望、兴趣变化、人际关系和对知识技能的掌握程度、创造性发挥程度。教师可以观察课堂上学生的反应,同时也可以让学生相互观察在情感、态度等方面的变化。

C. 谈话法:这是音乐教学中最常用的评价方法之一,通过师生之间平等、和谐、愉快的对话与交流,教师把话题自然地转向评价,引起学生对自己的音乐感知或音乐表现的反思,同时又不会中断教学进程。

③终结性评价

一般指在学期末,根据测验结果或评估状况进行的综合性评价,其目的是为了了解学生一学期来学习是否达到教学目标的要求,分析得失,作出较为全面的总结。评估检测的内容为整个学段教材体系中的已学部分,其方法与阶段性评价基本相同,具体可采用成果展示、评价报告单、游艺性测评等方法来进行评价:

A. 成果展示法:成果展示法是音乐学习评价最为直观的方法,它可以评估学生对已接受任务的努力情况和完成情况,这些任务包括音乐创作、调查和研究活动,也包括对随时出现的某一流行音乐或潮流的评论等。成果展示的内容形式很多,如"班级音乐会""小小音乐家"等活动是常见的生动活泼的评价方式。

B. 评价报告单:一个单元活动或一个学期活动结束时,教师和学生对阶段性学习情况的总结性描述。它是一个重过程的终结性评价,具有浓厚的对话性和过程性特点,使评价能更好地促进学生发展。

C. 游戏性测评法:音乐学习活动本身具有游戏色彩。因此,在期末测评过程中,要破除单纯地仅凭"一首歌""一段谱"就给学生一个终结性评价结果的操作方式,而应着力改变单调、紧张的测评形式和气氛,使学生在轻松、愉悦的游戏活动中既展示自己的音乐才能,又能充分体验到音乐学习的兴趣。

(4)定性与定量评价

单纯的定性评价或定量评价均有利弊。因此,我们需将这两种评价方法相互结合起来。如在音乐教学活动中,对学生的兴趣爱好、情感反应、参与态度、交流合作、知识与技能的掌握情况等,用较为准确、形象的文字简要加以描述,这就是定性评价;如根据需要或可能,适时进行音乐技能测试,进行定量测评,则可以获得每个学生的等级或分值,这就是定量评价。为了确保对学生的学习评价科学、真实、准确,并易于实际操作,必须尽可能地将两种方法结合起来。

(5)班级音乐会与自评、互评与他评相结合

学生的自我评价宜采用描述性语言,即让学生通过朴实丰富的语言,对自己的音乐学习进行总结、回顾和比较。学生之间的相互评价也是值得大力提倡的一种音乐学习评价方式。操作中,要根据不同年段学生的实际能力,开展经常性的学生自我评价和相互评价活动。如举办"班级音乐会",就能充分体现评价的民主性,就能营造和谐、团结的评价氛围,确保人人参与音乐演唱、演奏活动,展示音乐创作的成果,如音乐小评论、演唱照片、录音录像等。在"音乐会"的组织过程中,不要越俎代庖,而应充分发挥学生的主观能动性、积极性和创造性,指导他们自己编排、主持、评定、总结,以达到相互交流、激励和培养学生各种能力的目的。由于学生的音乐技能各有侧重,根据音乐学科特点,可将评价的内容分为以下六项:歌唱、表演、演奏、创作、欣赏、自律。教师在对学生评价时,则需注意调动学生的积极性,关注他们的个体差异,评价重点放在个体自我发展的纵向比较上。

❖ 范例

毕业音乐会

教学年级:

六年级(下)

教学过程:

第1课时

一、组织教学(播放背景音乐《音乐是朋友》)

教师:美妙的音乐陪伴我们度过了六年难忘的学习时光,当你再次看到这些多彩的照片,听到这些熟悉的旋律时,你还记得自己走过的音乐之路吗?你会有哪些新的感受?

二、回忆昨天

播放课件:片断(一)"六一儿童节合唱比赛",片断(二)"元旦文艺表演",片断(三)"班级音乐会"……(学生谈感受)

教师:这些难忘的记忆,这些美妙的音乐,勾起了我们对童年的美好回忆,伴随我们度过了六年的学习时光。今天,在毕业前夕,我们欢聚一堂,尽情欢舞,放声歌唱,在音乐中充分展示我们的才华与风采,憧憬明天更加灿烂辉煌!

三、憧憬未来

播放课件:毕业音乐会——"走向明天"

教师:今天我们就一起来准备这场让我们终生难忘的毕业音乐会,请同学们以小组为单位参与表演。表演内容以本期音乐课学习内容为主,也可以自选其他音乐内容。表演形式不限,提倡丰富多彩(如齐唱、独唱、表演唱、合唱、器乐演奏、配乐朗诵、音乐小品等),每小组集体表演与个别表演相结合,希望每位同学都能展示出自己的风采。

1. 学生分组讨论,确定表演内容及形式
2. 师生共同拟定节目单

教师:下面我们一起来拟定音乐会节目单,各小组有哪些节目?分别是什么形式?我们怎样安排节目顺序?(学生在老师引导下学习编排节目单)最后请一位同学设计一张精美的节目单,并用课件展示出来。

3. 确定节目主持人及演出相关工作人员

教师:音乐会应有节目主持,我们请两位同学来担任,有谁愿意承担这项光荣任务?(经过自荐与推荐结合选定两位同学担任主持,并着手写节目串词,练习主持)

音乐会中,我们还需要舞台监督组织将要表演的节目,另外还需要小记者、小摄影师来记录毕业音乐会的珍贵场面,有谁愿意并有这方面的能力?(学生推荐了一个人)

4. 设立奖项

教师:音乐会为了展示同学们的风采,设立了各项奖励,只要你乐于参与,敢于表现,善于合作,大胆创造,你将获得:最具勇气奖,最佳参与奖,最佳表现奖,最佳演唱奖,最佳演奏奖,最佳创意奖,最佳排练奖,最佳服装道具奖,最佳台风奖,最佳合作团队奖,最佳文明奖,总有一项奖属于你。(播放课件毕业音乐会奖项设立)

5. 分小组排练,教师到各小组参与辅导
6. 小结

教师对今天排练情况进行点评,并提出修改意见及建议,提示各组作好演出准备。

第二课时

教学过程:

一、组织教学

播放课件:毕业音乐会——"走向明天",背景音乐《音乐是朋友》。

教师：音乐是我们的朋友，让我们在音乐中走向明天，憧憬未来！大家准备好了吗？请主持人，舞台监督，小摄影师就位。我宣布，毕业音乐会现在开始！

二、音乐会表演

节目主持：像蓓蕾含苞待放，像雏鹰展翅飞翔，我们欢聚一堂，放声高歌，请听……

（主持人主持音乐会，各小组按节目顺序依次表演……）

三、节目评选（小组进行自评、互评、他评）

教师：你们优美的歌声传递着美好的情意，你们动人的舞姿释放着火热的激情，你们绽放的笑脸洋溢着少年的风采，你们精彩的表演让我感动。下面请分小组进行各项奖励的评选。

首先请每位同学在小组内自评在音乐会中的表现，然后由小组同学互评后，推荐出本组获奖同学名单。（小组同学进行自评、互评、他评，老师到各组巡视参与评价）

四、宣布获奖名单

教师：今天无论我们是否获奖，我们都是最优秀的明星，因为我们参与了音乐活动，我们分享了音乐带给我们的快乐，音乐让我们友谊地久天长。让我们和音乐永远成为朋友，热爱音乐，热爱生活，让音乐陪伴我们走向更加灿烂的明天！

(6) 艺术成长记录袋

成长记录袋是国内外中小学教育中常用的一种学生评价方式，它是学生"作品"的有意收集，并用以反映他们在特定时段和特定领域中的努力和成绩，体现进步历程。这种评价方式是在对传统评价方式进行批判继承的基础上形成和发展起来的，可以培养学生的学习兴趣，促进学生的成长。成长记录袋具有记录学生每一阶段的学习成果，反映学生的学习过程和进步情况，为学生提供对自己的作品进行反省的机会等特征，它记录的是儿童成长的"故事"，是评价其最终发展水平、努力过程、反省和进步的理想方式。相对于纸笔测试和其他"快照式"评价而言，它更能向教师、家长和学生本人提供丰富的内容，比如，反映学生的思维方式、解决问题的能力、运用策略和程序性技能的能力、建构知识的能力，反映学生知道些什么、能做些什么，反映学生的毅力、努力、上进心、自我监控、自我反省和认知能力等。因此，应用成长记录袋的最大优点就是它为教师提供了其他评价手段无法提供的有关学生学习与发展的过程信息。

下面是一位音乐老师在实施新课程评价方式中的体会与收获：

◆ **案例** （新的评价方式让音乐课堂充满新的活力）

过去，音乐教学所体现的评价都集中在对学生的学业考核上，其核心是成绩评定，且评价方式是单一的教师评价学生。这在很大程度上体现的是教师个人的主观评价，并附加教师的个人情感，使得学生得不到客观、公正、全面的评价，打消了很多学生学习音乐的积极性与创造性。《全日制义务教育音乐课程标准》指出，音乐课的教学过程就是音乐艺术的实践过程，所有音乐教学领域都应重视学生的艺术实践，积极引导学生参与各项音乐活动，将其作为学生走进音乐，获得音乐审美体验的基本途径。新课程改革的提出，为我们带来了新时期教学评价的新气息，引导我们从多个角度去审视学生，正确评价学生，让学生认识自我、表现自我和发展自我。而新课程下的评价方式也不再是一成不变的，而是形式多样的，因此，评价方式的多样化是教学优化的一个保证。

①语言性评价

学生的主动学习和发展，主要是通过语言来激励的，而婉转的评价语言，更让孩子乐于接受批评。

记得一次上五年级3班的课，班里的"调皮大王"邓智夫在上课时突然发出一声怪叫，逗得全班同学哄堂大笑，我没有指责他，反而笑着对他说："邓智夫的声音可真响亮，音色很悦耳，如果拿来唱我们刚学的这首歌可是最合适了。你能用你响亮的歌喉，悦耳的声音为我们大家演唱一遍好吗？"这下他可带劲了，为大家唱了一遍，虽然唱得不是很好，但我还是带着大家鼓掌，又说："邓智夫，你唱得不错呀！这么好的声音，用来乱喊乱叫，你说可惜不可惜呀！"这位同学不好意思地摸摸头皮，笑着坐下了。在后来的课堂时间里，他一直很认真，再也没有违反纪律了。用另一种方式既让孩子认识到自己的错误，又不伤害学生，并让他乐于接受批评，何乐而不为呢？

语言的评价应不拘形式，创造性地对学生进行评价，因人而异，因时而异。教师要善于用孩子的眼光去看待孩子，用孩子的价值去理解孩子，让自己评价的语言更丰富，更有色彩，力求做到："准确得体，亲切丰富，婉转巧妙，独特创新。"

②鼓励性评价

"人性最深层的需求就是渴望别人欣赏和赞美。"小学生更是如此，因此，表扬与鼓励应是评价的主要手段。

在一次上五年级课的时候提了一个问题：请哪位同学回答一下《望月遥》这首歌该如何换气？

生1：两句换一口气。（以标点为准）

生2：一句换一口气。（以标点为准）

师：一句换一口气是对的，两句换一口气是错的！

这样的评价,司空见惯,可是也许他会给第一个学生带来一点点伤害,或许他从此不愿意再举手回答问题了。如果教学者注意一下语言艺术,换一种方法:师:两位同学都提出了自己的见解,真不错！那我们大家一起来试试,看看哪一种方法更适合这首歌。

这样的评价首先肯定了学生能提出自己的见解是好的,再要求学生通过自己的尝试与感受,来体会哪一种方法比较优秀。既保护了学生的自尊心,又引导学生们自己去探究地学习,这种评价会带领学生用优秀的方法学习,引导学生积极探索。

鼓励性评价还表现为抓住学生的细微变化,及时鼓励。如:"你比以前进步了！""你的想法真出色！""慢慢来,老师相信你是最棒的！"等等,这些评价语言会让孩子的心灵得到极大的满足,增强孩子们的自信心,从而激发他们的学习兴趣。

③挫折评价

挫折评价是指给学生制造障碍,给他以挫折感,促进学生的进一步成长的评价。在鼓励、赞赏的评价中有些学生会产生骄傲自满的现象。六年级中有一名学生,十分出色,跳、唱、演样样都很拿手。逐渐地,自满的情绪高涨起来了,上课的态度也不认真起来,也不太愿意与别的同学合作表演,嫌人家表演得差了。我觉得,在这时有必要给孩子一个挫折,让她重新认识自己。好几节音乐课,我都没有将她高举起的手放入眼帘,也没有请她上台进行表演和示范。时间一长,她似乎有了挫败感,一天,她主动问起我来:"凌老师,为什么现在你都不叫我回答问题了,也不让我上台表演了?"这时,我仔细地跟她一起分析了近段时间她的表现,我问她:"你觉得这样被冷落,好吗?"她低下头说:"不好"。"那么,为什么你要去冷落别人呢？不愿与他们一起表现呢?"我继续问她,她的脸涨得通红,看得出来,她也确实认识到了自己的不足,同时,也清楚认识到光有技能没有合作精神与学习的态度是不够的。之后,她的态度谦逊多了,也愿意去与同学们合作,去帮助同学了,看来这个小小的挫折确实给她很大的帮助。

不过,在设置挫折评价时,老师要注意方式方法,切不可将"笨蛋！""你好愚蠢！""笨脑壳！""木脑瓜！"之类的话作为挫折评价来评价学生,这样,容易伤害学生,反而会起到负面效应,挫折评价的度要掌控好。

④分层励进评价

在教学中,学生在智力发展、性格特征、兴趣爱好等方面都存在着差异,每个学生能力参差不齐。因此,在评价时教师要根据学生的具体情况进行有针对性的评价。如一个简单的问题,差生答对了,应该立即奖他一颗聪明星,并对他说"你的进步真大呀！"或"只要不断努力,你一定能获得成功";对于比较优秀的学生,我们只要点个头或说一声"好"就行了;对于一位胆小的学生能积极参与,就要及时给予鼓励:"你真勇敢！""老师喜欢你。"现在我在教学过程中以"演唱会"的形式,让学生从学过的(课内或课外)歌曲中选择一首演唱,可以是独唱,也可是小组唱、表演唱等。无论学生选择哪种形式,完成较好者教师都予以肯定。如果第一次不太好的或想多次表演的都应支持,把最好的成绩作为最后的评价结果。这样一来更能激发学生富有情感地歌唱,以情带声,声情并茂。也使全体学生自主性得到进一步发挥,让暂差生树立了信心重新认识自我。

⑤成长记录评价

鉴于音乐课一周两节,音乐教师的课时量较多,如果用建立文件夹的评价方法,一个教师要掌管几百人的档案袋不太可能,也难以操作;要按欣赏、歌唱、舞蹈、乐理、器乐、特长一项一项来考评也不现实,一个班大约有五十几个人,那得考半个学期,况且考试只是一种手段而不是目的。要采取一种什么样的评价方法才更简便、明晰,又易于操作呢?怎样把评价融进教学的全过程呢?

我曾经尝试过这种评价方法:我现教高段年级,鉴于高年级学生爱动脑、爱思考、爱创新、有一定的自理能力的特点,我让每个学生准备一个本子,包含的内容有:我的兴趣爱好;我的音乐特长;我的音乐资料库;本期音乐得分;学期总结(又分为我对自己说,父母对我说,老师对我说,同学对我说)。要求是第一页为个人档案,贴上照片,写清班级、姓名。要求学生的个人档案设计只要包含这些内容,但排版设计要求个性化。个人档案的背面就是每堂音乐课所获分数的原始记载,即成绩栏。要求学生从第二页开始写课后随笔,谈谈自己在这节音乐课中有什么感想与收获,或者对老师提出哪些建议。课堂偶尔有一些练习就从本子的最后一页开始做,例如教师播放五首器乐曲,要求学生写出分别是由哪些乐器演奏?让学生动笔写就等于给了每个学生思考的机会,因为平时不写,有些学生根本没有思考的余地,答案就让别的学生给回答了,这样至少可以让每一个孩子都有动脑的机会。这种评价方法收到了很好的效果,让每一个孩子都有一个自己的音乐小天地,音乐教师也可以随时了解学生的学习情况,学生平时的音乐表现也在其中,让每一个孩子都能自己充分认识到自己这方面的成绩,让孩子们在成长的道路上书写美好的回忆。

⑥实践活动评价

音乐学科是一门实践性很强的学科,学生的音乐能力和水平只有在音乐活动中才能全面体现。新课程的评价理念是:要求课堂评价面向全体,综合评价关注个人差异,促进学生发展。在音乐课堂教学中,如果教师采用实践活动工作评价学生,就可以发挥学生自己的潜能。因此,我在音乐室的墙上设计了一些栏目,有"今日之星""小百灵""快乐小乐手""小小舞蹈家"等。让学生各尽所能,找到自己努力的目标。唱歌较好的同学争上"小百灵榜",而那些节奏感差些的同学也能在"表演榜"上找到位置。再通过课堂教学中的一系列实践活动进行一系列的评价,让每一个学生都找到自己在墙上的位置。由此,新课程中音乐课评价的功能在发生着根本性的转变,评价不再是选拔适合教育的儿童,而是充分发挥激励作用,面向全体学生,关注学生的成长与进步,以个性化的评价促进全体学生的发展。

音乐课程的评价只要充分体现全面推进素质教育的精神,贯彻《全日制义务教育音乐课程标准》的基本理念,着眼于评价的教育,充分发挥评价的多样性、主体性、开放性,我们的音乐课堂就一定会充满新的活力。

58. 新课程背景下学生音乐学习评价应该关注哪些主要内容

在《音乐课程标准解读》"教学评价建议"中提出:对学生的音乐学习评价,应该以《标准》规定的各学段、各年级的课程目标(包括情感态度与价值观、过程与方法、知识与技能三个层面)和教学领域(感受与欣赏、表现、创造、音乐与相关文化四个领域)为基准进行。因此,对学生进行学习评价,应关注情感态度与价值观和知识与技能方面的指标,还应考查学习过程与方法的有效性;同时,运用有效的评价手段和形式,要将学生在音乐学习过程中表现出来的感受与欣赏、音乐表现、音乐创造等促进学生音乐素质发展的音乐潜能加以保护、激励,让学生在基础教育阶段建立起持久的音乐学习兴趣。

(1)对学生音乐学习的情感态度与价值观的评价。音乐课属于美育的范畴,是实施美育的主要途径,音乐的主要效应不仅在于知识与技能的习得,而且是体现在熏陶、感染、净化、震惊、顿悟等情感层面上。学生在音乐学习中,建立起对亲人、对他人、对一切美好事物的挚爱之情,养成良好的行为习惯和宽容理解、互相尊重、共同合作的集体意识和热爱祖国的情怀;能在亲身参与音乐活动的过程中喜爱音乐,逐步养成欣赏音乐的习惯,了解不同民族的音乐传统,热爱中华民族和世界其他民族的音乐,为终身爱好音乐奠定基础。

(2)对学生音乐学习过程的评价。学生音乐学习过程就是学生音乐能力得到不断发展的过程,是一个渐进的提高过程,教师对学生学习过程的关注,对学生在音乐学习过程中所表现出来的音乐能力的发展作出及时的积极评价,将提高学生学习音乐的兴趣,如:对音乐的兴趣爱好与情感反应、音乐实践活动中的参与态度、参与程度、合作愿望与协调能力、音乐的体验与模仿能力、表现能力、探究音乐的态度与创编能力,对音乐与相关文化的理解以及审美感情的形成等。教师对上述诸方面的评价态度直接影响学生学习音乐的恒久兴趣。对学生音乐学习过程的评价是课程评价关注的重点,也是学生音乐发展性评价的核心内容。

(3)对知识与技能的评价。基础教育中的任何一门课程,必然会有系统的知识和技能体系,对音乐教育来说,知识与技能的学习是必要的,这既是人的整体音乐素质的一种需要,同时也是为学生进一步学习音乐奠定基础。根据《全日制义务教育音乐课程标准》的要求,要改变知识与技能的学习方式,把知识与技能的学习与音乐学习实践相结合,同情感、态度、兴趣等因素紧密融合,要看重学生在音乐学习过程中知识与技能是否得到了提高和巩固。评价过程中,反对只迎合学生兴趣,没有音乐知识与技能的发展提高或学生音乐潜能未能得到激发的学习过程,也反对改变新课程学习方式的单纯传授知识与技能的专业化的成人教学模式。因此,在学生音乐学习过程中,音乐学习的基本要素要得到教师的关注,学生学习过程中所表现出来的音乐知识与技能的展现要能得到教师及时、积极的评价关注。

总之,新课程背景下的学生学习评价应充分体现全面推进素质教育的精神,发挥评价的教育功能,用发展的眼光评价学生,有效地促进学生发展。

59. 怎样在学生的音乐学习评价中实施教师评价

在学生的音乐学习评价方式中,教师评价是最重要的评价方式。教师关于评价的理论思考,敏锐的观察,准确的判断,学生、家长、社会对教师评价的依赖与现实,都决定了"师评"的重要性。从某种意义上讲,教师对学生的评价才能真正体现"评价促进学生发展的功能"。

对学生的音乐学习评价可以从入学兴趣调查、课堂表现、成长记录、学期寄语、学段(小学段、初中段、高中段)终结性评价方面进行思考。

(1) 入学诊断性评价

入学诊断性评价适用一年级初入学的学生和各年级新转入学生,评价目的在于了解学生的音乐兴趣爱好、音乐基础。评价方式可用量表调查法、访谈法。

❖ 案例一

新生入学音乐兴趣调查表

学生姓名				性别				父母职业			
音乐兴趣爱好			评价等级				课外音乐学习	评价等级			
喜欢	一般	不喜欢	A	B	C	D		A	B	C	D

填表说明:

1. 本表在教师指导下填写。
2. 课外音乐学习栏要写明在什么地方学习什么内容。
3. 例如:入学音乐兴趣访谈记录

×××同学：

  很高兴认识你！喜欢唱歌吗？（若生答不喜欢：能告诉我为什么不喜欢唱歌吗？）能把你最喜欢的一首唱给我听听吗？你还喜欢哪些音乐内容，比如乐器？舞蹈？你学过乐器（舞蹈）？在哪儿学的？能约个时间在课堂上给全班同学表演吗？能告诉我你爸爸妈妈是做什么工作的吗？好，谢谢你！

                         年　　月　　日

（2）音乐课堂学习评价

  音乐课堂学习评价包括即兴评价和综合评价。即兴评价是对学生在音乐课堂学习中的某一表现（如回答某个问题、参加某项音乐活动）的评价，综合评价是对学生整堂音乐课学习情况的评价。综合性评价宜采用谈话法，与学生在平等和谐的气氛中进行，每节课后评价2~3个同学。无论即兴评价还是综合性评价都应重点关注学生对音乐的兴趣爱好与情感反应，音乐实践活动中的参与态度、参与程度、合作愿望及协调能力，音乐的体验与模仿能力、表现能力、创造能力。

 ❈ **案例二**

  1. 对胆小学生的即兴评价

  同学们，×××同学的声音虽有点颤抖，犹如弦乐器上揉出的音色，这种音色如果能再自然一些，一定会打动我们在座的每一位听众！

  2. 欣赏中带建议的即兴评价

  你创作的这条节奏极具动感，我仿佛看见了一只活蹦乱跳的小兔子，你能再写上几个音符，让小兔子的形象更鲜明、生动吗？

  3. 对失败的即兴评价

  你（你们）的表演（合作）虽然没有得到同学们的赞赏，但你（你们）的努力却给我留下了深刻的印象！许多伟大的音乐作品都是音乐家们不断的尝试和努力才获得成功的！你（你们）愿意在×××地方再试一试吗？期待你（你们）的成功！

  4. ×××同学第（　）周星期（　）音乐课谈话记录

  上课内容：人教版第八册第四课——表演《小螺号》。

  你喜欢《小螺号》这首歌吗？我注意到了，当老师在范唱有波音那句时，你在本子上画。后来我知道了你画的就是波音记号。我立即表扬你的想法和音乐家的想法不谋而合。你当时心情怎样？（很高兴！）难怪你在后面的演唱中是那么的投入！甚至还举手表演！愿你在今后的音乐课中有更精彩的表现！

                         年　　月　　日

(3)学期寄语

学期寄语是教师根据学生一学期的音乐学习情况、参加学校音乐活动情况、期末音乐考查情况对学生所作的终结性评价。

❖ **案例三**

学期寄语

×××同学：

祝贺你完成了本学期的音乐学习。你很喜欢唱歌,你的声音明亮、柔美,我和同学们都喜欢听你唱歌。如果你能在器乐和音乐欣赏方面像唱歌一样出色,老师将为你喝彩!

考查内容	音乐知识	唱歌	乐器	识谱	欣赏
等级	优	优	良(加大练习力度)	优	良(注意多收集经典的音乐名作)

你的音乐老师
×年×月×日

(4)毕业赠言

毕业赠言是纵观小学六年或初中三年或高中三年学生音乐学习、活动情况,给学生提出的希望、建议或宽慰。

❖ **案例四**

毕业赠言1

×××同学：

时间过得真快,转眼小学六年就结束了。你从一个不喜欢音乐的孩子成长为一个对唱歌有浓厚兴趣的少年,是音乐改变了你!希望你坚定对唱歌的信念,如果有条件的话,建议你拜师学艺,你成功的那一天,我将是第一个为你鼓掌的歌迷!

你的音乐老师
×年×月×日

毕业赠言2

×××同学：

时间过得真快,转眼小学六年就结束了。虽然你不像别的孩子那样在音乐方面有一两项突出的表现,但你却喜欢欣赏音乐!这种兴趣爱好将给你的学习和生活增色添彩!当你学习疲倦时,不妨听听《梁祝》;当你失意时,请听听《命运》。祝你进步!

你的音乐老师
×年×月×日

60. 怎样指导学生进行音乐学习的自我评价

学生的自我评价是指学生在教师的指导下，通过自己在学习过程中的各种表现进行自我认识，自我分析，从而自我提高的过程。这种评价方式能明确告诉学生"评价的目的不是证明对错，而是为了改进，以便下次更好地收获"。主要目的是为了发现不足，激励学生，鞭策使其进步。对学生的发展来讲，它是学生进步的根本动力。对不足之处进行记录，使其对自我的认识更全面，为下节课的改进做好铺垫。

通过学生对自己在课堂上的考勤情况、学习态度、音乐知识等方面进行自我评价。一学期以十六周进行计算。让学生在每一堂课上都能关注到自己的学习过程。每个项目分别制定不同等级的评价标准，学生根据自己在课堂上的个体表现和情况进行评价。并将每个项目所得的等级换算成一周音符数。最后，将每周的音符相加，得出一学期的音符总数。

❖ **案例** 以下是一位音乐教师和学生共同设计的"学生音乐学习表现自评表"。

评价项目 周次	考勤	学习态度	歌曲演唱	音乐知识	创编	个性特长	一周音符数
第一周							
第二周							
第三周							
第四周							
第五周							
第六周							
第七周							
第八周							
第九周							
第十周							
第十一周							
第十二周							
第十三周							
第十四周							
第十五周							
第十六周							
音符总数							
想要说的话							

评价项目说明

①考勤情况

A. 上课无迟到、早退、缺课。

B. 上课有迟到或早退,有事、病假缺课行为。

C. 有无故缺课行为。

②学习态度

A. 能自觉做好课前准备,上课认真听讲。对音乐课的兴趣浓厚,积极主动地参与音乐实践活动。

B. 课前准备较为充分,上课比较认真听讲。对音乐课的兴趣较浓,偶尔参与音乐实践活动。

C. 课前准备不充分,上课不专心听讲。对音乐课没有兴趣,不愿参与音乐实践活动。

③音乐知识

A. 音乐知识面广,乐理知识、音乐文化知识掌握得很牢固。

B. 懂得一些乐理知识、音乐文化知识。

C. 不知道乐理知识、音乐文化知识。

④歌曲演唱

A. 喜欢聆听音乐,有良好的聆听习惯。能大胆进行演唱,并能积极主动地表达自己对音乐的感受和见解。

B. 比较喜欢聆听音乐,演唱时不够自信和大胆,对音乐有一些自己的感受和见解。

C. 不喜欢聆听音乐,不喜欢演唱。

⑤创编活动

A. 想象力丰富,能根据歌曲进行创编,有一定的创造能力。

B. 想象力较丰富,有一点创造意识。

C. 没有想象力,创造意识较差。

⑥个性特长

A. 能大胆、自信地展示自己所学的特长。

B. 有特长,但不大胆、不自信。

C. 没有特长。

⑦想要说的话,可以是自己对这一学期的总结。自己有哪些进步?还存在哪些不足需要改进?等等。

操作说明

A. 在评定等级时,如果是 A 等,就可获得 4 个小音符;如果是 B 等,就可获得 2 个小音符;如果是 C 等,就不能获得小音符。

B. 对每一周的各方面进行测评。最后将一学期的成绩填入"音符总数"一栏中,小音符总数在班上前十五名的学生授予荣誉称号,并颁发奖品。

通过这些不同的评价方式,学生从传统评价中的"失败者"变成"成功者",从被评价者变为评价的主人,使学生从被动的考试状态中解放出来,焕发出蓬勃的生机,从而使音乐课堂充满了生命的活力。学生在整个过程中,不断地自我反思和调整学习策略。学生不但意识到学习的结果,还意识到学习的方式。教师通过发展学生的自我评价技能,使学生具备了反思和自我管理能力。

61. 怎样综合考评学生的音乐学习水平

长期以来,音乐学科的考试往往采用以唱一首学过的歌曲、做一张试卷的方式来评价学生的音乐学习水平。这种评价的手段和方式单调,不够科学和全面,影响了学生的音乐学习欲望与兴趣。为充分体现发展性评价的思想,综合考评学生的音乐学习水平,达到以评促学、以评优教的目的,可以尝试一下这样一些方式:

(1) 随时考查,分项积累

为把考评的主动权交给学生,发动学生集思广益,让他们展开想象,创造和选择新的考评形式,使原来单调枯燥的考评变得营养十足,丰富多彩。

下图是设计的音乐学科素质考评表,供每节课记录用,教师将各项内容与平时教学结合起来,随时考查,记录在案,这样,采取分散时间,分项考评的方法,不仅可以减轻学生的心理压力和学习负担,而且重新凸现了考评本来具有的最重要的反馈调整功能。

姓名		班级		时间	XX学年	学期总评	
考 评 项 目							
平时表现	演唱歌曲	器乐	课后作业	音乐知识	编创	个人特长	其他

表中的"平时表现"指的是学习态度,课堂质疑;"演唱歌曲"指的是每学期至少要背唱2~4首歌曲;"器乐"指的是吹奏音乐课堂引进的竖笛、口琴等,要求每人每学期至少吹书上的三首曲子,还要常鼓励他们坚持练习,评定时"政策"要因人而异,略微宽松;"课后作业"指的是课后的综合训练题完成的情况;"音乐知识"主要是检验学生能否把相关的音乐理论正确地运用在歌曲或者乐曲中,课上多以游戏或快速抢答的形式进行,基本做到每个学生都有机会参与,对于重点内容或学生易错的内容反复找不同的学生回答巩固他们的记忆;"编创"指的是边听歌曲或乐曲边凭感觉打节拍或跳自编动作,主要是引导学生积极参与到音乐创造中;"个人特长"就是将学生在生活中接触

的各种音乐活动作为学业评价的一部分,如:流行音乐进课堂,课余学习的钢琴、小提琴等乐器在课内进行表演,"其他"栏主要是记录部分同学的参加省市各级各类比赛或者活动中的成绩,这对排练、演出安排人选有极大的方便。"学期总评"是将学生平时与期末各次成绩进行综合。每一项的考核评分标准以五分制,用"正"来表示,这样做主要是记分方便,用意是允许学生在考评成绩不理想的情况下,予以第二次,甚至第三、第四次考评机会,直到达标或获得满意的成绩为止。学期总评采用等级评价制,即优、良、合格与不合格(尽量少用或不用)。当然,每项内容可视学期教学内容需要作增和删、重与轻的安排,并可按每个学生起点不同、接受能力不同作选项考核。

教师必须将学生平时最为成功的"作业"记载下来,作为评定音乐成绩的依据。该表可装订成册,每位学生各年级的成绩一目了然。每学期的成绩总和又可作为毕业时的总成绩,既方便又公正。

(2)以演代考,发挥特长

音乐成绩以平时为主,期末为辅,既要看结果,又注重过程,以减轻学生期终的课业负担与心理压力,提高平时课堂效率。

平时在课堂上以"快乐五分钟"为载体,进行个人才艺表演及相关知识与能力的考评。以"自告奋勇"为主要形式。学生可将自己准备好的"项目"在上课时自愿上台表演与展示。由全体学生共同参与评价,推行"快乐五分钟"。每节课由2~3个同学参与,一学期下来每个同学都有一次上台展示的机会。倡导"面向全体,快乐参与"的特色载体。

期末成绩的评定方案在开学时就可向全体学生公布,使他们在开学时就有一个明确的学习目标和努力方向。期末的测评主要通过类似"迎春音乐会""小百灵音乐屋"等学生喜爱的班级音乐会形式来完成。音乐会的形式可吹、拉、弹、唱、舞、赏、说、诵等;可单独的、双人的、小组的,要求人人参与,以演代考,发挥特长,这种评价方式不仅提高了他们学习音乐的积极性,而且也有益于个体与群体的交往、合作,能融洽人际关系,超越小我,融入大我,从而领悟共处的真谛。

(3)才艺展示,强项评价

考评应当既是理性的,又是充满人类情感的;既符合学生的生理特点,又适应他们的心理要求;既促进当前学习,更立足于长远发展;既满足个体需要,更要为人类总体利益服务。

音乐成绩的评定可以包括欣赏、歌唱、器乐、律动、音乐常识、学习态度等诸方面。班集体授课形式决定了教学目标、教学要求与教学内容要面向每位学生,教师要根据每位学生的音乐天赋、能力的差异,项目的强弱来作出评价。如有的学生唱歌条件好些；有的则舞蹈好些；有的擅长器乐，有的擅长欣赏；有的虽在唱、跳、奏方面不行，但在乐理常识、诗歌朗诵等方面掌握得很好……针对以上情况故在考核时不能将先天五音不全与节奏不稳的就一律给予低分，而应根据具体条件采取有针对性的指导，使每个学生做好充分的准备，都能发挥自己的一技之长，进行相应的考评。

(4) 建立档案，绽放个性

在音乐教学中，巧用"档案袋"也会收到意想不到的效果。首先让学生发挥想象，分组设计或请家长帮忙建立"音乐成长记录袋"。"音乐成长记录袋"内容的收集、编排和保存工作均由学生自己独立完成。学生在音乐学习的过程中，将"我的评价""他人(教师、家长、同学)的评价""我的歌(乐)声磁带""我为歌曲创作的图画""我为歌曲改编的歌词""音乐奖(证书)"等存入袋中。学期结束时，教师可以组织"音乐成长记录袋"展览会，让学生相互交流，我想交流的过程是学生们幸福回忆的过程，也是他们对音乐学科兴趣不断浓厚的过程。

"音乐成长记录袋"的操作性强，有多元魅力，能够真正激发学生的学习兴趣。由于学生全程参与了"成长记录"，所以能够发现自己的亮点，及时找到自己的不足，更主要的是明确了自己努力的方向，绽放出个性色彩。

音乐考评的手段和形式可以是多种多样的。可以是笔试(开卷、闭卷)、口试、活动、竞赛、音乐联欢会等，这些都可以作为音乐考评的方法。这些方法，可以有效促进学生表达能力、动手能力、组织协调能力以及创造能力的提高。不仅如此，丰富多样的考评方法，还增进了师生之间、生生之间的交流和了解。反过来可使教师发现教学中不易察觉的问题，以便及时修正方法而促进教学。所以公正合理地评定学生的音乐成绩，规范音乐成绩的评价手段、方法与内容，是当今素质教育也是创新教育赋予我们音乐教师的任务。

◆ **案例**

下面是某校实施的学生各个学科综合素质评价时小学一年级音乐学科部分的内容，供大家参考：

使用说明

音乐学科素质评价分为四个板块：自己评、大家评、老师评、反思总评；四个领域：我能(会)聆听(金耳朵，即音乐感受与欣赏领域)、我能(会)演唱(百灵鸟，即表现领域)、我能(会)演奏(演奏家，即表现领域)、我能(会)创编(多面手，即音乐创造和相关文化综合领域)。"喜欢(爱)音乐"(即学习情感领域)，包括学习态度、学习兴趣、学习习惯、学习能力等内容。

我和音乐交朋友
（一年级）

自己评

喜欢音乐
我能聆听
我能唱歌
我能演奏
我能创编

☆ ☆ ☆ ☆ ☆
☆ ☆ ☆ ☆ ☆
☆ ☆ ☆ ☆ ☆
☆ ☆ ☆ ☆ ☆
☆ ☆ ☆ ☆ ☆

大家评

金耳朵
会记住（　）首曲名
听音乐做出体态反应
☆☆☆☆☆

百灵鸟
会背唱（　）首歌曲
积极参与演唱活动
☆☆☆☆☆

音乐擂台

多面手
会模仿（　）种声音
跟音乐即兴做动作
☆☆☆☆☆

演奏家
能认识（　）种打击乐
用打击乐给歌曲伴奏
☆☆☆☆☆

我的音乐真棒
（　）
我要更加喜爱音乐（　）
我还要加油哟（　）
自评打"√"

老师评

＿＿＿小朋友：
　　你在音乐课的学习中表现很突出的是（打"√"）：
欣赏音乐（　）唱歌（　）器乐演奏（　）创作（　）
其他特长（　）课堂学习（　）课外练习（　）等等。
总评为＿＿＿＿＿。
　　　　　　　　你的音乐朋友：＿＿＿＿＿＿

参考书目

1. [美]贝内特·雷默.音乐教育的哲学.人民音乐出版社
2. 中国音乐教育网.浅谈音乐教育的双重价值
3. 吴斌,金亚文.音乐课程标准——课程标准解读
4. 张巧凤.音乐教育的性质、价值和任务
5. 杨健.论音乐教育的价值.大众科学·科学研究与实践,2007(3)
6. 吴珍从.2020视野.展望美国音乐教育价值的新理念
7. 杨朝民.解读新课程标准下音乐的审美体验价值.教育与职业旬刊,2006(15)
8. 义务教育音乐课程标准.中华人民共和国教育部.北京师范大学出版社
9. 金亚文.小学音乐新课程教学法.高等教育出版社
10. 郑莉,金亚文.基础音乐教育新视野.高等教育出版社
11. 彭小菊.浅谈小学音乐教育的功能.教育与探索,2008(3)
12. 广东省教育厅教研室.小学新课程音乐优秀教学设计与案例.高等教育出版社
13. 刘晶秋,吴跃华.音乐教育功能的辨证思考.电影评介,2007(3)
14. 滕青.音乐教育的功能与高校音乐教育.哈尔滨工业大学
15. 王安国,吴斌.音乐课程目标解读.北京师范大学出版社
16. 金亚文.初中音乐新课程教学法
17. 欧阳芬.做专业的教师——课堂教学的55个细节.四川教育出版社
18. 文学荣.做智慧的教师——提升课堂教学实效应关注的55个问题.四川教育出版社
19. 左敬春.如何处理预设与生成的关系
20. 崔小春,公开课.你大胆地往前走.中国教育报,2004-8-21
21. 肖川.公开课与常规课
22. 嘉兴市实验小学校园信息平台.常态课,我们在关注什么
23. 郭玮.音乐教学断想.音乐天地,2008(4)

24. 杨艳.音乐教学心得点滴.音乐天地,2007(6)

25. 路遐.新课程理念下如何实施音乐教学.济南职业学院学报

26. 胡应轩.音乐艺术教育之我见.科学教育,2008(2)

27. ①案例1选自百度网上的论文《音乐欣赏课我这样上》

28. 刘昊.新课程音乐教学目标设计初探.首都师范大学,2008年

29. 龙亚君.音乐新课程教学评价研究.湖南师范大学,2008

30. 孙淑佳.中小学音乐课堂学科综合教学模式的研究的运用

31. 吴文绮.音乐教学新视角

32. 谢佩军.如何发挥学生主体作用

33. 余文森.有效性是课堂教学的命脉.中国教育报,2007

34. 吴跃跃.新版音乐教学论.湖南文艺出版社,2005

35. 戴建芳.让音乐课在"生成"中焕发生命活力.黑龙江教育·小学教学案例与研究,2006(12)

36. 陈旭远,张捷.新课程实用课堂教学艺术.东北师范大学出版社,2005

37. 苏紫红.音乐教学中研究性学习的初步研究

38. 洪瑾宜.中学音乐创新教学论

39. 马艺平.试论音乐探究教学与学生能力培养

40. 唐燕,马一平."研究性学习"新课程培养教师创新能力

41. 阎金芳.浅谈音乐教学中的情境创设.山西教育

42. 张振新,吴庆麟.情境学习理论研究综述.心理科学

43. 谢静波.音乐情境教学初探.艺术教育

44. 匡丽枝.论"情"在音乐教学中的重要性.民族艺术研究

45. 杨凤琴.论音乐教学与审美教育.阜阳师范学院学报

46. 罗琴.论音乐教学中的表现性评价.华中师范大学,2006

47. 房巍.整合——音乐教学的新趋势.音乐周报,2008(12)

48. 王燕.课改中的音乐课教学.中小学音乐教育,2007(5)

49. 曹理.音乐学习和教学心理.上海音乐出版社

50. 张启连.音乐教育教学经验.人民音乐出版社

51. 常晓菲.先声夺人——起始课.中国音乐教育,2008(6)

52. 王玉英.音乐教学应以发展学生的听觉为主要方式.陕西省宝鸡群力中学

53. 马艺平.试论音乐教学与学生能力培养

54. 高洁华.浅谈音乐教学应注意对学生听辨能力的培养

55. 民族音乐概论.人民音乐出版社,1980

56. 张统星.音乐科教材教法.全音乐谱出版社

57. 陈白华.怎样为歌曲配钢琴伴奏

58. 朱名燕,彭志修.音乐教学实施指南.华中师范大学出版社,2003

59. 万伟,秦德林,吴永军.新课程教学评价方法与设计.教育科学出版社,2004

60. 刘本固.教育评价的理论与研究.浙江教育出版社,2002

61. 中华人民共和国教育部.义务教育音乐课程标准.北京师范大学出版社

图书在版编目（CIP）数据

新课程音乐教学法：音乐课堂教学方法与实践 / 杨丽苏主编 .—重庆：西南师范大学出版社，2009.7（2023.8重印）
（新课程音乐教育丛书）
ISBN 978-7-5621-4537-0

Ⅰ.新… Ⅱ.杨… Ⅲ.音乐课－课堂教学－教学法－中小学 Ⅳ.G633.951.2

中国版本图书馆CIP数据核字（2009）第103711号

杨丽苏　·主　编·
刘启平　·副主编·

新课程音乐教学法——音乐课堂教学方法与实践
XINKECHENG YINYUE JIAOXUEFA——YINYUE KETANG JIAOXUE FANGFA YU SHIJIAN

策　　划：李远毅　王　菱
责任编辑：王　菱
装帧设计：观止堂＿未氓
排　　版：江礼群
出版发行：西南大学出版社（原西南师范大学出版社）
地　　址：重庆市北碚区天生路2号
邮　　编：400715
经　　销：全国新华书店
印　　刷：重庆市国丰印务有限责任公司
幅面尺寸：180mm×230mm
印　　张：13.25
字　　数：275千字
版　　次：2011年6月　第1版
印　　次：2023年8月　第11次印刷
书　　号：ISBN 978-7-5621-4537-0
定　　价：39.00元